成人教育的思想與實務
——現代、後現代的論辯

王秋絨　著

```
┌─────────────────┐
│  作者簡介  │
└─────────────────┘
```

王秋絨

學歷：國立台灣師範大學教育研究所教育碩士、哲學博士
德國波昂大學（Bonne Univ.）、英國約克大學（York Univ.）博士後研究

經歷：國立臺灣師範大學社會教育系助教、講師、訓導長秘書。
國立臺灣師範大學社會工作研究社指導老師、山地服務隊、社會服務隊領隊。
基督教桃園家庭協談中心親職教育領導人、雛妓教育顧問。
國立臺灣師範大學成人教育研究中心，臺北縣文化中心、台北市教師研習中心等讀書會領導人訓練課程講師，成人讀書方法園遊會規畫者。台北市吉林社區顧問。

現職：國立臺灣師範大學社教系副教授
鶴丘教育劇坊團長

著作：弗雷勒成人批判教學模式研究、社區教育模式與發展、團體輔導工作教師專業社會化理論在教育實習上的蘊義
批判教育論在教育實習制度規劃上的意義、我國國中師資培育學程之建構等專書
後現代社會中的成人教學，葉尼斯、貝爾、馬克貝刻的批判思考觀在成人批判教學上的意義等論文三十餘篇

專業興趣：團體動力學、教育社會學、文化素養教育、親職教育、成人教育課程、成人教學理論與方法。

目 錄

自 序

　　從成人教育的發展脈絡來看，成人教育逐漸專業化，一方面受到成人教育思想與理論發展的影響，另一方面則是因為成人教育實務在各國日漸受重視的背景下，逐漸制度化的結果。

　　成人教育學的倡議，代表各國諸多成人教育學者及實務工作者積極頁獻於成人教育專業化的努力。從他們努力的軌跡來看，儘管一八三三年德國 Alexander Kapp 即已使用成人教育學一詞，但積極使成人教育學具備「學」的雛型，則自一九六〇年之後，才較有系統化的成果展現出來。

　　成人教育系統性的知識，首先發軔於關心特別對象如失學勞工、貧民、婦女、失業者的成人教育實務工作上，繼之，有許多成人教育思想家、實務工作者分別從不同的角度頁獻於成人教育的知識發展。西洋的 Mansbridge, A.；Yeaxlee, B.；Tawney, R. H.；Gruntvig, N. F. S.；Dewey, J.；Thorndike, E. L.；Lindeman, E.；Houle, O.；Knowles, M. S.；Kidd, S.；Coady,.；Hortonm,；Freire, P.；Gelpi, E.；我國的梁漱溟、晏陽初等人中，有人認為成人教育為促進社會階層均等的社會運動；也有人提出將成人教育當作一個獨特的學術領域，主張建構成人教育學的重要性，以別於傳統的教育學。

　　在成人教育學發展的社群中，建立成人教育學主要有三種取向：一、以成人發展的特質，提出建立成人教育學成立的可能；二、從成人教育需求的論點指陳成人教育有其成立的條件；三、從知識發展的社會條件與思想家的互動觀點，說明思想家在不同

的社會脈絡中，如何經由實務反省與研究，產生自己的理論。這三種理論取向的努力成果雖然無法將成人教育學建構成一個較獨特完整的知識體系，然而上述諸多中外成人教育學者的努力，顯示他們已結合不同的知識體系，建構出成人教育學的雛型，為成人教育學奠定了較穩固的基礎。

成人教育實務的推展與工業革命息息相關，因之，有組織的成人教育活動最早發展者為英國，再次為法國。英國於一八七三年，劍橋大學首設推廣課程，一九○三年全國工人教育協會成立，對成人教育的推展影響深遠。一九二四年八月，「成人教育規程」訂定，使成人教育制度化。一九○○年諾丁漢大學（Nottingham Univ.）設立成人教育系，使成人教育在實務與學術的互動中，邁向專業化之路。法國在產業革命衝擊之下，大力提倡職業講座及教育，一九三五年法國通過法令為成人失業者設立職業講座。

歐陸之外的美國，一九二○年代，哥倫比亞師範院校最早成立了成人教育專業課程；一九二六年成立成人教育協會；一九三五年哥倫比亞大學頒授世界最早的兩位成人教育博士。

綜上所述，成人教育先進國家：英、法、美國的成人教育所以逐漸邁向制度化、專業化，除了上述學者的努力之外，更有眾多的實務工作者積極推動法令規章的制定，使得成人教育在理論、思想、實務三層面中動態互動，而奠定了今日成人教育學的雛型。

反觀我國成人教育雖早在民國十七年，於江蘇教育學院已設立民眾教育學院，民國二十年一月二十六日，教育部也通令各省市推行社會教育；然而政府遷臺後，遲至民國四十四年才在省立

師範大學設立社會教育系，培養社會教育專業人才。民國七十四年在國立台灣師範大學成立社會教育研究所碩士班，並於八十五年成立博士班。為了推動教育研究與實務，並於民國七十九年創立成人教育學會，同時在政策上也有更積極的高瞻遠矚策略——去年召開的第七次全國教育會議即揭櫫建立終生教育體制為完成我國二十一世紀終生學習的重要策略。

由此可知，我國成人教育起步、發展都比工業先進國家晚。然而，由於我國基本國民教育已相當普及，加上國民所得增加，休閒時間比以前多；資訊管道多元化，形成知識衰退期縮短，民眾對繼續教育的需求提高。如何加強成人教育實務的推廣，以及成人教育理論的研究，以建立「學習社會」的教育大國，提高國民生活品質，乃是刻不容緩的事。筆者基此認識，乃以忝為大專教師十八載的專業關懷，及自民國六十三年至七十四年積極從事社區發展及教育的實務工作經驗，一方面開設「社會教育」、「成人教育課程設計與發展」、「成人教育課程理論專題研究」、「成人教育教材教法專題研究」、「社區教育」等課程，另一方面嘗試從外國有關的教育學者如包魯‧弗雷勒（Paulo Freire）、哈伯瑪斯（Jürgen Habermas）、李歐塔（J. F. Lyotard）、傅柯（M. Foucault）等人的思想中，汲取建立我國成人教育學的酵素。

筆者即在此脈絡下，陸續孕育出在成人教育理論、實務的研究情懷，且將此情懷化為研究成果多篇，發表在社會教育學刊、社教雙月刊、成教雙月刊、教育研究等園地。今將在上述刊物已發表之文章彙集成冊，定名為「成人教育的思想與實務——現代、後現代的論辯」，旨在將所有文章當成對話的文本（

Text），讓關心成人教育工作者依據其各自的先前視野與本書所搜集的文章對話，並產生超越文本的專業智慧，這也是本書膽敢將很早撰寫的文章搜入的原因。本書依據成人教育學的發展必需理論與實務兼之的觀點，搜集著者有關成人教育的思想與實務的論文，分成思想與實務兩篇。在思想部分，由於著者的專業興趣，較偏重批判思考的取向。實務部份則依據成人教育實務中重要的議題：成人教育目標、功能、各種實務領域及輔導體系依序選出有關上述幾個主題的文章。

本書共分兩篇十四章，第一篇有四章，主要評析包魯、弗雷勒的對話教育思想，哈伯瑪斯的知識論對成人教育的啟示，以及從民主教育的觀點比較弗雷勒與哈伯瑪斯的論述，從現代社會衝擊下的成人教育革新，可做為探究成人教育、教育、文化政治學的參考文本。第二篇有十章，第一章闡明成人教育需要的不同意義及各種不同意義下的評量方法，以為關心成人教育需要與方案設計者省思的材料；第二章以泰勒（R.W. Tylor）教學原理說明技藝研習班的目標形成過程宜考慮的因素及目標，可供關心如何訂定成人教育領域的計畫性目標參照。第三至第九章分別從各種成人教育，如女工教育、勞工教育、老人教育、推廣教育、親職教育、語文教育、文盲教育等領域評析成人教育的成效與展望。第十章說明建立社會教育輔導體系的方法與途徑，以為成人教育實務工作者的參考。

本書得以順利與關心成人教育的專家學者見面，首先要感謝疼愛我的父母，以及家人的鼓舞。而外子楊深坑亦詠亦諧的激勵，小兒祁謜的批判，更是功不可沒。此外協助我奠下學術基礎的林清江、楊國賜老師；平日時時鼓勵我精進的賈馥茗、歐陽

教、黃光雄、林玉體、吳就君、林美和、李建興、林勝義老師等
都是我衷心要感謝的。諸多師長、好友們及家人,在我身體違
和、心靈困頓之際,伴我走出陰霾,更令我銘感五內,因之成就
了我更深的悸動與教育廣袤的情懷,提升了兢兢業業的無悔教育
熱忱。最後要感謝心理出版社許總經理麗玉慨允出版,那份贊助
學術之情,特別令人感動,倍覺珍貴。而劉伶姿小姐及方永泉先
生辛勞地先行當讀者,諸多指正,魏媛真、潘淑芬、羅蘭小姐協
助校對亦一併致上十二分的謝意。

　　筆者才疏學淺,敢於將不同時期撰寫的論文集結出版,並盡
量保持該文撰寫時的脈絡,即使有關歷時彌新的統計資料也未再
更改,旨在以德國詮釋學者迦達瑪(H. G. Gadamer)的詮釋
觀點,將每篇文章置諸撰寫時的先前視野,將過時的資料當成史
料,形成筆者的詮釋視野,俾與關心成人教育的先進對話,企圖
對我國成人教育學的發展有拋磚引玉之功。基此,筆者以十二分
的誠意,懇請諸位讀者、先進們不吝指正為感。

王秋絨　於鶴丘軒　民國 85 年 10 月

Fax：(02) 3946506

第壹篇

成人教育的批判思想

1

包魯・弗雷勒
（Paulo Freire）
的對話教育思想評析

壹、緒論

　　人類文化的不斷開展與創新的主要動力，來自人類特有的教育活動。切當的教育足以導引人類多元的精神動力發展，並不斷創新文化。教育在文化發展過程中，雖然可以達到上述功能，不過，就教育活動的史實加以分析，每個國家所施行的教育方式與內容，也常在某種特定的體制或文化發展的價值觀念之限制下，具有保守性、統一性的特質。於是，教育逐漸失去了多元、彈性、創發的原質，或淪為某種政府權威的維持工具，或陷於某種錯誤的意識型態的牽制。這種現象，自十八世紀以來逐漸受到一些先進教育思想家的矚目與批判，尤其一九三○年代以後，舉世發生經濟大恐慌，社會問題叢生，部份社會學者及教育學者開始懷疑現存體制對於整個人類的貢獻，而嚴加檢討。

　　教育學者如古德曼、依利希、歐林革（P. Goodman, I. Illich, J. Ohliger）及飛列而（F. Ferrer）等在這種思潮激盪下，認為教育一旦操縱在國家手裡，則易成為為政治利益效命的工具（Elias & Merrian, 1980）。教育機構會不厭其煩地闡發政治教條，剝奪學生的自主性並限制其權力，以培養國家順民，基此，他們紛紛對為維持政權利益的教育體系及意識型態提出改革的主張。

　　巴西成人教育學者弗雷勒（P. Freire），自一九六三年參與成人的通俗文化運動以來，也承襲上述教育思潮，積極主張教育的目的，不在於傳遞那些無法使學生產生共鳴，強求學生記憶

的「死」知識，以維護統治階級培育一群順民而已，更重要的是在於透過師生真誠的對話，以開展創造人性的教育，負起「充滿人性」的文化創造。

弗雷勒這種成人教育思想，稱為人道的成人教育思想，源自巴西一九七〇年代特殊的政治社會背景。但西方第一世界國家的教育學者面對這種以「開創人性為主」的教育主張，仍表示高度的興趣，尤其在他自巴西流亡到日內瓦時，當地的文化行動組織（Institut d'Action Culturelle）積極地出版其著作，希望將其教育理念加以宣揚，使其運用於不同的文化情境中。而在美國及非洲、德國不僅有多篇的博士論文研究他的教育思想，更有運用其思想及教育方法的方案，付諸實行。弗雷勒思想所以會被世界各國廣為注目，實因無論開發中或已開發國家的教育體制，在長期發展過程中，或多或少已失去其原有的正功能──靈活地引導學生具有反省、批判文化的能力，以開創文化不斷更新發明的生機；反而出現了許多灌輸學生死知識，以維護當前未盡合理的各種政治、文化體制的安定等負功能。

弗雷勒這種啟迪人性、開展人性化（humanization）的思想，實已開啟了教育批判、文化批判的覺識。二十世紀以來，全球在科技日新月異的變遷中，工具理性逐漸膨脹，目的理性在功利的知識觀籠罩下，逐漸萎縮，失去了其應有的地位與功能──開發中國家苦於追求科技、經濟的發展，而不斷仰賴已開發國家的科學技術及資本援助，不但在文化上失去了自主發展的步調與特色，在國民性格的涵育上也明顯地呈現出自我衝突──傳統的價值承續與現代化依賴性格的衝擊。已開發國家雖然在科技及物質生活、政治體制等建設上，遠超過開發中國家，但資本家的托

拉斯網絡，科學家的科技超越的追求，政治的科層體制，社會組織功能的瓦解等現象，也使該體制下的國民受到層層限制，個人在種種的體制宰制中，逐漸喪失了人之所以為人的自主性，反而成了體制網路中的俘虜。

如何恢復人之所以為人的自主性，使人在共營幸福的組織生活中，永遠是自己所做所為的主人，而不是失去反省、批判能力的行屍走肉，實為當今人類歷史的志業，就此而言，弗雷勒的教育思想具有啟迪人類邁向共同創造充滿人性的歷史文化的意義。

我國教育在過去日皇愚民政策的影響，以及反共為主的政治號召之下，在傳遞既定的政策及已有的價值觀念方面，可說相當成功。然而當政治社會逐漸多元發展，真誠的民主溝通日益受到重視之際，教育體系如何更富於彈性，更具有開創力，實為今日發展多元自主的文化，所必須面臨的課題。尤其重要的是，如何使教育的過程，不再只是教師拍賣從教科書的儲倉轉手而來的舊貨，而是使教師能以生動活潑的多元教育方式，啟發學生獨立自主，反省批判的能力，正是當今我國教育的發展目標。

弗雷勒針對巴西教育狀況，大力批評巴西僵化的教育，進而如前述提出師生對話的教育方法，縱使其思想產生的社會背景，與我國當今教育措施的社會背景不盡相同，但其主張的教育目的——發展人性，以及對話的教育方法，對我國發展多元活潑的教育，實足資借鏡。爰此認識，本文擬對弗雷勒的教育方法——對話的觀念加以論述、評析，俾達成以下的研究目的：

1.探析弗雷勒對話教育思想產生的歷史、社會因素；

2.闡釋弗雷勒對話教育思想的內涵，包括師生對話的意義，對話的題材，對話存在的條件，對話的實踐途徑等主張；

3.評析對話教育思想，以彰顯我國教育革新的方向。

貳、弗雷勒對話教育思想的
　　社會文化背景

　　弗雷勒在一九二一年生於巴西雷西佛（Recife），一九五九年完成博士論文，奠立其教育哲學的思想基礎。一九六三年，在巴西東北方的貧民窟，擔任勞工聯盟的律師時，開始對當時推行的文盲識字訓練感到興趣。後來他積極將此識字運動推展到全國各大城市，力求不再重蹈現存的權威主義下的傳統教學之弊的覆轍，主張慢慢運用成人生活經驗為題材，透過對話方式，去啟迪成人的自主性及反省性的意識。這種恢復成人自主性及反省意識的思想，實源於他對巴西社會文化現象的體察與批判。

　　弗雷勒自早年，即體驗巴西由於長久以來的殖民封建社會，統治階層與平民階級分明；加以一九二九年全世界經濟大恐慌，波及他的出生地，使他了解窮人在生活窮困及目不識丁的狀況中，失去了做為一個人的自信與自主性。

　　基於這種社會現象的體察，加上一九五〇年代到一九六〇年代盛行的反體制思潮的激盪，弗雷勒力主教育目的在培育多數已失去自信的文盲，及那些運用文盲的無知，遂其統治慾望的統治階層，恢復人的自主性，在相互尊重中，完成人性化的歷史志業。因之，要釐清弗雷勒的對話教育思想，宜從產生其思想的社會文化背景及當代教育思潮的影響著手。

　　本文這部份首先分析影響其思想的社會文化因素，包括巴西的社會階層結構、文盲狀況、文化發展現象。再次探討其思想淵

源,如對其主張恢復學生自主性的「無政府主義遺風」(The
Anarchiet Tradition)的分析,對其人道思想深具影響的馬克
斯(K. Marx)社會主義傳統,以及對其對話,意識化(Con-
cientization)思想有所啟迪的弗洛伊德(S. Freud)的思想探
究。最後再分析影響其師生關係思想的當代存在哲學的思想。

一、弗雷勒對話教育思想的社會背景

　　巴西自一五〇〇年由葡萄牙人發現,於一八〇八年正式為葡
萄牙所統治。自此巴西在葡萄牙式的政治結構中發展其文化。
直到一八二二年,才脫離葡萄牙的殖民統治,成為獨立國家。

　　在葡萄牙統治期間,葡萄牙人的移入,雖然帶給巴西葡式的
政府結構、經濟經營方式,然而也由於統治階層及社會菁英都集
中在葡萄牙人的掌握中,而造成社會關係的兩極化。
〔Freymond; Braley (trans., 1975: 10)〕

　　統治者、地主、銀行家、企業家的角色,都由皇族及其親族
扮演要角,其餘的原住民,印第安人及有色人種都為被統治者或
奴隸。奴隸的比例相當的高:一六〇〇年,巴西總人口約十萬人
左右,其中地主只佔了百分之二,有色人種的奴隸卻高達百分之
六十;一八一九年,人口增加到三百五十九萬八千三百一十二
人,其中有色人種淪為奴隸者仍然高居百分之三十左右。而奴隸
的總數為一百五十一萬人八百零六人,直到一八七二年,已逐漸
降至僅佔人口的百分之十五點二。一八八八年,奴隸制度才由政
府明令廢除。〔Fiechter, Freymond, Braley (trans.) 1975:11〕

　　奴隸制度廢除以後,巴西社會由於各種族之間可以自由通

婚，加上工業化自一九○一年逐漸形成，人口也日益向都市集中，社會階層結構不再像過去殖民時代一樣，具有很明顯的兩極化色彩，而慢慢出現共和國體制下允許的中產階級。（巴西1889年改成 Republic）中產階級且隨著殖民封建體制的結束，以及經濟、種族混血、人口集中等因素的影響，不斷增加，而統治階層及社會高階層人士比以前多，政經權力不再只是集中在少數統治貴族手上。相對地，貧窮且政經權力較少的人口逐漸降低。就一九二○年到一九五○年之間，中產階層人口約增加了百分之十八・五左右；再以一九五五年與一九五○年比較，五年之間，也成長了約百分之七。而低階層的人口比率，自一九二○年至一九五五年之間則下降了百分之二八，各階層的詳細比率如下頁表一所示。（Freymond, 1975: 15－16）

　　由表一的資料顯示巴西的社會階層因政治社會因素而有顯著的改變，尤其中產階級興起，並有與日俱增的趨勢，是其特色。巴西至今不再存在統治者、地主與農奴這種對立的階級事實，不過膚色深淺仍然影響其社會聲望；皮膚愈白，社會地位愈高，反之愈低。這項事實說明了巴西的白人優越意識並未隨著殖民政治的結束而消失，反而透過膚色影響了社會流動，可見巴西社會仍保存殖民封建時期的保守性及社會不平等現象。

　　這種社會不平等的事實，透過巴西的極權政治、非多元的教育措施、依賴性的經濟發展，而綿延生存，阻礙了巴西成為多元開放的民主社會。

　　就政治管制來說，根據費企特（Georges－André Fiechter）的研究指出政治權力在殖民地時代完全由葡萄牙貴族所享有，獨立後則由資產階級逐漸爭取成為共和政治，權力雖不由貴

表一　巴西社會階層分配表

社會階層 ＼ 年代	1920	1950	1955
分配狀況	%	%	%
高及高——中階層 (upper and upper—middle classes)	3.5	5.0	6.0
中低及高——中階層 (lower—middle and upper—lower classes)	26.5	45.0	52.0
最低階層 (lower—lower class)	70.0	50.0	42.0

　　族掌握，仍然集中在少數精英手中。就以投票率而言，一九〇八年只佔全人口的百分之五，一九四五年提高到百分之十六。到了一九六二年，則已增加到百分之二五。然而全國具有投票權利的人口約佔總人口的百分之四八（Fiechter, 1975: 4－6），由此可見，全國仍有百分之二三的人，其投票權利在現有的政治社會體制下被剝奪。

　　在政治權力的分配上，共和國的體制顯然使人民參政的權力提高了些，但仍然受到執政者很大的限制，弗雷勒認為，巴西境內自一九四五年以來建立了三個大黨，然而由於不合理的選舉程序，使得這三個政黨無法產生政黨的合理政治運作，形成如同無國家政黨的政治。

　　再次，以教育狀況來說，早期巴西大半人民是統治者及地主的奴隸，這些人長期在被差遣的位置上生活，他們被認為不需要受教育，統治者也沒有安排他們受教育的機會。而他們自己在既有的有限生活經驗中，並沒有感受到需要去爭取受教育機會。在這種條件下，巴西的文盲率相當高，一九八一年，據估計高達百分之三四，一九六七年，文盲多達半數左右〔Rodrigues (trans. R. E. Dimmick) 1967: 65〕，難怪在一九六八年，根據巴西五大城的市民表示，文盲及缺少學校位居他們認為最嚴重問題的第二、第三位（Fiechter, 1975: 183）。

　　這種缺少受教育的福利，也使巴西低社會階層缺乏向上社會流動的資源，而長期停留在原階層上。除了這項因素外，有機會受教育的低階層子女，也因統治階層透過教育內容的灌輸，使低階層者後裔深具「依賴意識」，而強化了他們甘於滯留無產階級的觀念。這種政治的「階級保存」意識型態，透過正式教育及非正式教育的影響，使巴西在殖民地統治時期一直受統治貴族鞏固的無產階級意識，仍然部份地流傳在現今社會裡。因之，多少也阻礙了社會成員自主力、自信心的培養，及整體社會的多元發展。

　　最後，以經濟的變遷來說，根據一九六八年的民意顯示（Fiechter, 1975: 183），如按照市民主觀認定的生活水準，約有百分之五七左右的人表示他們的生活狀況有稍微進步，甚或改善許多，只有百分之三的人認為他們的生活水準很低。此外，並有百分之六八的人表示，他們的工作機會增加，百分之六三的人，認定他們的薪資所得，因社會變遷而大為改善。

　　此項資料顯然說明了，巴西的人民物質生活已顯著改善，多

數人民主觀地表示滿意。然而在面臨經濟結構變化，工業化計劃付諸實施，並接受外在世界經濟體系的影響，巴西人民的經濟也出現了一些問題。其中較受社會學者及弗雷勒注意的是：經濟現代化，強調迅速的工業化，及仰賴外援的過程，所負擔的社會成本，如經濟福利分配不均，文化受到外援國家的強制傾銷，失去了自主發展的整體風貌等弊病。

殖民地時代，巴西主要靠農產及礦砂營造其經濟，農產以蔗糖、咖啡為主；礦砂有金、鑽石。二十世紀左右，這種以農礦為主要經濟資源的結構開始改變，一九○一到一九一二年之間，巴西社會逐漸踏出工業化的道路，開始發展食品工業、衛浴設備、香水、藥劑、光學等簡單工業。這些工業雖然不是發展地十分成功，但也奠立了巴西邁向工業化的方向。一九三○到一九四○年之中，總共有一萬二千二百三十二家新設廠商出現。不過，值得注意的是，十年之後，竟剩下三分之一強左右。形成這種衰退情形，一方面是受了二次世界大戰的影響，另一方面也是因為工業化沒有計劃，瓶頸愈來愈大。一九三五年巴西即出現了到底要不要繼續工業化的質疑。到了一九五○年代左右，培瑞拉（Bresser Pereira）教授根據觀察所得指出，許多商人及工業生產者急於追求眼前的利益，造成一窩蜂投資集中在輕工業上，無法成就深思熟慮的投資智慧。（Fiechter, 1975: 16－21）

以這點而言，羅迪格（Jose Honoris Rodrigues）在巴西人的特性與展望一書中（The Brazilians－their Character and Aspirations），甚至指出巴西人的企業並不是真正的企業，他們不根據理性或促進經濟進步的觀點來從事企業活動，而是依賴「運氣」以及姑且「一賭」的心理來做事。這種過度天真幼稚的態度

及目前依然殘存的國民特性，使得巴西經濟發展雖有進步，但國民平均所得仍然比拉丁美洲的其他國家──阿根廷、智利、古巴、墨西哥、波多黎各、委內瑞拉（Argentina, Brazil, Chile, Cuba, Mexico, Puerto Rico, Venezuela）等國還低。（Rodrigues 1967: 64; 155）

隨著工業化的發展，農人大量移到都市。在一九二三年，城市居民只佔總人口的百分之二三。之後，逐年遞增，到了一九七〇年，都市人口已佔了百分之五六。（Fiechter, 1995: 11）人口大量向都市集中，固然使農奴擺脫地主的控制，並在大都市中較易取得經濟、教育資源，使得移居都市的農人成為工人後，自覺自己的社會地位大大提高。但是，人口大量擁到都市，加上原來巴西人口多集中於東部及東北部的情形，使得巴西城鄉的生活水準及收入差距更大。城鄉居民的貧富差距太大，使窮人生活進步、向上社會流動的機會愈少。

同時，一味地追求工業化，不斷地引進外商及大舉外債，加深了巴西經濟的依賴性。外資的借用，使巴西工商日益發展，產生了一些經濟效益，如國民所得增加，自一九五六～一九六一年間，工業生產量每年增加了百分之十一。不過相對地也吸引了大量的歐亞移民──除了原有的來自德國、義大利、瑞士、西班牙、葡萄牙的移民外，還有日本人、敘利亞人（Syrians）和黎巴嫩人（Lebanese）也都相繼有人移居於此。從一八五〇到一九五〇的一百年間，總共有五百萬移民。

移民對巴西經濟各有其貢獻，義大利人、德國人在種植葡萄、咖啡、小麥及其他穀類等農業上表現相當突出，義大利人、德國人、敘利亞、黎巴嫩人則在工業發展上各展其才能，對南部

墾植區貢獻很大。這些移民除了德國、日本較難統合外，其他與巴西原有的文化同化並沒有出現很大的困難。只有少數移民具有強烈的種族意識或優越感，無法對巴西全盤了解，對當地的印第安人和黑人加以譴責、歧視。

移民增加，種族混血複雜，並未造成很大的種族問題。倒是在文化發展上，使巴西變成一個多數民族文化的大鎔爐。殖民時代的保守主義者，以及傳統與工業化之後帶來的社會結構的變化，貧富之間的差距，加上多種移民帶來的現代化文化，使得巴西在文化發展上，仍免不了有保守與現代化之間的調適問題。尤其為了追求更富裕的生活，特別重視外援，國外投資，沒有限制地容納移民，都使得巴西在其他社會條件尚未整體進步、調適時，特別為現代化付出代價，如新舊之間的文化衝擊，中產階層的權力慾望與原有的中央集權體制的抗衡，人民教育福利需求增加，貧富之間的差距，科技移植先進國家所形成的經濟、軍事、政治的依賴性。

其中貧富之間的差距太大，同時公眾福利措施不足，更是巴西自現代化以來付出的最大成本。根據彼得‧柏格（P. Berger）指出，即使依照官方的統計，「一九六八年，巴西有百分之五十的人，每人每年總收入在五十英磅」。「一九七〇年，全國總收入的三分之一操之於百分之五的人口裡。」（蔡啟明譯，民70: 124）

貧窮者的生計困難，營養不夠，但巴西並沒有透過福利措施或公共衛生政策來提昇家人的生存機會。就以全國情況最糟的東北地區來看，「約有三分之一的孩童，在未滿三歲之前即告夭折，一般人的平均壽命只有三十歲」。而巴西境內還有「幾百萬

人或因營養不良或因缺乏基本公共衛生而導致疾病，且沒有任何醫藥照顧。」（蔡啟明譯，民 70：125）

　　而上述二種情形，在一九三〇年代到一九七〇年代之間，狀況更嚴重。

　　綜合前述分析，發現巴西由於早期殖民時代的背景，使政治運作一直以中央集權為尚，再加上政治使然的兩極化階層現象，延續到今日的白人優越意識，其他社會、經濟的不平等現象到處可見，多數人民生活困苦。費企特的研究即指出巴西市民於一九六八年時感受到的最大社會問題，即是社會的不平等。（Fiechter, 1975: 183）

　　這些長期以來形成的社會事實，與巴西傳統與現今的國民特性相互影響，形成今日巴西政治、經濟、社會文化在現代化過程中的困難。根據羅迪格的研究，發現巴西人在傳統上由於生性愛好和平，純樸、善良，且多數信奉天主教，具有很強的國家意識，並深具天主教愛好平等、自由的情懷，而在面臨社會變遷之後，巴西社會也有新的特質出現，如社會階層兩極化逐漸消失，人民性格逐漸學會理性，相信金錢的社會功能，較知道透過努力來贏得較舒服的生活，然而樂觀、勇敢的傳統性格不再那麼明顯。

　　在傳統性格與政治變革、國民性格變遷的衝盪下，巴西目前存在著幾點較不利於整體社會發展的特性：（Rodrigues, 1967: 62－63）

　　1. 殖民地殘留的拖拉、保守性格仍清晰可見；

　　2. 對傳統與現代文化愛好的掙扎；

　　3. 年輕一代的巴西人比老一代的人面臨更多元化的社會問題；

4. 行政體制破壞，缺少穩定的政府；

5. 公共事務的處理受到太多人情困擾，較不能就事論事；

6. 經濟社會發展與人民的生活需要脫節，無論是工業化、現代化都是源自對先進國家的驚羨。

7. 少數移民對巴西仍有殖民心態，造成文化上的統整難題；

8. 傳統好賭，相信運氣的習性仍殘留。

9. 缺少足夠的教育、福利、醫藥措施。

綜觀前述發展的難題，巴西無論在一九五○年代、一九六○年代或當今，如果以人民的多數幸福、自由、平等為主要的關懷，而不是國家的偏態發展，那麼巴西最大的社會困難是：人民生活困苦，社會不平等，政治不民主，經濟不獨立自主，教育不普遍，不自由。其情形如圖一。

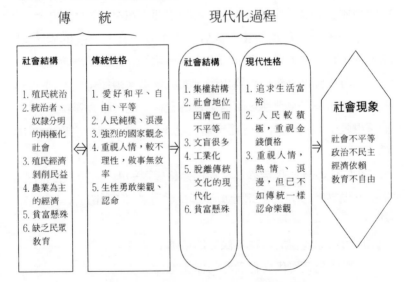

圖一：巴西的社會發展概念圖

　　在這種政治、社會、經濟、福利分配不平等的社會現象中，弗雷勒從尊重人的自由、平等的人道觀出發，對巴西當時存在的狀況加以觀察，而逐漸形成其對話教育思想的目的——希望以對話的教育方式，使那些造成社會不平等事實的統治者及被壓制者，都能覺醒，恢復其人之所以為人的自主能力，共創互尊、平等、自由的社會。

二、弗雷勒對話教育思想的歷史淵源與當代思潮的影響

　　弗雷勒對話教育思想除了受到巴西當時社會現象的影響之外，還有當代以及過去的一些思潮，更加深了他運用其中概念來詮釋巴西的文化現象，而提出以對話教育重建巴西文化的主張。在基本上，弗雷勒對受教者的本質、對話方法的主張，可以追溯到「無政府主義」、「馬克斯社會主義」、「左派弗洛伊德」的思潮以及當代存在的主義的影響，以及當代存在主義的啟迪，以下將分別加以探討。

㈠無政府主義的影響

　　無政府主義對於教育的影響，自十八世紀即已開始。此派的教育學者古德曼、依利希及歐立革、飛列而等觀察到教育為了訓練國家有用的公民，往往淪為以灌輸、訓練等強迫方式去實施教育，以致抹殺了學生的自主性、創造性。他們將這種教育弊病歸因於政府在政治利益的關懷前提下，造成了國家控制教育的局面，使得教育失去了開展個人成為有創意的個體的功能（Elias, J. L. et. al, 1980: 140－141）。

　　學校變成國家模塑公民的營造廠，詳細地闡述一些政治教條，教材內容反映了為政者的利益關懷，為此，學校也嚴格禁止一切與此政治利益相違的行為與活動，戕害了學生充分成為自主性個體的機會與自由。基於這種認識，他們主張教育要從國家控制手中解放，並充分享有教育自由。教育的真正目的，在於發展學生的自主性、個性，所以需要以彈性、創意自由的方式，而非以事先預定的方案，來教導學生。教育更不應淪為強迫學生接受反應某種意識型態的死知識，或背誦政治教條的境地。而要確保教育能達到上述目的，唯有使國家不干涉教育才有可能。

　　弗雷勒雖沒有一味地反政府涉入教育實務，然而卻擷取了教育要享有充分的自由，要尊重個性，發揮人性的主張，故強調教育不僅需要不受已失去人性的統治階級之宰制，更要啟迪被統治階級的自主意識，才有可能發展自主化、人性化的文化。

(二)馬克斯社會主義的影響

　　馬克斯的階級理論立基於經濟利益上，認為經濟因素左右人的精神存在，人類歷史文化的發展來源，起自經濟的因素。如果經濟價值不受資產階級的剝削，整個社會文化則能立於平等之上，共享經濟價值，於是資產階級與無資產階級的利益紛爭就會消失，也就達到人類的發展目標。

　　基於這種歷史文化的發展源自下層結構的經濟因素，馬克斯「並不認為教育可以在社會主義的革命中，扮演重要的角色。」（Elias, 1980: 141－142）因為基本上教育是上層結構，並非人類歷史發展的源頭，更何況在人類發展過程中，教育常與統治階級的利益密切相關。

　　因之，就馬克斯本身的教育觀而言，對弗雷勒並沒有產生什麼影響，而是他對整個人類社會發展現象的論點，引發了弗雷勒的興趣與注意，並將之運用於解釋巴西當時的社會現象、文化發展，再據以提出對話的教育思想。

　　弗雷勒與馬克斯對教育的功能看法迥然不同。他認為教育基本的性質是政治的。教育所以會變成統治階級維護或開創其利益的工具，是因為所有受教者在長期被統治者依其意識型態的教育或政治宰制過程中，失去了批判、反省的意識，誤把被宰制灌輸的事實當成合理所造成的結果。

　　而當時教育所以會變成培育沒有自主性的被統治者的工具，是因為教育內容與方法的失當。他引用了馬克斯有關「虛假意識」（false consciousness）、「疏離感」（alienation），「階級鬥爭」、「政治革命」的觀念，來說明當時教育內容與方法的弊病，以及真正的教育的功能與方向。

　　他引用虛假意識、疏離感的概念，釐清當時統治階級由於利慾薰心，為了維護自身的利益，自我在虛假意識以及自我疏離的情況下，壓制被統治階級，使得被統治階層也長久習於自我疏離而不察，失去了人之所以為人的認識，因之，與統治階層合謀共創了枯寂的文化（Silent Culture）。

　　面對這種文化的偏態，唯有透過對話的教育，而不是灌輸的方式，才得以使被統治者恢復做自己主人的真正意識，進而以對話的教育來改革被壓制的政治與文化發展，達到政治平等，文化自由發展的路數。這種觀點，很顯然借用了馬克斯的階級鬥爭與政治革命的想法。

(三)左派弗洛伊德的思潮影響

雷奇（W. Reich）所代表的左派弗洛伊德對弗洛伊德思想所呈現出來的社會哲學加以批判，他認為弗洛伊德的精神分析，雖然可以洞察出人的本質總受到道德要求、社會期望的壓制，但並不能據此改變社會的結構與價值，反而以精神治療去幫助個人適應既存的社會體制。

雷奇依此認識，發現弗洛伊德的社會哲學宜加以修正，個人應透過精神分析去建構一個平等、自由，不壓制本性的社會，而不是被教會去適應社會。

要依據精神分析的理論，去改變壓制本性的社會結構，只有運用足以確保兒童較自由發揮本性的教養態度，以及教育型態，才能使個人不再接受具有壓制及權威性格的社會結構，進而會產生積極加以改變的反應。雷奇認為如此修正，才能解釋馬克斯社會主義留下的社會階級意識的覺醒，仍不能使無產階級反抗剝削的難題。他指出，被剝削的工人，不一定如馬克斯理論所預言地，會明顯地反抗剝削，主要是工人在長期被壓制、被權威灌輸的社會情況下，已形成根深蒂固的接受權威的性格結構（character structure），即使他們很清楚地知覺到被剝削的事實，仍然不會加以反抗。

夏山學校（Summerhill）的創造者尼爾（A. S. Neil）就是按照這種想法，完全以尊重小孩自發性的自由，培育小孩的自主性。在他的學校中不時興宗教或道德教育，而是鼓勵小孩在不受壓制的本性基礎上，自由學習。例如學生被鼓勵可自行處理自己的性生活，可以自由抉擇上課與否，整個學校也是由學生來經

營。尼爾對孩子自主、自由的尊重,可由他的觀點窺視無遺,他說:「善於為他人出點子的人,沒有一個是好東西!唯有自由可以治療有問題的小孩。」(Elias & Merrian, 1980: 144)

弗雷勒擷取了雷奇對弗洛伊德的修正,運用精神分析來解釋民眾雖知道自己的利益所在,仍不能以實際行動爭取己利,而提出以對話的方式來導引意識,落實於實踐中。就誠如尼爾將知與行付諸行動一樣,弗雷勒則企圖將教育理論與實踐合而為一。

㈣存在主義思潮的影響

存在主義盛行於二次大戰之後的歐陸。存在主義學者在戰後看到充滿危機、殘酷,令人不安的世界,而開始反省過去以理性、形上學來了解人的發展與社會文化現象的謬誤。他們看到人生存中個別的、孤獨的、無助的、無慮的一面,反對人是全然理性的看法,積極主張「存在」(existenz)是人的意義所在。只有從個體所處的任何具體狀況,才能了解到人。「人的本質不是預先被確定著,人沒有固定不變的本質。」「人的特質在於他的行動或他的自由或可能性…人只能在行動中創造價值,實現自己。」(鄭重信,民 74: 7)

人要在個別的行動中,創造價值,顯示人需要有充分的自主與自由,去為自己的一生做抉擇。而人與人之間的關係便需建基於尊重主體性的基礎上。

根據這種存在主義對人存在的觀念,弗雷勒在對話教育中引用了「主體性」與「自由」,說明對話的性質及對話關係建立的條件。

總之,弗雷勒的對話教育思想實導源於其所經歷的歷史文化

條件的激盪。巴西的政治、經濟、社會階層與教育的因素，造成了不平等的社會現象；加上受到當代追求徹底自由、平等的教育、哲學思潮的影響，弗雷勒更能從實務體驗中，歸結出教育的目的無他，在使人能自由、自主而已，教育的方法是在能充分達成此目的的對話。

顯然，弗雷勒的對話教育思想是在其特別的巴西文化條件下開展，然而他力陳在社會不平等宰制下戕害人性，違害人存在自由的教育現象，並非巴西所獨有。環顧第三世界國家以及先進國家，都可以看到教育受到非人性宰制的事實，只是宰制的力量來源不同而已。巴西主要是來自政治、文化的不當操縱，先進國家則可能來自經濟、科技的控制。基此，弗雷勒的教育思想雖有其歷史性、時空性，然而放諸整個人類追求人性化發展的脈絡中，有其超越性，它仍然能點亮教育努力去反省是否有違人性之燈。

參、弗雷勒對話教育的地位與功能

弗雷勒從上述社會文化背景，以及思潮淵源的背景中，加上自身在文盲教育當中的經驗，深深地感受到巴西社會在統治者長期的控制中，整個社會出現了反人性發展的事實：一方面巴西人失去了人之所以為人的自由與自主性，另一方面巴西社會變成一個被壓制的狀況（oppressed society），整個文化的發展已被扭曲為非人性化的地步（dehumanization）。

在文化發展上只有統治者的權威，意識型態，透過正式體制及非正式的社會互動過程，決定了被統治者的工作。被統治者的

長期受到統治階層的操縱、壓制，失去了主動參與社會行動，積極轉化文化發展的能力與信心，反而安於接受被統治者的安排，於是文化沒有辯證性的動態發展，形成枯寂的文化發展事實。

弗雷勒進一步說明壓制的社會，枯寂的文化發生的原因。他運用了馬克斯的階級利益，虛假意識，存在主義的人的自由、自我抉擇，以及雷奇的結構性性格等觀念，予以解釋。

他指出統治者與被統治者都不再將自己當「人」來看，都使自己如同物品一樣地存在，這是當時巴西壓制性的社會存在的根源。

剛開始，被統治者由於關心自身的利益，而把被統治者看做東西一樣差遣、使用，認為農奴或有色人種無知、偷懶、愚痴，不加以管理、訓練、使喚，便一無用處。他們相信聰明的自己，才是有自主能力與自抉權利的人，而其他的人則是存有的客體，非具有主體性的「人」。

由於統治者本身基於主客二分的世界觀，把自己所屬階層之外的人，看做客體，是一種物品，因之，產生將別人當做財產、物品一樣想擁有、使用的「財產意識」（possessive consciousness）。這種財產意識的作用，使統治階層對人的整體存有的觀念與世界外在的東西疏離，將人與人的相互主體的關係，也看做是人與物的主客分立的關係。

由於這種物化的世界觀，使「壓制者習於將週遭的每一件事，看成是可以宰制的東西。凡是地球、財產、物產、人的創造力、自己、時間，每種東西都變成『客體』的物，對他們來說存在就是保有（to be is to have）」（Freire, 1970）

源自這種強烈的財產意識，以及認定物質利益是最大的價

值，統治者會以暴力，以假慈悲等方式，使被統治者習於被壓制的位置。

被壓制者在習於被壓制，被暴力控制，或被利益籠絡的情況下，具有以下兩種特殊的雙重性格：一為自我輕視，另一則是向被統治者認同。

被壓制者通常處於貧窮、不利地位：他們很窮，為了生計，只好接受壓制者的控制與施予。他們慢慢發現壓制者供給他們工作、生活，沒有壓制者，他們就很難生存。為了生存，他們養成依賴的性格，如果真正使他們當自己的主人，對自己的工作、生活自行負責與決定，多數人會像斷了線的風箏，無所適從，而心生恐懼。

在長期與壓制者保持一種依賴的關係，他們會逐漸內化壓制階層對他們的看法：無知、無能，而認為自己是個很沒有用的人，因之，產生了宿命觀。多數的農奴會說：「我只是一個農奴，我能做什麼？」（Freire, 1970）這種內化他人標籤的結果，被壓制者有很強的自我貶抑的性格，已如統治者一樣，變成一個疏離的人，與自我疏離，與外在世界疏離。他們暫時被壓制的環境，模塑成不知道自己也有知的能力與權利的個體。

然而，另外一方面，他們也有獨立、追求成就的潛在慾望，這些潛在慾望表示他們仍潛存著人的本質。因為有這種慾望，他們也會羨慕統治者的權力，生活享受，進而模仿他們，與他們平等的希望，油然而生。於是他們會不自覺地去攻擊與他們同一階層的人，來表示他具有與統治者一樣擁有控制、使喚別人的權利。

上述這兩種性格特徵，都使被壓制者與壓制者一樣，在長期受壓制的社會中，迷失了自我，失去了人之所以為人的本性：自

由、自主的整體存有。

　　要改變上述的壓制性社會病態，並不是將加諸於被壓制者身上的控制力量移開，就能竟其全功。而是要所有的人民，無論被壓制者或壓制者都能從自我疏離的物化狀態中解放出來，變成一個自主的人，才有可能。

　　要所有的人變成一個自主的人，在當時環境下，沒有辦法靠壓制者的覺醒，因為根據弗雷勒的看法，改變利慾薰心的統治階層，轉化他們的物化觀念很難，將事倍功半。依此，他認為只有先喚醒被壓制者的意識，讓他們了解被壓制的事實，再引導他們從行動中去實踐變成自主的人，才有可能扭轉社會文化朝向物化的、非人性發展的局面，創造人性化的社會文化。如此才可能使那些壓制者在已被扭轉成人性化的社會文化的長期涵育下，養成深具人性的結構性格。

　　換句話說，弗雷勒相信人性的迷失源自被壓制的社會事實。如果要恢復人性，也要先創造人性化的社會文化氣氛。然而創造人性化的社會文化氣氛，本質上，不是剷除統治者的壓制行動而已，而是整體人民，無分統治者與被壓制者之間的人性解放過程。這個解放過程的起點與動力則來自被壓制者的被壓制意識的覺醒。

　　弗雷勒觀察到被壓制者的意識一直沒有集結成人性解放的動力，仍維持依附於統治者的宰制，實因巴西特有的政治結構及其他社會因素的影響，使巴西佔人口總數甚多的農奴，深具前述兩種被壓制者的結構性格，加上統治者使用中央集權控制，並透過灌輸人民服從控制的教育，使整個歷史文化與人道發展，背道而馳。

基於這種認識，弗雷勒揭櫫要開創人性化的民主社會，首先要恢復農奴自我肯定的意識與能力，同時使他們在增加能力，恢復自信的過程中，不會淪為另一種新的宰制階層。

至於什麼方式可以恢復農奴的人性呢？弗雷勒認為還是要靠教育。不過他所謂的教育不是把學生當「物」看待的知識灌輸過程，而是把學生當做「人」，使師生可以基於相互尊重，彼此對話的歷程。他把這種一反過去把人當物的強迫，填塞的教育方式，主張尊重人性的教育方式，稱為質疑（problem－posing）的教育。

教育之特色在於強調透過師生自由平等的對話，可以彰顯人類存有的世界，達到人性的創造。弗雷勒認為「沒有人能教別人，也沒有人能教自己，而是透過人與人之間的互動，彼此教導。」（Freire, 1970）也就是對話是可以開展人性的教育方式。

在這種對話的教育裡，師生的關係並非主客對立，而是基於對話的相互學習關係──兩者共同投入以世界或欲認識的對象中，去進行對話，開展人性的創造。

綜合前述的分析可知，弗雷勒認為對話是教育方法。由於它本身即是基於存在主義所講的人存有的自主性，不認為教師是知識的擁有者、傳播者，師生根據相互主觀的人際關係，開展人性化的社會。這種對話本身即具有互為主體，相互尊重的性質，不會產生教師宰制學生，強迫學生去接受一套死知識的弊病。學生長年在如此受尊重，並被看成一個主體存在的個體，自能涵育出其信心與自主的能力。基此，對話教育是轉化壓制社會，使個人能更富人性，社會文化朝向人性化發展的工具。以下對弗雷勒提

出的對話教育以一簡要概念圖予以呈現，便可了解對話教育思想
的地位與功能了：

　　至於對話教育的詳細內容為何？它需要有那些條件與實踐的
步驟，才有可能達到開展人性，使人類所有文化基於對話，不斷
朝向人性化的發展功能？以下將分別加以研析，以說明弗雷勒對
話教育思想的全貌。

肆、對話的本質與存在的條件

　　弗雷勒認為有對話才有溝通，有溝通才是真正的教育。而對
話的教育為什麼可以達到真正教育的目的——協助個人整全的發
展，辯證開展人性化的社會文化？此可從對話的本質與存在的條
件加以說明。

　　弗雷勒從動物與人的比較中，發現人有別於動物的特性為：
人可以自我抉擇，能客觀地了解到自己所作所為，能賦予自己參

與的世界意義，具有時間性與歷史感，而動物不能。根據這種歸
納、比較，弗雷勒認為人是具有意識的動物，也是歷史的動物。

人是意識的動物，顯示人有能力賦予自己參與的世界意義，
也能反省自己所作所為。人又是歷史的動物，可以累積經驗，因
之，上述給予意義與反省的行動便是不斷地在歷史中發展、作
為。同時，人生來就需與別人發生關係，是社會的動物，所有的
行動都要放在社會的脈絡中去考量。因之，弗雷勒肯定人一存
在，便是在社會、歷史、文化的背景中，與自己週遭的人、事、
物及自己產生交互作用。這種交互作用的實際行動是靠人不斷用
語詞（word）去把握到自己或外界的實在（reality）。

人既然靠語詞去把握世界的實在與意義，所有的溝通都是本
於語詞把握、詮釋自己或外界實在的對話。所以弗雷勒說對話為
一種人類現象，它的本質是語詞。何謂語詞呢？他更明確地分析
語詞的構成要素是反省與行動。

反省與行動要同時存在，才可能使對話具有實踐教育目的的
功能。他說：「人的存在不可能是靜默的，只有真正的語詞，才
能使人具有轉化世界的能力。」（Freire, 1970）。因為人的存
在就是對世界命名（to name the world），就是去改變世界，
人一旦感受到與世界密不可分，它就會對外界世界予以命名，會
去工作，並對自身的行動反省，人生來就不是沈寂的，無所作為
的，（Men are not built in silence, but in word, in work, in
action reflection）而是不斷地對世界命名，人一旦對世界命
名，世界也會以一種問題出現或希望人重新對它們命名的方式，
變成命名者，再度展現在人面前。（Freire, 1970）

如果對話中的二個層面：反省與行動，無法互動，而有某一

層面被抹殺掉，則無法使對話產生改變世界的實踐功能。如只有反省而沒有行動，則變成浮辭主義者（verbalism），如只有行動而失去反省，那麼就陷為妄動主義者（activism）。所以對話中的語詞所指涉的性質，並不是常人的信口雌黃，而是與其生命的意義與行動合而為一的反省與行動密切配合的實踐過程。是人在其生存過程中，與世界交互作用，相互命名的意義開展行動。而這種行動是人生而為人即具有的性質，不是少數人才擁有的特權。因之，當人在一起時，對話便是人與人為了對世界命名，以世界為溝通媒介的一種際遇（encounter）。

準此認識，對話人與世界產生關連，並創造人的意義的過程，是人存在的必要條件。對話不只是簡單地交換討論的意見而已，也不是說話者急於把自己認為很棒的觀念，強行加在他人身上，希望對方接受的方法，而是兩個人在際遇中，相互彰顯其存在意義的歷程。它在性質上「是一種創造的行動」（Freire, 1970）而不是另外一個人企圖為他人對世界命名，也不是人用來宰制他人的有力工具。

為了使對話依其性質發揮功能，對話需要建立在相互尊重，彼此平等，對話者雙方都不失人性的自主關係中才有可能。換句話說，基於人道的關懷，把握人的溝通原則，而不是以控制輸贏的方式進行。弗雷勒因之說明對話實是一種人對世界命名的創造和再創造的行動（Freire, 1970: 76）。這種行動要能實踐，需要具備下列的條件：

1. 對話者之間具有愛人的反省與行動，
2. 謙沖為懷，不滿不溢，
3. 充滿希望，堅忍的奮鬥信念，

4. 朝向批判思考的方向對話。

上述所談的條件狀似非常普通的教條，但如加以深究則可知其實立論於弗雷勒的價值論以及人性論的基礎上。他強調人的最終目的與最大價值在於人道的實踐開展。所謂人道的實踐開展，就個人層面而言，是使人具有自由、自主性，成為更健全的人。如以整個社會文化發展來看，則是朝向互尊互重，平等自由的人性化方向辯證開展的繼續不斷的人類進步的歷程。

人道的實踐開展，需要在尊重人的主體與自由的存有上，才合乎人之所以為人的路數。而這種人的主體與自由的開展，存於人與人基於對話的際遇。因為按照弗雷勒的觀點，人一方面生而有認識外在世界的潛能，以及具有主體性、自由傾向，另一方面則是不完全開展的存有（uncompleted being），必須在社會文化的洪流中，靠著人與人之間的對話際遇，才有可能實踐人道的動態發展。

基於前述的價值論、人性論，弗雷勒認為對話要達到解放社會文化的非人性化發展（dehumanization），要建基於愛、謙虛、信仰、批判之上。

他說，人與人之間只有愛，對話才不會流於宰制，因為愛是一種勇而無懼的行動，才能使對話者願意為解放宰制而獻身他人，也唯有心存關懷他人與關愛整個歷史文化的勇氣，才會樂於在艱辛的解放過程中努力。這是對話的第一個要素。

第二個對話的先決條件是謙虛。所謂謙虛就是在對話中，人人要能充分地相信別人。相信別人生而具有創造、再創造，塑造再塑造的潛能，以及可變成更為健全的人。如此，才不致於在對話中，過度濫用權力，而使對話不自覺地落入左右對方想法或行

動的操縱胡同裡，也才能在不自滿中，與他人真誠地就面對的世
界加以命名。

　　第三個對話的先決條件則是信念。沒有充滿希望的信念，則
人容易否認外界的世界，想逃離它們，不會想為它的發展、奮鬥
進步。充滿希望的信念源自人的不完整，需要在相繼相傳的歷史
洪流中，不斷奮鬥、努力，才可能開展人性，轉化非人性化的社
會。如果對話者因面臨非人性化的社會現象就失去了信心，那麼
對話內容將僵化、空洞、毫無努力的意義與方向可言。

　　最後，對話者一定要有批判的思考，對話才可能存在，如果
對話者的思考為素樸思考缺少判斷力（naive thinking），會認
為對話目的只是在適應現存的社會，而不是轉化社會文化。但在
弗雷勒人道的價值論基礎上，人是要透過對話，不斷地改變社
會，使其更富人性化。而要朝向人性化方向不斷進步，對話者則
要認識整個社會文化是一個動態發展的過程。社會文化的進步要
在動態的社會文化之流中不斷發展，就需要社會成員具有批判不
合理事實的能力，社會文化才能不斷進步。

　　總而言之，「對話」是由反省與行動構成的轉化世界的實踐
方法。本質上是基於每個人都具有對世界命名的存在條件，而發
揮轉化世界的功能。對話要發揮功能，要對話者具有愛、謙虛、
信念、批判的行動。因此，對話的教育是基於師生以教材為媒
介，在相互尊重中開展人性，改變世界。教師固可以擁有專業權
威，去探索教材，然而專業權威必須立於尊重學生的主體性之上
使用，而不可挾此以為操縱學生的藉口。真正的教育不是由教師
為學生決定或由教師依據學生的特質而決定，而是教師與學生一
起工作。（Freire, 1970:82）

教師不再是教材的填塞者,成天塞給學生一堆死知識,而是將學生看成是一個獨特的個體,在對話中,與學生一起對話,一起學習,一起揭露與批判現實,以達到爭取真正的人性自主、自行負責的自由目的。準此,對話的教育是使師生不斷質疑,提出問題,以發展人道自主自由的社會文化為依歸、獲得自由的實務(Freire, 1970: 69)。在這個過程中,沒有所謂給予知識與接受知識的人,只有對話者在對話的境遇中,去開展自己的存在與發展自由自主的人性,也就是教育的目的。又因為人的自主性及存在是需要在社會文化歷史的洪流中不斷開展,因之,開展人性的對話就成為教育的本質。

伍、對話教育實踐的途徑

對話教育要能實踐,弗雷勒從反省巴西當時存在的兩種社會文化現象,提出了實踐的兩個途徑。一為促使文盲受教育,使他們了解自己存在的意義,引導他們具有自主、批判思考的能力,不再退居社會的一角,被動地接受宰制的社會文化。另一方面則是促進文化融合,他強調恢復自己文化的自主性,接納外來的文化,使兩者自然融合,揚棄外來文化的盲目接受。

就第一個方面而言,弗雷勒指出巴西會成為非人性化的社會——統治者壓制被統治者,是因為統治者運用了強權與被統治者的依賴性格和認同他們的特質。這種不平等的社會一直沒有辦法改變,有一大半的責任來自被統治者自我輕視的結構性性格,以及向權力認同的心理。因之,這種社會病態,並不是完全是統治

者的罪惡，而是統治者與被統治者共謀的。是兩種階層的人長久
在不平等的社會結構中失去了反省、批判能力，失去了自由自主
的人性使然。

　　基於這種剖析，弗雷勒掌握到被統治者所以「不自覺地」共
謀了這項歷史文化的病態發展，乃是當時的被統治者絕大多數都
是文盲。他們自認為無知，沒有地位，甚至有人認為如果沒有了
統治者或地主的施捨，就沒有辦法生存。這種特質給統治者有剝
削他們的機會。要啟蒙被統治者揚棄自暴自棄，過度依賴的特
性，則需要以對話教育方法，讓他們重新獲得自信心，肯定自己
的存在。

　　因之，要對文盲實施對話教育，對話教育實施的步驟為：

　　一、以對話方式尋找對話題材。

　　二、實施對話教育，以喚起被統治者合作、聯合、組織的覺
醒，創造自主性的文化。

　　弗雷勒批評巴西當時的教育是一個囤積式的教育（banking
education）。所謂囤積式的教育基本上把教育當做統治階層意
識型態的傳遞工具，學生被當做「物」一般，被強迫接受統治者
已設計好的知識。這些知識的內容以及傳授的方法充滿了分化被
統治階層的凝聚力，充滿了思想、文化的強制、操縱等特質。根
據這種現象批判，弗雷勒認為教育的目的不只在傳授建立順民意
識型態的知識，而是引發大眾具有自主、自由的能力以及批判的
意識，這些都是人存在的本質。

　　為了達到這個目的，對話的材料，就必須是與民眾生活息息
相關，是來自民眾可與之產生互動的題材。依此，弗雷勒提出對
話教育的第一個步驟是教師與社會學家、人類學家、文化學者相

互合作，到民眾生活的地方，去與他們對話，去找出他們的生活世界中用來描繪他生命意義的語詞，編成教材。

編成教材之後，再製作成生動的幻燈片，放映給民眾看。由於幻燈片放映出來的是最能引發他們共鳴的生活素材，教育者再根據素材的內容，引導參與的成員將幻燈片的內容，轉化成可以引起成員產生自主意識及自我負責的問題，不斷討論。如此，以不同的週遭事物為媒介，討論人在文化創造參與的積極性、自主性，以喚醒農奴早已失去的信心，及自行參與生命及文化創造的潛能。

例如一九六二年弗雷勒在巴西推展成人教育的時候，為了讓農奴了解教育在整個人類文化發展的功能，放映了一幅農奴帶著一隻獵狗，拿著來福槍打鳥的幻燈片，藉著這幅圖書，讓農奴了解打獵是人類的文化現象，即使獵人是文盲，但他的打獵行為確已創發了狩獵文化。

此外，並進一步分析來福槍與其他打獵工具如弓箭的不同，引發參與者能討論並分析出，人類能從使用弓箭，進步到運用槍枝，顯示了人的工作與創造能力的發揮，而只要能發揮這種能力，人一定可以創造出改變現狀的結果。弗雷勒所謂的對話教育的宗旨就是透過這種日常生活中的媒介，去探討較抽象，較高層次的人存在的意旨與行動方向。

如此週而復始地從大眾最有感受，最能發表意見的題材出發，慢慢地朝向引發恢復其自信、自主性層面討論，並將討論所得付諸實踐，那麼原本無知，自信心殆盡，信心全無的農奴，會從長期沈寂的文化中蘇醒過來，變成具有自尊尊人，自主自決的一群人，所以他們會懂得一起合作，從合作中，揚棄接受統治者

宰制。在合作過程中，他們也逐漸經驗到大眾受到統治者宰制很容易，但要喚起他們聯合，走出這種宰制的陰影，達到充分為自由、負責的狀況，比前者還難。為此，他們需要有關懷人性發展的領導者來領導他們，他們更懂得用聯合的方式，為自由，充滿信心地持久奮鬥。

　　順著大眾聯合在一起的現象，在解放的教育行動中會自然發展出民眾的組織。組織的目的，是在透過組織確保民眾在文化解放中一直有勇氣面對困難，同時使參與組織者遵守解放行動中所需的特質，包括言行合一，面對永藏危機的存在的勇氣，彼此信任等。如此，對話才可能實踐開展人性文化的目的。

　　就第二個方面來說，弗雷勒發現巴西文化在強行控制發展方向的情況下，所有的發展都限定在強制下的既定意識型態下，與人民的需求，人民知覺到的生命世界疏離，文化變成一種沒有生命的發展。解決的方法在於確保文化，建基在對話教育的發展上，循著尊重文化參與者的自主性，使每個成員有權、有機會貢獻於歷史文化動態發展的過程。

　　所謂能融合人民的生命需求與意義的發展，基本上的做法不是只為統治階層服務，不管人民的需求。但也不是循著滿足人民的期望發展，宜把握到對話的神髓——將人民的需要當成一個問題，去了解這個問題呈顯出來的歷史文化的意義，再以批判的意義，與這個問題的意義對話，以尋找一種圓融的解決方法，才是整個教育文化發展的方向。

　　總之，對話教育實踐的步驟包括研究、同理大眾的生活情境，再次從中選取對話題材，實施對話教育，最後以聯合、組織的正式力量來規範對話條件的確立，保障對話能繼續不斷，不受

人性弱點的阻礙而消失，以達到文化融合的目標。

陸、對話教育思想的評析

　　弗雷勒的對話教育思想建基於人性論、價值論上，而導源於巴西的壓制性的社會文化現象。他根據存在主義、馬克斯的思想，認為人性中的普遍特性是保存自主的主體性，追求自由，做一個真正的人，而不是疏離的人。

　　既然這是人類普遍的目標，人類社會存在的價值便是使每個社會成員更能做一個真正的人，而整體社會朝向更人性化的方向進步。在這樣的認識之上，弗雷勒提出教育的發展目標也是要與上述的人性與歷史文化的發展方向吻合。教育不應淪為宰制人的工具或手段，而是開展人性，帶動整個社會文化進步的方法。

　　教育要避免淪為宰制的工具，則需以人性追求自主、自由的普遍特性為起點，運用人類的對話，來啟蒙人類「反省」與「行動」的實踐意識。弗雷勒認為如果沒有導向改變社會文化行動的反省，就是空無的，沒有實踐意義的；如果只有行動，缺乏批判性的事實省思，使人具有揭露不合理事實的能力，進一步創發實踐人道的觀念或意識，則這種行動是為暴虎憑河的莽動。也就是沒有批判性分析的行動，根本無法達到弗雷勒所認為的促使社會文化進步的功能。所以他認為知識是人類面對世界時，產生的不斷反省與行動的動態創造過程。知識並非固定不斷的抽象化財產，而是獲得存在知識及創發新知識的過程。（Freire, 1982）

　　這種知識隨著人類歷史文化的發展而變動，人不可能完全了

解某一方面的知識，但人可以透過對話，看的愈多，反省的愈多，實踐人道的可能性愈大。

　　對話所以會使人獲得或創發存在知識，最主要是對話建基於人相互尊重、相互關愛之上，人所以會互相尊重、關愛，是因為人具有共同的自主性與追求自由特性。可見弗雷勒是根據人類普全的特性，做為對話所以會成立的條件。以及對話所以會確保教育具有開展人性自由、自主的功能之立論。

　　這種以對話做為獲取或創造存在知識的知識觀，強調知識的動態性，以及知行合一的知識條件，認為知不只是要知道知識本身是什麼，還要知道如何及為何運用的層面，與實證論的知識論差距很大。

　　實證論者重視知識的價值中立，強調知識的客觀性。弗雷勒相當不同意這種知識觀，他認為知識如純粹是一種客觀題材的建構，學習者在求知過程中，容易產生意識與知識對象分離的現象，以致學習的結果無法知行合一，無法導向人類文化生命更高層次的價值發展。因而，主張知行合一，動態發展的知識論。

　　對話的知識觀，說明教育活動——對話是相互主觀的溝通歷程，是受到人性發展的價值導引的行動與反省。由於對話是相互主觀的溝通，因之，師生在對話際遇中，老師不可獨白，也不可獨斷地為學生決定學習內容與方法，而是與學生一起工作的對話學習過程。這種教育方法可解決受到實證的知識論影響的教育弊病——學生被迫生吞活嚥地接受一些他們覺得沒有任何意義的有系統、有組織的知識。也可以解決知行不合一的道德實踐的難題，進而引導人類創造安生立命的知識，具有解決今日之弊，開啟明日之光的教育功能。

　　弗雷勒的教育思想從其所立論的人性論、價值論、知識論的
立場，固有其內在的一致性、系統性，能引發人類在長期相信理
性的知，客觀的知識之流中，另闢教育蹊徑。然而，有一點值得
注意，也是後來受教育學者批評較多的地方是，弗雷勒的思想主
要是他自身在投入巴西歷史文化的不平等現象的際遇中的反省。
他很清楚地看到歷史文化由於政治、社會文化長期在非人性化的
扭曲發展下，造成了囤積教育的弊病。換句話說，根據他的思
想，教育的積弊主要源自社會結構因素的扭曲，使人無法自由自
主發展。

　　如果說社會結構與人性自由自主的特性之間也存在著，如同
弗雷勒所認為的教育與文化之間的辯證關係，那麼他解決教育弊
病的方法，並沒有著眼於兩者的辯證發展，而兼重社會結構的重
組與人性的重新開展，卻只有回溯到積極改變人性發展的層面。

　　雖然在主張積極改造人性的對話教育思想中，他也以新弗洛
伊德學派的論點，不斷去反省到文盲大眾接受壓制、贊助了壓制
歷史文化產生的結構性性格缺失，並說明在對話過程中，基於人
性常會產生的不利於教育解放的表現，如畏懼壓制者的權威，如
缺少動態進步史觀的信念，而易生灰心，如逃避自主自由的依賴
意識等。但是弗雷勒卻疏忽了在引導對話過程中，對話活動或對
話者如何不再受到強制的政治暴力壓迫的策略。

　　針對這個問題，可見弗雷勒並沒有仔細去處理，如果在開展
自主、自由的人性對話過程中，社會結構施予政治或經濟強制操
縱時，人存在的對話如何延續的問題。

　　誠如馬思洛（A. H. Maslow）的人性階層論指出的，人有
短絀動機與存在動機，在基本的短絀動機未解決時，存在動機難

以滿足。弗雷勒提出的追求自由、自主的人性開展，是屬於存在動機的層次，如果政治在還沒有人性化之前，對話教育受到政權的再度壓制，對話者基於生命受到威脅的求生動機，可能會放棄人性的開展，即使沒放棄，繼續弗蘭克（V. Frankel）所謂的意義追求，然而政治的暴力也可能與對話者對立、衝突，而強加制裁，那麼結果與前者一樣，都會使對話教育戛然停止。

　　弗雷勒本身的文盲對話教育，後來受到軍政府的干預，他先被捕入獄，繼之，被迫流亡，正可以說明弗雷勒的對話教育思想在被宰制，非人性化病態中，缺少穩定持續的實踐性，頗具烏托邦的色彩，這是弗雷勒思想中最受抨擊的部分。

　　不過從弗雷勒對話教育思想的視野，再盱衡我國文盲補習教育及各級正式教育的弊病，可清晰地彰顯出我國教育改革的方向。

　　就國小所附設的補校來說，所有的教材內容與一般國小雷同，文盲教育被當做兒童文字啟蒙教育看待，他們的學習經驗與起點與未識字的兒童被等量齊觀，以致除了學習動機特別強的成人外，很少成人可與那些教材產生共鳴。

　　再就各級學校教育來說，國小的班級人數過多，教學過程難逃專門知識權威的文化規範支配，多數教師無法尊重孩子自發、自主的發展，以權力而非專業權威為基礎，予以指令、規定，統一要求。統一的學習方式，一致的作業與學習成就標準的要求。彈性，個別化的教育與輔導在國小教育中可遇不可求，如鳳毛麟角。

　　國中的教育措施，造就了更多的學校「遊客」。本來在國小學識基礎不好或很差的學生，進入國中以後，在教師統一教學、統一要求的教學技術下，被迫在課堂上無法參與學習，他們一知

半解或幾乎完全不懂地被撇在教室，對他們來說，老師口沫橫飛的勁，正好強化了他們自卑的情結，在長期這種情境中，他們從失去信心，轉至自暴自棄，進而失去自我。學習對他們來說是殘害其人性發展的經驗，他們眼中最有意義的事，變成每天期待中午午飯時間或放學時間的來臨，再不就是以不符合社會規範的越軌行為，來自我認證自己的存在意義。

而面對這些所謂不可教的學生的老師，則多半為求自保飯碗，只求這些人不鬧。他們很少反省班級團體教學，也可以有個別化教學的可能，也很少與學生一起探討教材的知識學習目的何在，如果他們不能學習，抗拒學習，他們眼中的知識又是什麼？多數的教師已經習以為常地認為，教科書中的知識沒辦法教給他們，就再也沒什可教了，只好師生一起混日子過，很少去思考，除了教科書的題材可教，還有那些知識可教的問題。

在大學，我們更可以看到助教不助理教學，尸位素餐，每天只管自己唸了多少書，寫了多少文章，堂而皇之地宣稱「學術」著作才是他表現成就或存在的全部。他忘了留下來當助教是自己的自由抉擇，需對自己的所作所為負責。助理教學與追求學術表現宜並重，而不是在功利的色彩中，成為一個自我從工作中疏離的人。

在大學，也可以看到如德國影片「教室抗戰」（Klassen Feind）所描述的教師濫用權力的情形。在課堂上教師振振有詞地表示自己有多麼關愛學生，而每天來教室卻只傳授那些如同食譜示範的技術，缺少生命學問的對話。

再則，國內大學難免存在一些逃避「真正學習」的學生，他們為父母、社會期望上大學，上了大學他們為父母、為分數、為

與權貴老師拉關係，為將來謀厚祿而學。於是師生可以共謀出隔週上課法或笑話味精教育法（以笑話當味精）或和平共存法（老師希望學生少批評，選課人數多點，才有面子，有成就感，給的分數特別甜。）的教育過程。

這些顯露國內各級教育偏態的冰山一角，已成大眾皆知的事實，但在外表看來與常態相比時，量顯得還是很少，多數問題仍然只停留在被討論的階段，付諸改革的仍然有限。

然而，教育的影響，尤其具有破壞力的偏態，單以量的評估很難用以理解它對社會文化發展的障礙，從質的演化、轉變，更可以尋繹出教育要改革的迫切與方向。

基此弗雷勒的對話教育思想可彰顯出我國教育的真正危機——疏離。無論是學生、教師、教育行政人員、父母，都迷失在功利的教育叢林裡，他們不斷創造教育遠離人性，遠離培育自主、自由的人之大道的事實。

他們把教材看做是學科結構，是靜態的已定論的成套知識，透過教科書的包裝，希望教師以三寸不爛之舌的推銷術，賣給學生。買不起這些推銷品的學生便被貼上「孺子不可教」的標籤，是「壞學生」、學校的敗類。

學生被當做沒有生命經驗與主動開展自我生命的物體，只有被動接受教師所推銷的知識的份。師生沒有機會停下來反省教科書的知識從何而來，透過什麼樣的過程編製而成？那些知識為何需要學，學了之後如何在社會文化情境中被使用？

這樣的事實說明我國教育的特色，在使學術定於一尊。知識的內容是固定的，求知的方法也絕大多數是統一的，以致教育的主體多失去了真正的自我——教師不為開展自我的生存意義而

教，學生不為自我創造而學。如何使教育創造人存在的本質，恢復師生開展生命意義的主體性，實為今日反觀我國上述教學偏失的改革起點！

（本文完成於民國七十七年，承中研院近代史語言研究所林英津小姐介紹吳疊彬先生協助，將弗雷勒依葡萄牙文音譯為包魯・弗雷勒，特此對二位協助者致上十二分謝意。）

☞參考書目☜

◇Paulo Freire 原著英譯本

(1967). *Education for Critical Consciousness.* N.Y.: The Seabury Press.

(1970). *Pedagogy of the Oppressed.* Harmondsworth, Penguin Books Ltd..

(1970). *Cultural Action for Freedom.* Harmondsworth: Penguin Books Ltd..

(1978). Pedagogy in Process. N.Y.: The Seabury Press.

Ira Shor & P. Freire,　1987 *A Pedagogy for Liberation* 台北，森大翻印。

(1987). *The Politics of Education.* 台北，森大翻印。

◇相關參考文獻

楊國賜（民 66）。現代教育思潮，台北：黎明文化事業公司。

鄭重信（民 74）。存在哲學與教育思想，台北：文景出版社。

蔡啟明譯（P. Berger 著）（民 70）。發展理論的反省──第三世界發展的困境，台北：巨流圖書公司。

Elias, J. L & Merrian S. (1980). *Philosophical Foundations of Adult Education.* Malabar, Fla.: Krieger.

Fiechter, G. A. (1975). *Brazil Since 1964: Modernization under a Military Regime*. London: The MaCmillan Press Ltd..

Freyre, G. (1986). *The Masters and the Slaves*. California: Univ. of California Press

Marx, K. (1979). *Das Kapital, Marx Engels Werke*. Bd. 23, Berlin: Dietz Verlag

Marx, K. (1977). "Okonomische—Philosophishe Manuscripte aus dem Jahre 1844" in Marx Engels Werke, Erganzumgsband Berlin: Dietz Verlag.

Popitz, H. (1967). *Der Entfremdete Mensh, Zeitcritik und Geschites—Philosophie des jungen Marx*. Darmstadt: Wissenschaftlichen Buchgesselschaft.

Rodrigues, J. H. (1967). *The Brazilians: Their Character and Aspirations*. London: University of Texas Press.

2

哈伯瑪斯的知識論
在成人教育上的意義

壹、前言

　　從哈伯瑪斯（Jürgen Habermas）在「知識與人類興趣」（Knowledge and Human Interests）和「溝通行動理論」（The Theory of Communicative Action）兩書的論述，可知他的知識論企圖脫離過去知識論史上長期以來的主體、客體對立，一方面透過對康德（I. Kant）、黑格爾（G. W. F. Hegel）、馬克斯（K. Marx）哲學的批判與反省，從中掌握到認知主體批判反省能力在知識成立中的地位。另一方面則經由對當代狹隘的實證論批判，進一步指出人類生活中的興趣是知識成立的來源。哈伯瑪斯以為實證論強調的客觀檢證的知識只是反映人類克服自然、控制自然的一種興趣而已，此外人類還有互動、解放的興趣，相應形成的其他類別的知識。

　　由這樣的批判，哈伯瑪斯在上述兩書中希望從活生生的生活世界找出知識建立的根源，以解決知識論史上爭論已久的理論與實踐對立的衝突，同時強調在人類生活世界中展開的批判反省能力是知識的可靠性依據，以避免落入主客二分，經驗、理性的不同判準之窠臼。

　　哈伯瑪斯從哲學的反省中，重建植基於生活世界、以溝通理性的批判為主導的知識論，以解決自啟蒙以來，理性過度發展、膨脹，而形成二十世紀以來資本主義社會、科學主義、科層體制支配一切生活，使人的主體理性、自由、自主、負責的成熟受到迫害而產生的危機。

　　在世界各國，不管是已開發國家或開發中國家，都受到現代化邁向合理化發展的影響。在現代化強調理性的過程裡，由於經濟、科技的迅速發展，人的自由、負責不自覺地萎縮，而產生社會學家烏格朋（W. F. Ogburn）所指出的文化差隔現象（culture lag）。

　　由於人類的價值與意識逐漸受到市場導向戳傷，誠如羅洛梅（R. R. May）所說的，在這種社會狀況生活的人，容易隨著風俗習慣、公眾意見、社會期待而行動。他們不再依據行動本身的性質來判斷其價值，而是以該行動如何被接受來評論。李斯曼（D. Riesman）並稱其為他人導向的人。

　　人在此爭取社會認同的行動過程中，卻反而喪失了自主、負責的成熟性格，這正是歐陸社會自啟蒙運動，從神權、玄思的支配下脫離後，一味強調理性啟蒙，以致整個西方資本主義的社會成員又不自覺地栽進社會體系的工具理性支配牢籠裡。

　　這個狹隘的牢籠正以快速的科技發展，政治、經濟的優勢進展，支配了西方世界的生活，而其他強調現代化的發展中國家也陸續爭購這個昂貴漂亮的牢籠，往自己的身上套。這樣的危機，早在黑格爾、馬克斯時期，或存在主義、早期的法蘭克福學派學者就已洞察到，而希望透過自己的哲學思考，為人類重獲自主、負責找到一條出路。然而，哈伯瑪斯在反省前述哲學家的成績時並不滿意，而以批判的眼光，指出他們的極限，企圖從他們的思考脈絡中，重建以生活世界的反省批判為主的知識論。他指出，知識源自人類社會現象的探索之路，使知識建基於人的社會存有之上，企圖融貫知識與社會生活的鴻溝，強調人類興趣與知識的關係，以及社會批判共識的真理規準。

此種知識論與真理觀，影響到莫玲豪爾（K. Mollen-hauer）的教育理論（伍振鷟編，民77:110）以及梅次羅（J. Mezirow, 1981, 1985）、楊格（R. E. Young, 1988）等人的成人教育觀。他們根據哈伯瑪斯的知識論，分別提出符號互動的溝通教育、觀點轉化（Perspective Transform）、批判教學等觀點，認為今日無論學校或成人教育的目的，宜邁向引導社會成員成為一個負責、自主的成熟人，以免淪為弗洛姆（E. Fromm）所謂的逃避自由的人；同時宜引導成員具有批判意識型態，溝通創新文化的自省能力。

綜上所述，哈伯瑪斯的批判社會學所重建的知識論對教育的理論與實際影響甚巨。誠如赫斯特（P. Hirst）所言，或許教育的「最有希望的討論……將會在教育理論獨特環境之外的當代批判理論研究中被找到」（吳根明譯，民77:1）。哈伯瑪斯的知識論植基於社會歷史文化的知識論，對於當今廣受科技窄化，資本主義文化新霸權影響的世界舞台，更具有照亮揭露的重建旨趣。

當西方社會對今日工具理性過度膨脹掀起積極的反省之際，我國也正在戮力於追求科技、經濟起飛與文化發展的均衡。以社會文化批判為基石的哈伯瑪斯知識論，雖無法也不宜直接引用，然而經由他的知識論建構的反省、批判、重建過程的省思，或可提供我國開展成人教育新境界的參照。

爰此認識，本文擬以哈伯瑪斯的「知識與興趣」、「溝通行動理論」兩書為主要文獻，探究哈伯瑪斯的知識論，以了解哈伯瑪斯所謂的知識是什麼？它如何產生？它的有效判準又是什麼？此外，進一步說明上述他對知識來源、內涵、判準的看法在成人教育目的、內容、方法上的意義。

貳、哈伯瑪斯知識論重建的背景

　　哈伯瑪斯生於二十世紀，至中葉時一直致力於知識論的重建，以為他所發揚光大的社會批判理論奠立穩固的基礎。他洞察知識論自十七世紀以來，迭經理性主義、經驗主義的對立，以及試驗主義的折衷企圖，都一直存在著一個懸宕已久的老問題：知識與存有無法密切關連的問題。

　　直到十九世紀實證論興起，借用當時已發展完善的自然科學方法，作為建構社會科學的典範，但卻也更造成了可靠的知識論建構與人類存有價值的疏離。

　　實證論只強調應用自然科學主義的客觀研究方法，認為嚴密的邏輯演繹系統、客觀的驗證原則才是確立客觀的知識之唯一法則。為了嚴守這種客觀知識的法則，實證主義者沿用自然科學的價值中立典範，使得人類現象中的價值部分依據價值與事實二分的客觀科學原則加以探究，忽略了人存有的相互主體性的意義。此外，實證論偏狹的知識論，隨著科學主義，現代化的工具理性之蔓延，被合法化為唯一有價值的知識，這種知識發展的危機，也助長了人類社會價值理性萎縮的程度。

　　為了解決知識與存有疏離，價值與事實二分，客觀與主體意義分離的知識論問題，哈伯瑪斯從德國傳統的哲學反思中，尋找解決上述知識論困境的曙光。此外，為了彰顯人類存有的價值，他嚴厲地批判了實證論一統天下的缺失，而積極詮釋客觀實證知識的性質與意義，試圖適當地將這類知識加以定位，以解決實證

論支配一切科學發展的危機。

　　哈伯瑪斯採取了哲學人類學的觀點，進一步從人類最基本的存有形式：勞動與語言，做為知識建構的立論依據，此實導源於他對上述知識論弊病的覺察。以下就依此思路，從他對哲學的省思與對實證論的批判，說明他重建知識論的思想脈絡。

一、德國哲學史上知識論批判的危機

　　哈伯瑪斯首先檢視了康德、黑格爾、馬克斯的知識論，以進一步探究知識與主、客體之間的關係，並說明其判準何者可靠的問題。

　　他指出在德國的知識論史上，力圖解決理性主義與經驗主義衝突的哲學家，首推康德。但康德在知識成立的條件上，仍預設主、客對立的存在，康氏以為先天的理性模式與後天的材料，是形成普遍且必然的知識條件。

　　康德判斷知識的真偽，是藉著先天的理性批判來完成。而先天的理性批判本身需是知識，否則批判不為真。如果批判的知識是真知識，那麼批判的基礎又是什麼呢？如果批判的基礎是再批判，同理我們仍然可以進一步追問：再批判的基礎又是什麼？如此就會使批判落入無限追究的困境，也就是康德的批判哲學面臨了知識論循環（epistemological circle）的問題。（Habermas, 1971:7）

　　康德本身也了解這種困難，他為了解決上述問題，提出了三項規範預設：

　　㈠將數學和物理學預設為標準科學，是人類知識的典範；

㈡把自我當做完全而固定的認識主體；

㈢劃分理論理性與實踐理性的不同。康德認為純粹理性的自我與實踐理性的自我不同，做為統一的自我意識（self－consciousness）的自我，與自由意志的自我不同。

黑格爾針對康德的知識論循環及三項規範預設加以批判。黑格爾認為批判哲學的批判是立基於知識的工具論（the organon theory of knowledge）之上，康德認為客體的形成及展現需透過認識主體的主體認識能力，以及某種媒介。因之，人的認識對象不是物自身，而是經由媒介展現出來的現象。

康德的理性批判，便是從這二項知識的工具論，建立知識的先驗條件。理性批判的對象：理性，即是批判者也是被批判的對象，而它又是先驗的。因之，康德的理性批判已預設了理性的先驗存在，犯了知識循環的錯誤。

黑格爾認為批判與被批判的事象之間存有辯證關係。批判依賴先於批判而存在的事物或對象，且批判也源自這些事象，那麼以理性為批判起點的知識批判，事實上無法了解批判所源由的事象。黑格爾針對這個難題，因此以意識的自我反省代替批判。

反省作用就是黑格爾所謂的現象學經驗（phenomenological experience）。意識從最開頭的感官世界中的自然意識，逐步地澄清反省每個新意識形成前的意識部分，也就是以連續辯證的過程構成自我形成的意識批判，最後達到絕對知識（absolute knowledge）的境界。在這個境界裡，主客對立、思想與存有的疏離問題，都解決了。他認為這種絕對的知識才是真正的科學知識。

黑格爾在意識的自我辯證過程中，發現認識主體的意識未作

反省前並不存在。康德忽略了這一點,而在批判時即預設固定完全的超越主體的存在,即犯了自我與歷史無關的錯誤。

此外,現象學的自我反省不只是理論上的識見,也具有實踐的意涵。也就是說康德的第三個預設是錯的。至於第一個預設,更是荒謬,黑格爾認為物理學、數學雖是當時最進步的科學,它們仍然只是某種特定知識的展現,不能稱之為絕對知識,康德以此種特有的知識形式,成為知識的規範預設之一,很明顯地犯了知識典範的誤證錯誤:以特殊的知識效準轉為所有知識的普通效準。

總之,黑格爾對康德的批評最主要是針對他的理性批判所犯的知識論循環以及知識論的三個規範預設,因而提出了現象學的經驗為反省人類意識的主要途徑。

但是馬克斯卻認為黑格爾強調人類意識形成的自我反省,忽略了社會事實與自我形成的可能關係,認為絕對精神可經由現象學的經驗不斷辯證達成,無異忽略了人類精神與社會現象疏離的錯誤,同時陷入精神執一的化約主義中。

針對這些批判,馬克斯將知識的來源建立在社會事實上。他首先強調自然才是心靈的絕對基礎(Habermas, 1968:25)。但是自然不可能如黑格爾所說的,可化約成精神。自然本身誠如康德所說不可知,人所謂的自然可分為主觀的自然和客觀的自然兩部分。人與自然的關係並非建立於超越的意識之上,而是建基於人類運用自然以創造生活的具體過程——社會勞動。

人生活於自然環境中,並不是一味被動地順應自然,還會產生控制自然的興趣,以發揮人類自主創造的能力,也就是技術的興趣。由這技術的興趣觀念,可知馬克斯認為勞動是人類生存的

條件。

勞動是使客觀的自然透過人的主觀自然的媒介，變成客觀現象的主要過程。換句話說，工作與勞動不只是人類存在的基本要素，同時也是知識建立的基礎所在。（Habermas, 1968:27）

至此，馬克斯認為康德的超越意識、黑格爾的絕對精神，都忽略了人類自我形成過程的社會性與歷史性，以致知識論都超越於社會實在之上才能被掌握。馬克斯反對這種知識論，認為建構世界的主體不是一般所謂的超越意識，是來自具體的人之種族（human species）。因為主體是受他的生產活動及人類整體的社會文化現象所影響，主體在生產勞動的主要活動裡，將內心的技術興趣客體化，也將人的主動創造性展開出來。

由此可知，馬克斯認為知識惟有在這種深受社會文化脈絡影響的自省過程中，才能被理解與掌握，也就是說，知識論必須與社會理論相對應。

哈伯瑪斯面對德國觀念論在發展過程中，黑格爾對康德超越主體、知識論循環的批判，以及馬克斯對黑格爾絕對精神的自然化約批判，更深入地分析這些批判的合理與不足之處，進而重建他自己獨特的知識論。

哈伯瑪斯一方面同意黑格爾以現象學經驗，為康德前述的知識論循環找到合法的地位，使得真理由康德對批判的預設，轉為是現象學經驗與實體不斷辯證發展的過程。

然則，他並不同意黑格爾絕對知識的預設。由於有絕對知識的預設，使黑格爾批判康德的威力頓然失色不少。如果誠如黑格爾認為意識的辯證是真理形成的過程，然而人的意識並不只是在意識自我的不斷辯證中展開，意識也會受到自然的影響。黑格爾

所講的絕對知識忽略了自然的影響力，但他卻認定絕對知識是自我形成過程和自然形成過程的絕對綜合。顯然黑格爾的絕對知識與康德的批判，同樣沒有合理的立論依據。

至於馬克斯雖將知識的可能條件置之社會勞動過程來討論，突破了觀念論與唯物論的衝突，而以唯物的觀點理解黑格爾的觀念論，認為人的心靈與自然無異，精神是生產力與生產關係的辯證過程的產物。但哈伯瑪斯也認為，馬克斯與康德一樣，對知識的判準，都委之當時已具有客觀方法的自然科學。如此無異將人的科學與自然科學等同齊觀，使馬克斯的知識理論缺少反省的知識，化約了人類自我形成過程。

哈伯瑪斯以為馬克斯的知識論使康德的理性批判與黑格爾的意識反省消失，而強調自然客觀知識的重要，使得哲學對一般知識可能條件的反省殞落，最後沿著客觀知識科學方法的重視，發展出方法論的絕對客觀主義，使狹隘的實證論、科學主義蓬勃發展，而強調以人反省為基礎的批判知識論消失殆盡。此為哈伯瑪斯迭經觀念論的知識批判脈絡所洞見的知識論危機。

二、哈伯瑪斯對實證論的批判

實證論認為世界是一個客觀自存的結構，不受人類自我形成過程的影響。主觀意識既然與客觀事實分離，那麼客觀事實便可透過一套具有可靠性的研究程序加以描述、分析、解釋。因之，所謂科學知識就是描述、預測這些事實之間的律則性關係。真理也就成了科學命題與客觀事實之間的符應。

早期的實證論者如孔德（A. Comte）、馬赫（E. Mach）、

皮爾斯（C. S. Peirce）等人都一致強調客觀的方法是科學知識建立的可靠基礎。他們從分析的科學哲學立場討論知識的可靠基礎，以客觀的方法論作為探討知識的成立最重要的條件，脫離早期哲學在反省知識可能條件的認知主體能力的探究旨趣。

將事實看做是既予的結構，而非與認知主體的反省具有辯證關係。事實既是既予的結構，人可透過有系統的觀察分析出這些事實的固定法則。因之，孔德提出人的知識經由三個階段的進化，到了十九世紀已進化到實證科學的階段。

在這個階段科學知識的有效保證都歸諸於探求知識方法的統合，統合在有系統、可驗證的科學程序的方法規範上。在知識建構的過程，方法的可靠性比本體更重要，凡是符合科學方法規範探究的結果，才是唯一可靠的知識。由於科學知識強調方法的普效性，科學理論實是法則構成的產物，而不是事實。（Habermas, 1968:73-76）

馬赫也與孔德一樣，強調客觀方法是有價值的科學知識的合法保證，而以元素論（doctrine of elements）貢獻於實證論。他的元素論實是實證論企圖將科學的對象範圍（object domain）當做實在歸屬（reality can be attributed）的絕對領域（exclusive sphere），他認為事實的整體構成世界，事實同時也是實在（reality）的元素。

凡是能將事實及其間的關係描述清楚的才是科學，真理一定要符應客觀原則，因之，連思想都要複製感覺事實。所謂知識只是感覺複製而已。除了科學自身，元素論不贊成任何反省，因為知識的客觀性必須由對象範圍產生，無法由認知主體加以概念化。

　　元素論透過上述事實複製的真理觀,將科學與形上學分立,
就如孔德也將形上學化約在人類存有(being)的統一基礎上。
至此,人的認知主體與事實觀察、客觀知識的成立毫無關係。

　　皮爾斯與早期的實證論略有不同,認為「方法論的任務並不
是像早期實證論一樣,在於澄清科學理論的結構,而是協助我們
獲得科學理論的程序邏輯。」(Habermas,1968:91)他強調科學
方法,是使科學問題獲得最後答案的可能途徑。因之,他提出探
究的邏輯(logic of inquiry)觀點,做為科學方法的主要立論
依據。探究的邏輯並不著重符號形式關係的分析,而是用以探究
命題的邏輯形式與邏輯體系。

　　皮爾斯反對超驗哲學所謂的物自身概念,也反對客觀性的超
越條件觀點,他認為實體是由所有探究社區的人員,經由集體努
力,對事實,透過符號媒介加以推理、詮釋的探究結果。既然推
理、詮釋需透過符號媒介,事實才能成為認知內容。那麼如何才
能有效地推理、詮釋?皮爾斯認為只有透過語言所呈現出來的命
題敘述的真假判斷來完成。所以探究邏輯所謂的真理是指透過有
效的命題敘述,語言邏輯方法程序獲得的共同結論。實在是建基
於語言邏輯所掌握的事實。所謂實在也只是「與真的命題總和符
應的存在。」其中所謂「真」是指可以經由不斷檢證,以及探究
者長久的彼此確認。

　　邏輯程序,源自感覺(sense)的推理論辯(reasoning dis-
cursive),是真理形成的規範,不受個人感覺、情感的影響。
所有的經驗內容是要靠語言形式的符號再現方式來把握與理解。
語言的邏輯程序是所有探究者所共同遵守的規則,依據這種規
則,透過推理論辯,以獲得對實在的一組真的敘述。

　　皮爾斯將實在認為是來自語言邏輯的真的命題之總和，將實在歸於真實命題的符應，並不為哈伯瑪斯所同意，但他所主張的推理論辯真理卻為哈伯瑪斯構思真理共識的重要參照。

　　總之，哈伯瑪斯批判早期的實證論過度簡化人類的知識來源。尤其為了找到知識的有效規準，以方法的客觀性、事實性化約了知識產生過程的複雜性，並以之做為真理的唯一判斷依據，將人類的知識一統於狹隘的客觀方法底下，而自陷於客觀主義、科學主義的洞穴中。

參、哈伯瑪斯的知識論重建

　　哈伯瑪斯透過上述對德國觀念論的知識論論戰的批判，同時反省實證主義的知識觀，發現康德、黑格爾努力從超越主體、超越意識，探求知識可靠的先驗條件，忽略了知識與社會生活的關連。馬克斯雖然注意到了這一點，卻過度將人類知識與自然等量齊觀，忽略了主體的自我構成。

　　而實證論將科學看做是知識的同義語，忽視了認知主體的能力，將所有知識視同與自然科學一樣，強調客觀實證的科學程序是真理理唯一的可靠依據。科學只相信經由科學方法所獲得的知識結果，不認為知識有其先驗條件。

　　哈伯瑪斯一方面從德國觀念論的批判中，重建知識的先驗條件，他不認為超越主體或超越意識可成為知識的先驗條件，只有人類活生生的生活世界才是知識先驗條件的來源。另一方面，哈伯瑪斯則從實證論的批判以及黑格爾的意識反省中，強調認識主

體的批判反省能力，以為客觀的科學知識有必要立基於人類生活世界，予以重新反省，並加以定位。

基於這樣的批判與反省，哈伯瑪斯以哲學人類學出發，首先，他找出人類生活當中不可化約的二個主要元素——工作、互動，以及第三個衍生的要素：權力，做為人類興趣的根源，由這根源奠立人類知識的基礎。其次，他由人類知識興趣的不同，以及各種興趣的不可化約，說明實證科學只是人類的一種知識，相對於互動、支配興趣，還有詮釋的科學、批判的科學。最後，再以人類生活世界持有的互動媒介——語言，建立普遍語用學，做為知識論的基礎。

簡言之，哈伯瑪斯企圖解決德國觀念論與實證主義所留下的知識論難題，以人的生活世界分析人類知識論的建構，並藉著說明知識與人類各種興趣的關係，奠立知識的可靠性。為了更進一步說明哈伯瑪斯依前述思路開展重建的知識論，以下擬從人類興趣與知識來源，認知興趣與知識類別，普遍語用學與真理共識論分別說明其知識論。

一、人類興趣與知識來源

哈伯瑪斯認為人類的發展脫離不了其社會、歷史情境。在社會歷史情境不斷發展的人類，具有兩種組織的生活要素：一為工作，另一則是語言。

從馬克斯的理論檢視，哈伯瑪斯同意人類種屬最根本的生活形式是工作。（McCarthy, 1975:59）人為了生活，與其他生物一樣具有滿足生理的需求。由於這種需求，使人興起了運用自

然、控制自然的志趣，也是人類科學、技術的起源。

　　不過前述已分析過哈伯瑪斯反對馬克斯將人視同自然，也反對實證主義狹隘的客觀主義與科學主義的錯誤，認為人類歷史中人的存在有別於自然。而最大的不同在於人具有獨特的溝通、相互影響的志趣，誠如心理學家馬思洛（A. Maslow）所說的，人有相互隸屬的需求。

　　溝通互動的人類需求，使人創造了語言。語言是人類開展相互依存、相互影響的最主要的產物。因之，它是人類獨特的社會存有不可或缺的媒介，由於有語言，使人類的社會溝通得以不斷開展，以滿足人類社會存有互動的需求。

　　此外，做為人，除了有生理需求、社會隸屬需求，以致產生與之呼應的工作志趣、語言志趣之外，人還有追求自主、負責的獨特理性。這種理性見諸人類種屬的實際生活層面就是權力。權力是由工作與語言衍生出來的生活要素。哈伯瑪斯認為前兩者是人類最根本的生活要素，兩者各自滿足性質完全不同的人類需求，不可彼此化約。而第三種生活要素與前兩者辯證發展，人類社會因而有逐漸合理化的可能。

　　工作、語言、權力是人類普遍存有的生活要素，這三種生活要素分別與人類三種探索過程相對應，構成了三大學科領域。由於工作，人類產生技術探索的志趣，並形成實證分析或自然科學；其次，語言形成人類相互了解的溝通志趣，此種興趣建構了詮釋性或解釋性科學；權力要素衍生人類為求自主，追求從支配中解放的志趣，形成批判性科學。

　　據此，哈伯瑪斯認為人類基於共同的普遍需求，形成各類的認知興趣，不同類別的認知興趣是各類科學成立的主要條件。因

之，人類普遍的興趣是知識的來源。

哈伯瑪斯將知識的成立條件築基於人類社會生活狀況中的普全興趣上，實是有鑑於主、客觀主義的知識論偏頗，他企圖超越兩者，直接從社會事實探索知識的源起。

在人類社會事實裡，他洞見人做為一個社會存有，有其解決生活的共通旨趣與理性，而這旨趣與理性會隨著社會的動態發展不斷被開展，也就成為各類科學。

這樣的知識論強調沒有人類社會事實，就沒有知識。知識既不同於康德的超越哲學所強調的來自先驗範疇，也不是如實證主義所相信的，建基於客觀方法論上，而是來自人類活生生的生活世界（Lebenswelt）。

不過在生活世界中，知識仍有其普遍的存在條件，就是人類的興趣。哈伯瑪斯雖然認為知識不是來自先驗範疇，但仍舊有其先驗條件，只是他的知識論先驗條件是源自社會生活。（McCarthy, 1981:91）。

簡言之，哈伯瑪斯運用了社會理論來奠立知識的基礎，從生活世界中指陳知識論的三個預設：（陳伯璋，民 76:62）。

㈠人的「生活世界」先於人的認識作用；

㈡知識是多元的，它由人類普遍的「認知興趣」發展而來；

㈢知識是在生活世界中，主客體辯證過程中產生。

如此預設解決了知識論主客對立的論戰，理性與經驗之紛爭，顯示了人類生活世界所彰顯的自然存有、社會存有本質在知識成立的地位。

二、認知興趣與知識類別

　　哈伯瑪斯從人類的普遍興趣，找到知識建立的根基。但他發現人類生活世界中，存在著不同的普遍興趣，因之形成不同類別科學。每一類科學又都根據性質互異的人類興趣而開展，他們所根據的理性便會有所差異。

　　他一方面批判早期實證主義狹隘的科學知識論，一方面反省西方自啟蒙運動以來合理性發展的偏頗，進而指出人類生活世界的不同範圍宜運用不同的理性加以溝通，才可以達到真正的合理化鵠的。

　　首先，他認為實證主義的合理性特色是律則性方法論的鞏固，律則性方法論只是反映人類控制自然、預測自然的一種需欲。人類除了這種需欲之外，還有相互尊重、彼此溝通及表白自己的需求。實證主義強調科學方法以齊一所有知識的判準，實化約了人類其他兩種與控制自然迴然有別的普遍欲求。

　　再次，他發現早期社會學者涂爾幹（E. Durkheim）、帕森思（T. Parsons）在建立社會理論時，雖然都已注意到人類群體生活，但他們的理論都太強調社會的制度體系層面，對人的意向性、人類種屬的自我形成過程並未置諸辯證的動態情境來加以理解。至於韋伯（M. Weber）的詮釋社會學，雖然強調理解（Verstehen）在行動意義的重要性，但他所提出的行動類型卻服膺於個體工具性的目的理性。同時以社會系統的形式模型（formal model）（陳秉璋，民 74:296）來詮釋道德實踐理性，以致他所提出的價值理性無法在社會相互理解的脈絡裡掌握其意義。

　　根據這樣的批評，哈伯瑪斯指出所謂合理性是生活世界，將各種理性切當地定位。他將韋伯的行動架構重建（見表一）（Habermas, 1981:285），依行動產生的情境分為非社會的、社會的；依行動取向具有兩種性質，一為以成功為導向，另一則是理解為導向。根據此架構，所謂溝通行動則是傾向於達到理解的社會行為；所謂控制自然則是以成功為導向的非社會的工具性行動。

表一　行動類型

行動導向 行動情境	成功導向	理解導向
非社會	工具性行動	——
社會	策略性行動	溝通行動

　　工具性行動與策略性行動依據的是講求可計算性結果的工具理性，而溝通行動則是依據溝通性而來。

　　由於人類有不同的興趣，因而會有植基於不同理性基礎的社會行動，並開展成不同的科學。按照工具理性開展的科學，哈伯瑪斯稱之為經驗——分析性的科學，按照溝通理性發展的是歷史——詮釋性的科學及批判取向的科學。每一種知識由於源自不同的認知興趣、性質也不同。為了進一步說明各類認知興趣與各種知識形式的關係，以下分別說明經驗——分析性科學、歷史——詮釋性科學、批判取向科學三類知識的性質：

㈠技術興趣與經驗——分析性的科學

　　哈伯瑪斯將馬克斯的社會勞動，皮爾斯的實用主義概念，綜

合成為知識的工具理論。他認為凡是在勞動的生活領域，「人類
典型的行動方式是『工具性的行動』。工具性行動所關注的是對
世界過程正確的預測及有效的控制。因此人類對於現象的規律
性、齊一性具有根深蒂固的興趣。這種關注或興趣即『技術的興
趣』」（黃瑞祺，民 74:125）。這種技術興趣是屬於非社會性的
工具性行動，它的目的是對客觀世界做準確的探究與預測，這種
深究過程的不斷累積就是「經驗——分析性」的科學。換句話
說，經驗——分析性科學是由工具理性的開展，針對客觀世界，
按照律則性法則所探究而得的知識。而運用律則性法則的工具理
性則是由勞動所激生的技術興趣所導引的理性。

(二)實踐興趣與歷史——詮釋的科學

　　語言是彰顯人類社會現象的最大特質。人類透過語言彼此了
解、互動。同時透過語言，人可以了解自己的意向以及外在世
界、文化傳統，也就是唯有語言才能產生統合主觀、客觀、社會
三個領域的生活世界。在生活世界裡，人們最主要的關注點是彼
此的理解與溝通，而要彼此溝通、理解，則要透過相互主體性的
尊重。這種追求基於相互主體性的理解導向興趣，就是實踐興
趣。

　　實踐興趣的目的既然在於人類的理解、溝通，那麼所依循的
是在溝通理性規約下，盡量對語言世界中的論題（text）加以詮
釋。語言世界的意義理解，脫離不了歷史脈絡，以及現有的生活
世界，因之在詮釋科學領域，哈伯瑪斯根據現象學的生活世界及
現象學經驗，狄爾泰（W. Dilthey）、高達美（G. H. Gadamer）的
詮釋學以及奧斯汀（J. L. Austin）、席而（J. R. Searle）、瓊

姆斯基（N. Chomsky）等人的語言學，建立相互主體性的知識
效度。（McCarthy, 1978: 71）

這個相互主體性的知識效度要如何達成呢？哈伯瑪斯認為需
以普遍語用學建構的溝通程序理性，做為保證，而非如經驗——
分析性科學，是以技術控制的客觀方法，以及方法的效用加以檢
證。也就是歷史——詮釋性科學是以溝通理性為基礎，在人與人
相互溝通的實踐興趣中，去詮釋論題的意義。

三、解放興趣與批判取向的科學

權力是人類社會溝通過程以及勞動過程自然衍生的生活要
素。由於有權力的因素，人類社會即易產生被權力扭曲的溝通。
也就是在生活世界會出現策略性的社會行動，它的目的是依據工
具理性，獲得預期中的算計效果，而不是以人與人的彼此尊重與
了解為鵠的。

然而由於人有被理性啟蒙的可能，因之，人類在系統扭曲的
策略性社會行動中，會有追求解放、自主、負責的關注。並企圖
能從系統扭曲的支配中解放出來。

那麼到底什麼是啟蒙呢？根據康德的看法是指個人從自為的
未成熟狀態掙脫出來（Enlightenment is man's release from his
self－incurred tutelage）（McCarthy,1978:77）。所謂被呵護
是個人如不依賴他人，則缺乏勇氣及方法去運用自己的理性。因
此，啟蒙就是「具有運用理性的勇氣」。其中的理性包含合乎理
性的意志，以及在生命作為中表現成熟、自主、負責的意志。

而自主、負責意志的實踐，則要靠主體自我反省的作用。只

有自我反省，個人才能了解自我的意識狀況及與世界的關係。這種批判的自省並非如費希特（J.G. Fichte）或黑格爾的現象學的自我反省是一個封閉的絕對系統，而是源自日常生活世界自我覺察的自然意識，經由繼續不斷的現象學反省經驗而得到。

　　由此可知，由認知興趣形成的批判取向學科，是以自我反省的程度來決定知識的效度。

　　綜上所述，哈伯瑪斯認為人類知識基本上可以分為三大類，一為經驗——分析性的科學，一為歷史——詮釋性的科學，另一則為批判取向的科學。這三大類知識各由不同的生活要素演變而來，同時各有不同的效度標準。（如表二）（黃瑞祺，1985:127）

表二　哈伯瑪斯知識論架構

知 識 形 式	資　　　　　訊	詮　　　　　釋	批　　　　　判
方法論架構	律則性假設檢證	論題詮釋	自我反省
學科類別	經驗——分析性科學	歷史——詮釋性科學	批判取向科學
認知興趣	技術的興趣	實踐的興趣	解放的興趣
關注取向	技術性的控制	互為主體的了解	解放、自主、負責
行動類別	工具性的行動	溝通行動	被有系統扭曲的溝通
生活要素	勞動	語言	權力

　　經驗——分析性的科學以假設驗證的準確性為效度衡量依

據，人類在此類知識開展的是工具理性；歷史——詮釋性的科學
是以相互主體性的承認、溝通詮釋為效準，以開展透過語言彰顯
的溝通理性；批判取向的科學是以解放、自主為效準，以開展人
類的價值理性。

在這樣的知識分類架構下，哈伯瑪斯一方面將知識奠基於人
類存有的生活要素之上，以詮釋社會生活與知識成立的條件及效
準的關係；另一方面則將不同的人類理性定位，以解決實證主義
過度膨脹科學工具理性的危機。

四、普遍語用學與真理共識論

哈伯瑪斯的普遍語用學旨在重建「可能理解的普遍條件」，
換句話說，是為達到理解為目的的溝通行動，探求普遍的先決條
件。他在這種探索中，首先假定：其他類型的社會行動也都是
從「以達到理解為目的溝通行動」所衍生；而溝通行動則是以語
言為理解的特殊媒介。（Habermas, 1976:1）

不管那一類的知識，所有的知識都要建立在合乎理性的溝通
共識上，而溝通共識的達成需要依賴生活世界中的溝通或論辯，
溝通或論辯則是用語言。在哈伯瑪斯的觀點，語言是彰顯生活世
界的溝通行動，生活世界的溝通行動基本上統合了人的主觀世
界、客觀世界、社會世界。因之，語言的溝通行動也就包含這三
個層面，當我們探討語言的溝通行動意義與效準時，也必須同時
考慮這三個層面。（其關係如圖一）（Habermas, 1987:127）

語言在溝通行動中所進行的理解分析，其目的不是像一般語
言學主要是分析文法的規則、語音、語義，或如語用學旨在了解

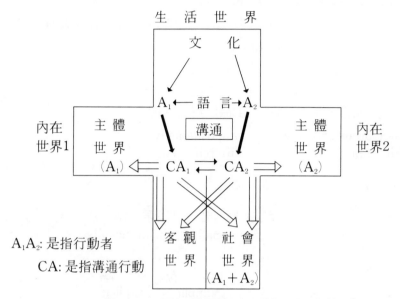

圖一：語言、溝通與生活世界的關係

某種特別脈絡的言辭動作，而是在了解溝通有效的普遍規則是什麼？

　　為了達到這個目的，哈伯瑪斯從奧斯汀的做言（Performatives）觀念，席而的言辭行動（speech act），瓊姆斯基的「語言能力」以及語言能力背後的語言結構和規則等觀念的反省批判，發現溝通行動中語言展現的最基本形式是說話（utterance）。說話如語言一樣可以加以分析。哈伯瑪斯指出語言的基本單位是「語句」，說話的基本單位則是言辭行動。

　　言辭行動中，由命題分化而來的明顯口語，同時不受特定社會情境規約的部分，才是普遍語用學要分析的對象。因為哈伯瑪

斯認為普遍語用學是透過溝通言辭行動的分析，探究溝通有效的普遍條件，如果分析特定的口語規約，就無法建立普遍溝通效準。（Habermas, 1976:40；溫明麗，民 75:60）

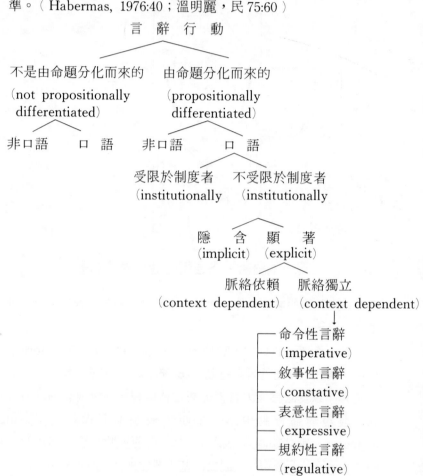

圖二　言辭行動理論分析單位衍生圖

　　口語的分析何以能放在其普遍有效的規則上，而不直接分析
口語的內容，是因為哈伯瑪斯認為人具有認知符號規則的能力與
興趣。他透過下列人的三個認知層次來說明，人如何從認知符號
的內容可以轉為認識符號有效使用的規則。

　　第一個認知層次是觀察，第二個是理解（under
standing），第三個層次是詮釋。觀察的階段是指人面對一些發
生的事件，會用感官去經驗，由感官得到觀察結果，是所謂的知
覺實在（perceptible reality）。

　　這個知覺實在，如果人們用語句來記錄，那麼其意義要能被
理解，就需要透過詮釋，因之第二個階段是人們透過語句符號的
理解，形成第三個詮釋階段。這兩個階段與前述最大的不同是人
不再用感覺經驗去認識具體存在的事件，而是用溝通經驗，將理
解到的符號意義彰顯出來，透過溝通、對談，以詮釋符號的意
義，因之在這二個階段，人把握到的是符號先前結構性實在（
symbolically prestructured reality）。（如圖三）（Habermas,
1976:9）

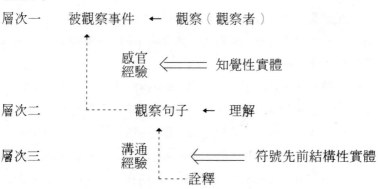

圖三：認知的三個層次及其關係

根據上述的分析可知觀察與理解有很大的不同。「觀察的目的在於對事物或事件有所知覺」，而「理解則在於理解說話的意義」。（Habermas, 1976:11）要理解說話的意義，除了了解說話者的語辭內涵及說話者的意圖之外，人可以從如何表達出這些語辭的規則來理解。換句話說，勝任的說話者在說話的同時也能同時具有自己如何說出那些話的一種直覺性的規則意識（intuitive rule consciousness），對自己說話的法則加以認識，是所謂知道言辭如何表達的理解層次。

如果在溝通的情境中，讓溝通者深知這些語辭的規則，那麼相互主體性的理解就很容易達到，因為雙方具有理解溝通媒介——言辭行動的共同背景。

那麼言辭使用的普遍規則是什麼？便是哈伯瑪斯極力探索的溝通行動核心。他從言辭行動的構成要素來探索。他認為就言辭的性質來看，基本上包含兩個要素，一為意思要素（illocutionary component），另一則為命題要素（propositional component）。

意思要素指的是說話者想要表達的意思。在一個言辭中，說話者的意思會透過隱含或顯著的媒介表示出來，聽者如果沒有辦法意會，溝通就會受阻。

命題要素就是說者想傳達出來的內容。而有些命題內容與制度有關，必須說者有資格符合制度的規定，言辭行動才可能成功。如在我「任命」你為總指揮，則是與制度有關的言辭行動，必須我在體制上有任命他人為總指揮的資格，這句話才有意義。（黃瑞祺，1983:48）而哈伯瑪斯所指的言辭行動，命題要素則是指不受制度限制的內容。

　　由於言辭行動包括意思要素與命題要素，溝通雙方必須兼顧能使意思要素與命題要素恰如其份地表達出來的條件，溝通才能有效進行。而要使兩者都能有效傳達，哈伯瑪斯認為溝通基本上要同時兼顧以下兩種層次：一為互相主體的層次（level of inter-subjectivity），另一則為命題內容的層次（level of proposi-tional content）。互為主體的層次是指「溝通雙方必須透過意思要素，建立互相能夠了解、同意的人際關係」。命題內容層次則是意謂「溝通雙方基於意思要素所建立的角色關係來傳達某些訊息。」（黃瑞祺，民72:48）

　　在這兩種溝通層次的觀念上，哈伯瑪斯批判奧斯汀依意思力按照做言動詞（performative verb）將言辭行動區分為五類的弊病，在於各類常有重疊的情形，並不是很具有排斥性：如說明的（expositives）和議論的（exercitives），以及裁決的（ver-dictives）和習慣的（behabitives）就會有交集的可能。

　　席而從言辭行動分類的存有學基礎及實證語用學的觀點，更加強了奧斯汀的分類學。他依據意思力目的區分言辭行動為五種：

　　㈠斷言的（assertive）或陳述的（constatives）
　　㈡授權的（commissive）
　　㈢指示的（directive）
　　㈣宣言的（declarative）
　　㈤表意的（expressive）

　　哈伯瑪斯認為席而的分類理論基礎是豐富的，但是他卻認為席而上述的分類，忽略言辭行動有效宣稱的協商動力和相互主體性的承認。同時在授權的言辭行動中未能區分有效性條件和滿意

條件，在表意的行動則用「既不……又不」為區分表意的基模，
就如同宣言的行動一樣具有雙向性，顯示這種區別基模的失當。
此外，表意的言辭不能只是從說話者和客觀世界的關係加以說
明，宜如克雷克（M. Kreckel）注意到表意的社會世界意義。

根據上述對席而的批判，哈伯瑪斯認為只要做到以下三點，
就可以避免席而上述的缺失，而充分運用他建構言辭行動的豐富
的理論趨向：第一，以相互主體性的承認做為意思力的有效宣稱
；第二，以規範的正當性與主體的真誠性做為類似於真理的有效
宣稱；第三，以行動者與世界的關係來詮釋這些宣稱。

可見哈伯瑪斯想建構的普遍語用學是建基於行動者的主觀世
界、客觀世界和社會世界相統合的溝通型態所具有的普遍有效宣
稱。據此他將言辭行動區分為下述四種型態：（如前述之圖一所
示）。

㈠**命令性言辭**：指說者在客觀世界中的欲求情況。這種言辭
性質只關心欲求是否會實現的滿意條件，其本身並非立基於評
論，卻是一種意志的表達。

㈡**敘事性言辭**：指說者對客觀世界中對某事的陳述。

㈢**規約性言辭**：指說者對一般的社會世界中某事的說明，藉
此言明，說者可以建立合法化的社會關係。

㈣**表意性言辭**：指說者對他的主體世界某事的說明，以將其
特有的經驗公開來。

根據這幾類言辭行動，哈伯瑪斯發展出各類言辭應有的溝通
規則。他認為敘事性言辭，命令性言辭需符合命題是真實的溝通
共識，也就是真理宣稱。

規約性言辭則需要聽者、說者共同依照行動的正當性建立溝

通關係，是所謂正當宣稱（rightness claim）。

　　表意性言辭則需遵守真誠原則，如此所公開的經驗才真正表露了說者的內在主體世界，也就是要符合「真誠宣稱」（truthfulness claim）。

　　其次，這四個言辭行動都是透過語言符號來呈顯，這些符號要達到溝通的效果，需具有為說者聽者共同理解的特質，因之加上第四個可理解性宣稱（comprehensibility claim）。與上述三個有效宣稱，共同形成溝通行動中的四個普遍有效基準，凡是欲達成以理解為目的之溝通，行動者需共同遵守這四項規則，溝通性行動才可能進行。

　　也就是說這四項有效宣稱是溝通性行動的先決條件，沒有它們，行動很容易陷入策略性行動，或系統性的扭曲溝通。但是它們也不是溝通性行動的充分條件，因之，當這四個有效宣稱被行動者拒斥時，也就是溝通性行動無法在四項有效宣稱的合理保證上進行時，那麼就需針對宣稱加以論辯（discourse）。

　　其中可理解性宣稱、真誠宣稱在性質上無法透過論辯來重建其效度。可理解性宣稱可藉「釋義、改寫、翻譯、語意的約定等來消除誤解」也就是解析性論辯，真誠性宣稱也能從未來行動者彼此的互動中加以重建，以治療性批判處理之。

　　此外真理宣稱及正當宣稱失效時，可分別透過理論論辯（theoretical discourse）及實踐論辯（practical discourse）來重新確立。所謂論辯是指「檢查受到詰疑之有效聲稱的討論」。（黃瑞祺，民 72:45）行動者為了達到真正的了解，獲致一致性的意見，各提出論證以駁斥或支持有效宣稱。而理論論辯就是使對真理宣稱的成立產生懷疑的行動者，各自尋找出支持或不支持其

成立的論證，以決定是否接受該宣稱的合理性行動。

實踐性論辯則是指正當性宣稱被懷疑時，行動者可以參照規範脈絡，提出支持的論證或反論證，以重新確證正當性宣稱是否會被接受的理由。

由上述的分析可知，普遍語用學的核心是建立在溝通行動中的程序理性的運作上。在溝通上強調遵守四個有效宣稱，才可能達成理解。而當雙方已無法運用宣稱來確保溝通的合理性時，則以理論性論辯和實踐性論辯重新確保真理性宣稱和正當性宣稱的成立。論辯基本上要根據下述三個規則來進行：

㈠每一個說話或行動的主體都可以參加論辯。

㈡1.任何人都可對任何論點質疑；

　2.任何人都可將任何論點引進論辯中；

　3.任何人都可表達態度、慾望和需要；

㈢任何人都不可因內在或外在於論辯的拘束力而使前面二項權力受阻，無法享有。（Habermas, 1986:18）

而普遍語用學所以能建立，是因為哈伯瑪斯預設了人是理性的，人又是符號表意的。人的理性可以透過語言在生活世界逐漸彰顯、開展。因之，哈伯瑪斯認為在理想的說話情境參與論辯的人需要具備下列三項能力：

㈠對論題要具有正確完整的資訊；

㈡對爭議的有效宣稱，要有論證性及反省性推理的能力；

㈢具有充分的自我認知，以確保討論參與者不受任何障礙，補償機轉，自我欺瞞的阻礙。（Mezirow, 1985:144）

如此人在溝通行動中才可能表現出遵守「彼此尊重，相互真誠、理解、維持合理關係」的合理性行為。

　　這些合理性行為的規則如果可能達到溝通參與者的同意，並樂於在溝通中共同遵守不逾，那麼就表示規約這些規則的條件產生了效力，也就是在暫時性的程序理性實踐中形成了真理。

　　換句話說，哈伯瑪斯並不認為有一共同普遍的真理存在。而只是意味著達到一種合理之共識的希望。（黃瑞祺，民 72:48）而這種共識是建立在論證是否合理的論辯以及溝通行動的四個有效宣稱之上。論辯及溝通則又都以理想的說話情境為依歸，故真正的「理性民主」才是真理共識的先決條件。

　　綜上所述，哈伯瑪斯的知識論以生活要素為知識的根源，以不同的三種生活要素，建立了性質互異的三類獨立知識體系，並以人類存有的語言特性，社會溝通興趣與理性，建構了普遍語用學，使溝通行動立基於民主的程序理性根基上，同時提出真理共識說做為人類社會邁向真正合理化的行為依據。

　　在這樣的知識論體系中呈現了幾個重要的特色：

　　㈠社會生活是知識論建構的根基，社會理論就是知識論；

　　㈡知識成立的條件因不同的知識類別而有所差異；

　　㈢語用是知識效準的普遍條件，語言成為統合人的主體世界、客體世界、社會世界的彰顯存有的最基本方式。

　　㈣人在社會生活實踐中展現的準先驗理性，是知識成立的先決條件。

　　這些特色雖然可以解決德國觀念及早期實證論的知識論弊病，然而馬克卡爾錫（T. McCarthy）卻認為哈伯瑪斯將知識分為三類是否具有合理的預設？值得再批判。

　　此外在知識分類架構裡，雖然分為各自獨立的三類，不過批判取向科學源自人類追求自主、負責的權力興趣，是人存有的價

值所在。在哈伯瑪斯建構知識論上，普遍語用學有效宣稱，以及理想說話情境是最重要的依據，如此立論似乎隱然使批判取向科學比工具行動、符號互動領域的科學更重要，此與三種知識分類同等的觀點，似乎有些矛盾之處。

同時各種不同的認知興趣構成不同的知識，哈伯瑪斯又進一步以哲學人類學為探尋認知興趣的根源，但他所探求的三種人類生活要素卻具有不同的人類學地位。

權力、意識型態是屬於互動範圍，是道德的衍生品。解放自省的興趣是源自社會體系的構成要素：行動與經驗的結構，為避免宰制溝通的社會關係。因之，兩者並非具有相同的人類學地位。這一點在知識成立的條件上值得再討論（McCarthy, 1981:91－94）

普遍語用學的理想說話情境及溝通的四個有效宣稱都植基於互相尊重及理性的基礎上，但誠如哈伯瑪斯之論，人雖有理性，且理性得以在生活世界中開展，然而人無可避免地會有策略性行動或扭曲的溝通，如果理想說話情境被行動者遵守，才有可能導向理解取向的溝通行動。問題是在強調威權或專制的社會體制之下，語言已經不具有民主的程序理性意義，如何確保理想說話情境的實踐，也就是啟蒙在極權制度下如何開始？有多大的實踐可能？這也是哈伯瑪斯的實踐困境。

總之，哈伯瑪斯的知識論誠然有其獨到之處，然而上述的困境也是理解其知識論不可或缺的思考方向。

肆、哈伯瑪斯知識論 在成人教育上的蘊義

哈伯瑪斯的知識論雖有上述的難題，同時其知識論乃在繼續發展，並未最終定論。但是到目前為止，其建構知識論的重要概念已為成人教育學者運用，以期能轉化到成人教育的領域，對現存成人教育實在的批判有所貢獻。

為了更深入剖析前述的知識論概念在成人教育上的蘊義，以下將依循知識的來源類別、判準的思路，分別說明認知興趣、三種知識類別、普遍語用學、真理共識說在成人教育上的意義。

一、認知興趣的觀念在成人教育上的蘊義

哈伯瑪斯認為認知興趣是知識構成的動力，而認知興趣又是由生活要素所形成，人類的勞動、語言、權力各自發展成控制自然的技術興趣、實踐興趣與解放興趣。

既然知識是在一人與生活世界的辯證關係中形成，那麼教育的目的，一方面要發展主體的自省能力，一方面也要注意生活要素所構成的生活世界，及兩者之間的交互影響。

據此，教學也就不能脫離人的日常生活世界，以及學生的反躬自省能力。這樣的理念與巴西成人教育學者弗雷勒（P. Freire）的對話教學有些類似的地方，他主張教學者要從學生的存在處境開始引導學生具有意識批判的能力。（王秋絨，民77: 128－144）

　　梅次羅在「成人教育的概念與行動」一文，也明確地指陳類似弗雷勒的觀點，他說，如果成人教育家無法與學習者對其興趣的形成及其原因對話，那麼成人教育家無異只是一位專家，而稱不上是個教育專業人員。

二、知識的分類概念在成人教育上的蘊義

　　哈伯瑪斯不將知識的普遍效準統一化，而是根據人類不同的生活要素，建構不同的知識。依據他的區分，知識可分為經驗——分析性科學；歷史——詮釋性科學；批判取向科學。

　　其中每類知識各以不同的方法論作為每種知識的可靠判準。在經驗——分析性的科學，其知識如果要有效，則需遵守律則性假設檢證的方法。歷史——詮釋性科學的可靠依據與經驗分析性的科學迥然有別，是建立在論題詮釋的方法論上。至於批判取向的科學則是建立在主體的自我反省基礎上。

　　根據這樣的知識分類，可見成人教育的目的，除了使成人具有求真的知識外，同時在於引導成人學會彼此溝通、理解，並自我批判，使社會基於理性溝通的合理化得以不斷在溝通行動中被實踐。

　　為了達到這些教育目的，成人的學習範圍宜包含求真的自然科學，達到理解的溝通能力、批判能力，尤其是批判系統性扭曲溝通的能力，更是成人教育的重點。

　　根據布魯洞（J. Broughton）的生命週期論，梅次羅發現人類一直發展到青少年時，才具有理論性的自我意識（theoretical self–consciousness），也就是對自己思考中的例證假設已有辨

認能力，可以清楚地了解自己推理過程中如何知道，以及自我如何認識實在的情形（Mezirow, 1981:11）

這種能力到了成年期更趨成熟，而這種成熟能力正是成人學習過程中非常重要的因素。由於成人具有這種有別於孩童的批判能力，因之，梅次羅認為成人的學習領域宜以批判取向科學為主要的內容。準此，他提出觀點轉化的成人教育論。在梅次羅的成人教育理論中，深入地剖析人的反省性，並依其性質區分成不同的層次，以之論證哈伯瑪斯批判取向知識論在其觀點轉化運用的可能性。他同時區分人類的反省性層次，他指出反省開始時是對象省思（objects of reflectivity），繼之是意識省思，再次是批判意識型的省思。後兩者就是布魯洞所謂的理論性的自我意識層次。

剛開始人類對自己的感覺、思考、行動都會有所覺察，這種覺察就是所謂的對象反省性。接著我們可以知覺到自己所感、所思、所行的習慣方式是如何感受到的，就是意識反省層次的感情性省思（affective reflectivity）。

隨著感情性省思之後，人會關注自己的知覺、思想、行動、習慣的成效，同時去辨認想做的原因，及所有活動的背景因素，是為辨別性省思（discriminant reflectivity）。在意識反省的最上層則是判斷性省思（judgmental reflectitivity），這個層次的反省旨在對個人的知覺、思想、行動、習慣的價值判斷，包括個人是否喜歡它們，認為是美或醜，以及給予正面或負面評價。

第三個層次是指批判意識型的反省，首先對個人事項概念的重新反省批判者，是為概念性省思（conceptual reflectivity）；如對個人依利益及期待，對他人所知、所感、所行、所做的倉促

論斷，是為精神性省思（ psychic reflectivity ）；最後則是理論性省思（ theoretical reflectivity ），用以檢查驟然下斷語的理由，以及一套被認定為理所當然的文化及心理假定。因之，理論性的省思可以說是觀點轉化過程的核心。（省思層次關係如圖四）（ Mexzirow, 1981:12 ）

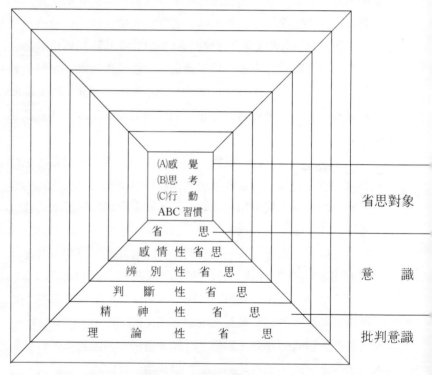

圖四：省思的層級

　　觀點轉化的首要工作在於引導社會成員對自己以及對文化中習以為常的觀念、內涵加以覺察。其次才是根據社會合理化的發

展加以批判，使扭曲性的溝通有機會透過觀點的重建逐漸改變。如以哈伯瑪斯的知識分類，則是指基於自我反省的社會意識型態批判。

　　批判的工作在於先了解系統扭曲溝通造成的意識型態，然後再以類似精神分析的深度詮釋方式，將被社會長期壓制的自我認同逐步解放，以恢復其溝通、論辯能力，使社會邁向合理化的開放溝通狀態。

　　也就是說，成人教育在批判取向科學的影響下，應重視成人的特殊能力，將成人教育的重心放在培育成人批判意識上。

　　要培育成人批判意識，其方法則在於養成個人真誠的自省能力。自省能力的涵育，根據批判科學的方法論，是要行動者基於真誠，在理想的言說情境中，遵守有效溝通的四大宣稱，在溝通行動中，才能檢視自我欺瞞或從傾向於策略性行為的意識型態中被啟蒙。換句話說，批判取向的成人教育教學方式是溝通或論辯，亦即是著重以開放性的態度去尋找溝通的普遍宣稱論證的啟蒙行動，楊格名之為批判性教學。

　　總之，從哈伯瑪斯對知識的分類，以及不同知識建構具有不同的方法論觀點，啟發了成人教育在教學方法上更重視教學方法論的建構。如屬技術、科學知識的學習，則可以講授、探究、因果分析檢證的方式為主；如屬溝通理解的知識，則需以植基於普遍語用學的溝通詮釋方法為中心；如為批判取向知識，則需運用普遍語用學規約的自我反省與啟蒙對話為主要方法。由此可見，不同的教學內容要用不同的教學方法，而教學方法的選擇則以知識建構的方法論為重要的轉化參照依據。

　　此外，不同的知識，是由不同的方法論建構出來的，這樣的

觀點除了可提供上述成人教學的重要參考外，還可以成為成人教育研究典範的參照。誠如哈伯瑪斯對實證論執一因果法則的自然科學研究典範的批評，成人教育的研究範圍牽涉到教育工學、成人生理、成人心理、成人教育的社會、人類學、哲學基礎，以及成人教育學的建構、成人教育的實際活動等，在性質上兼具客觀世界、主觀世界、社會世界的行動範圍，在研究上宜因不同的行動建構性質，加以研究。簡言之，因果法則、詮釋方法、批判取向都可做為上述不同題材研究的借鏡。

最後再以艾瑞克森（E. H. Erikson）的人類發展階段來說，人類在成年期及中年期較易產生遲滯的現象。如果成年人肩負文化傳承、創新的主要責任，那麼增進自我批判、社會批判、文化批判的教育就是成人教育的重心，也是研究的重要方向。如此，批判研究取向實有助於促進文化創新，締造成人教育研究的特色。

三、普遍語用學成人教育上的蘊義

哈伯瑪斯的普遍語用學旨在論述合理性溝通實踐的可能條件。根據語用的分析，哈伯瑪斯認為人類社會的有效溝通要建立在四個有效宣稱上：可理性宣稱、真理宣稱、真誠宣稱、正當宣稱。如果這四個有效宣稱受到懷疑時，則需要以論辯方式繼續為奠立這四個有效宣稱尋找論證。對應於可理解性宣稱的是解析論辯，對應於真理宣稱的是理論論辯，對應於真誠宣稱的是治療性批判，而與正當性對應的審美的批判。

同時在論辯時要使行動具有充分自由表達的機會，以確保行

動者的主體性不受到任何的壓制。

　　從上述普遍語用學的觀點來看，培育具有遵守四大宣稱，實踐四大論辯的溝通行動能力，是成人教育的目的。

　　有了溝通能力，人的主體才能在溝通行動中彼此確認、彰顯，而不受到扭曲；文化才能在不斷進行的合理性溝通行動中被創造。教育目的就是在於促作受教者的主體與客觀世界、社會世界的溝通關係。

　　上述此種教育目的是建立在溝通的有效宣稱與論辯的基礎上。因之，教育的規準也需具有有效溝通的特質：

　　㈠**規範性**：溝通行動的規範是合乎可理解、真理、真誠、正當性，教育的規範也宜遵守這些規準，才可能達成教育目的。

　　㈡**評鑑性**：溝通教育的過程是否合乎價值，需以審美論證詮釋批判，而非教育結果的客觀事實的算計。

　　㈢**批判性**：哈伯瑪斯批判目的在於針對被扭曲的社會實在加以批正，也就是不符合真誠性策略行動的破除，而導向無支配狀態的真誠性溝通。

　　這些顯示溝通行動理論的規準，在成人教育的規準之適用蘊含如下：教育應為主體開展溝通、批判能力的繼續性活動；教育是一種相互主體性的溝通實踐行動；也是一種追求自主、負責的行動。

四、真理共識論在成人教育上的蘊義

　　教育的目的之一在引導受教者能探求真理。那麼何謂真理的

知識價值觀,對教育目的、課程、教材、教法、評鑑都有很深的影響。

哈伯瑪斯的真理觀,並非具有普遍固定的內涵,而只是一套真理可能的探求條件而已。真理是建立在相互主體共同承認的有效宣稱上,也就是在溝通行動中的暫時性共識,不過這共識要能達到主體的負責、自主,才合乎哈伯瑪斯所講的共識。因之,共識仍有其價值預設,唯有在人的主體充分自由,不受自我欺瞞、社會文化壓制時所形成的共識,才是有價值的。

真理共識論巧妙地解決了理論與實踐,主體與客體的對立問題,它強調溝通程序合理性必須在生活世界中不斷開展,其給成人教育的重要啟示是:運用生活世界的材料,遵守溝通規則,使主體與生活世界不斷辯證,才是成人教育理論與實踐建構的精神。而教育目的、課程、教材、教法、評鑑只有在遵守真理共識的溝通宣稱進行時,才能開展出來。總之,溝通是教育實踐的條件,教育目的、課程、教材、教法、評鑑並非具有固定實體,而是要在社會文化的脈絡中,經由主、客辯證發展而成。

伍、結論

本文主要目的在於從哈伯瑪斯的知識論,探究其知識論在成人教育上可能的運用。哈伯瑪斯的知識論建立在對過去既有知識論之批判反省的根基上。本文首先說明他對德國觀念論、早期實證論的批判,再次從他的批判,論述他的知識論重建,最後,依其重要的知識論觀點,分別說明認知興趣、知識分類、普遍語用

學、真理共識論，詮釋這些概念在成人教育研究與活動實施歷程
的意義。

　　就哈伯瑪斯對德國觀念論及早期實證論的批判，可見他在知
識論上重建的旨趣在於超越德國觀念論主體與客體、超驗與社會
實在在知識論上的論戰，以及實證論狹隘的自然科學式知識論；
他一方面批判超驗哲學的知識成立條件在理性先驗預設犯下的知
識論循環錯誤，以及黑格爾絕對精神、馬克斯的唯物觀，將知識
的先驗條件建立在社會文化脈絡上。另一方面批判實證論過度使
自然科學方法論膨脹，而適當地將其定位在實證分析的科學領
域。另外，從人類生活的其他特質：語言、價值活動，找出研究
人類社會現象、價值世界的方法論基礎——詮釋、批判。此外，
哈伯瑪斯也同時從人類的社會存有本質——語言及追求自由、自
主的志趣，建構普遍語用學，做為奠立溝通行動理論的基礎。

　　綜合來看，哈伯瑪斯的知識論主要特色在於以社會理論為知
識奠立了穩定可靠的基礎；以人類的語言所開展出來的溝通理性
及人類自主的存有為知識論的核心，發展出相互主體性的真理共
識論。在他的知識論觀念裡可說是融匯了溝通必要的社會民主精
神與人類存有的價值預設——自主、負責、自由。

　　這種在溝通理性的確證下，不斷開展的知識觀，正可提供一
九七○年代以來積極發展的批判成人教育的研究與實務更廣更深
的視野。

　　在此視野下，成人教育學者不再拘泥於早期的博雅教育、存
在主義、進步主義、分析哲學等思潮對教育思考的典範，而從人
類所面對的社會實在為起點，討論教育與社會實在的關係。由於
哈伯瑪斯根據批判詮釋的方法論，指出兩者的溝通、辯證關係。

成人教育學者也可據此試圖以溝通理性為教育的重心，為教育找到批判扭曲的社會實在的功能。同時，教育的目的也可視為在培育受教者具有實踐溝通理性的能力，以達到對主體、社會、知識批判的理性化社會發展境界。

教育要使人先天存在於語言溝通的理性導引出來，則需要透過溝通、論辯，促使個人從扭曲的溝通中被啟蒙。（Habermas, 1970:205－18）吉洛克斯（H. A. Giroux），楊格稱這種啟蒙的教育為批判教學。

批判教學的目的在於涵育受教者對扭曲的社會實在具有覺察、反省的能力，進而產生啟蒙社會實在及自我的實踐。在這種教學觀念裡，對話、溝通是理論與實踐具有辯證關係的展現。透過對話，一方面再度反省啟蒙、批判理論，另一方面實踐的價值、行動導向也在對話中得到反思，以形成實踐的動力。

梅次羅則將哈伯瑪斯的溝通行動理論應用成觀點轉化的成人教育。觀點轉化的實踐步驟總共有三部分：第一部分是對被扭曲的社會實在加以覺察，第二部分則是對覺察到的社會實在加以批判，第三部分是形成對社會實在的新觀點，以轉化社會實在。從觀點轉化的立論，所謂轉化實包括了主體認知與批判，以及社會文化批判工作。

巴西成人教育學家弗雷勒在一九七〇年「被壓制的教育學」（Pedagogy of the Oppressed）一書中，也指出「提問式」的教育（problem－posing education），主張對向來窩居一隅，未被啟蒙，而自願被支配的佃農，施予意識化的教育，使其自我省思到自由、自主、負責的社會存有價值如何被剝奪，進而從反思中再度被啟蒙成一個可以開拓自我生命，參與社會文化

創造的全人。

　　總之，批判性成人教育目的主要在於主體批判與社會文化批判。哈伯瑪斯的知識論誠如馬克卡爾錫的質疑，存有商榷之處，但就運用在成人教育方面，仍有如下的價值：一方面提供成人教育開拓積極的社會文化批判的方法論基礎，另一方面提供成人教育實務的新思考典範。舉凡成人教育目的、課程、教材、評鑑都有嶄新的觀念。批判成人教育學者特別擷取了哈伯瑪斯批判反省的知識建構方法論，強調成人教育的特色在於溝通、對話，他們認為成人教育應在溝通、對話過程中，展開成人教育目的、課程、教材、評鑑。由於對話具有理論與實踐的可能條件，成人教育可以在溝通、對話過程中實施。換句話說，溝通、對話是成人教學的主要方法，而溝通對話則建基在人類普遍可能開展的溝通程序理性基礎上。

　　溝通理論的知識觀強調溝通程序理性的開展，使批判成人教育從意識改變觀點來建立其批判社會文化的基礎，這與諾而斯（M. S. Knowles）從成人的特質，以及柯羅思（K. P. Cross）、柯得（R. J. Kidd）等人從成人的需求來建立成人教育理論，實大異其趣。溝通合理性的普遍效準是立基於統合主體世界、客觀世界、社會世界的生活世界上，溝通程序理性的論點也就為主體批判、社會批判、理性批判提供了堅實的立論依據。然而，主張從成人教育需求立論的成人教育理論則充分反映資本主義脈絡中，個人價值的優越性。（Merriam, 1987:187－198）

　　綜而言之，哈伯瑪斯的知識論不僅開啟了知識源自社會生活及社會存有價值的探究之路，其「認知興趣」、「詮釋」、「批判」知識的歸類與方法論，以及「普遍語用學」、「真理共識

論」的主張,在批判教育實務及研究方法論上都深具啟示意義。

我國成人教育在實務的推展上比研究發展早。在實務推展上自清末以來首先受到重視的識字教育、公民教育,邇來由於國民教育水準提高,大學推廣教育、空中大學,民間成人教育活動才積極展開。

就成人教育的實務推展來看,我國成人教育雖然隨著社會變遷,在重點上已由補充教育逐漸邁入較自主的專業方向,但最大的問題是教材、教法、師資、設備都充分地承襲了學校教育的推展典範。

以教材而此,中小學補習教育的課本並未充分考慮成人的社會生活特質以及世界觀,而只是將教育兒童、青少年的正規課本,加以減修而成。此外,空中大學的參考書更是由國內大學教授將國內既有的大學用書很週全地彙整編著成巨冊,希望給受教者該科最完整的專業資料,殊不知空大學生在學習目的,學習資源條件,如時間、學習意願、習慣等都與大學生有很大的差異,但是面對的教材在分量上是既多且雜的現有資料大彙編。

以教法、師資來說,也沒有因應成人教育的多元化、彈性化、統整化的性質來加以衡量,多數仍舊以學校教育的現有人員來施教。雖然有些教師會注意到施教對象的不同特質,稍為改變教學方式或技巧,例如空中大學主要以系統化教學為主,授課教授以成人教學取向居多。(王文英,民76)又台北市國小補校教師教學時普遍會注意到與學生經驗相關的教材內容與活動設計,並稍為做到學生需求的評估,重視學生在學習過程中的參與。但是多數北市國小補校老師教學時仍偏向以教師為中心的活動設計,同時給予學生個別發展的彈性較少,比較重視團體的整

體要求。（黃明月，民 77:281－282）其他各種成人教育場所的
教學方式則沒有具體研究資料，無法確知是否與學校教學方式有
別。

　　此外，在研究上，較有系統地對成人教育積極研究者，可溯
自民國七十四年師大社會教育研究所成立時。該所成立的目的在
於培育成人教育人才，主要的課程有「成人心理與成人學習研
究」、「終身教育的研究」、「成人教材教法研究」、「比較成
人教育」、「成人教育活動設計與評鑑」等科目。這些科目的講
授，仍以移植西方理論及研究為主。由於過去國內有關成人教育
的研究，除了盧欽銘於民國五十七年對「成人的智慧與年齡關係
之研究」為實證研究外，其他有關成人教育著作多屬專業意見，
而非研究，有關研究資料很少，直到社會教育研究所成立時，有
關的研究無論在量與質上才逐年增加，然則上述研究能夠提供這
些科目本土化的講授資料者仍然相當有限。

　　該所成立之後，所進行的研究專案百分之百是調查實證研
究，研究生論文（至目前為止共九篇）則有百分之八八‧八八是
實證性研究（共八篇），如研究生論文及學刊的論文兩者合併計
算，其研究目的是實用性者佔百分之七七‧四二（共二十四
篇），理論性者佔百分之二二‧五八（共七篇）。以研究方法
看，運用實證性研究方法佔百分之二九‧○三，非實證研究方法
佔百分之七一‧○七。這種特質反映了成人教育研究仍以經驗分
析的內容佔多數，而對成人教育活動的語言、價值、理論的詮
釋、批判實如鳳毛麟爪。

　　可見我國成人教育研究典範與教育研究的典範差不多（陳伯
璋，民 78:91－122），呈顯出以下幾個特色：

㈠教育實際現象的研究多於理論的建構、成人教育史的詮釋。

㈡調查研究法過度使用,使有些研究對象與現象無法運用多方面的資料搜集方式,掌握更多的研究實在。

㈢研究典範多移植西方,較少本土化。以調查的研究工具來說,多以修訂外國類似研究的問卷為主。對本國的教育文化特色或獨特的成人教育問題無法合適地詮釋。

這些特色顯示我國成人教育研究無法協助成人教育工作者了解社會文化現象,進而加以批判,更無法建構以批判社會文化為鵠的成人教育學。

總之,我國成人教育無論實務或研究,仍停留在哈伯瑪斯所謂的實證分析學科範疇的自然科學因果探究的典範中,歷史、理論、社會文化的實踐之詮釋與批判相當的少,這樣的取向無法建立本土化的成人教育體系。當我們面對哈伯瑪斯的批判知識論時,實宜深思如何促成成人教育的實務與研究典範的批判,以積極建立成人教育的專業化。

在批判的省思中,當然也要注意植基於民主價值的普遍語用學如何合適地轉化在權威主義、差序倫理仍佔優勢的我國文化裡。也就是說,哈伯瑪斯的知識論成為我國詮釋、批判成人教育實際與理論的參照典範時,首先需先批判我國特殊的文化脈絡,了解從普遍語用學所建構出來的溝通程序理性,在我國文化背景中運用的可能性與限制,才能使哈伯瑪斯的知識論匯入提昇我國成教品質的生機之流中。

☞參考書目☜

王文瑛，（民 78）。我國空中大學學生學習取向及其相關因素之研究，師大社會教育研究所碩士論文。

王秋絨，（民 77）。包魯弗雷勒（Paulo Freire）對話教育的思想評析，社會教育學刊十七期，頁一四七～一七二。

王秋絨，（民 77）。包魯弗雷勒的成人教材教法分析，見中華民國比較教育學會編，終身教育，台北：台灣書店，頁一〇九～一五〇。

伍振鷟主編，（民 77）。教育哲學，台北：師大書苑，頁一～十七。

李英明，（民 75）。哈伯瑪斯，台北：東大。

胡昌智，（民 72）。介紹哈伯瑪斯的溝通行爲理論，思與言，第二十一卷，第二期，頁一四七～一五八。

孫振青，（民 76）。知識論，台北：五南。

陳伯璋，（民 74）。潛在課程研究，台北：五南。

陳伯璋，（民 76）。「哈伯瑪斯批判詮釋學及其對課程研究的啟示」，見教育思想與教育研究，台北：師大書苑，頁四五～一五四。

陳伯璋，（民 78）。「我國近四十年來教育研究之初步探討」，見教育研究方法的新取向，台北：南宏，頁九一～一二二。

陳秉璋，（民 74）。社會學理論，台北：三民。

賀建國，（民 69）。哈伯瑪斯批判理論之分析，東海大學碩士

論文。

黃明月，（民 77）。台北市國民小學補習學校教師敎學型態之研究，**社會教育學刊**第十七期。

黃瑞祺，（民 72）。「溝通與批判」，**鵝湖**，第九十七期。

黃瑞祺，（民 74）。**批判理論與現代社會學**，台北：巨流。

溫明麗，（民 75）。**哈伯瑪斯溝通行動理論及其德育涵義**，師大教研所碩士論文。

楊深坑，（民 77）。「意識型態的批判與教育學研究」，見陳伯璋編，**意識型態與教育**，台北：師大書苑，頁九～六四。

Berstein, R. J. (1985). Habermas and Modernity. Cambridge: Polity Press.

Daloz, L. A. (1987). *Effective Teaching and Mentoring: Realizing the Transformational Power of Adult Learning Experiences.* London: Jossey—Bass Publishers.

Fletcher, R. (1987). Comproverment and Adult Education, *Australian Journal of Adult Education*, 27, (1), 9—17.

Freire, P. (1970). *Pedagogy of the Oppressed.* Harmond Worth: Penguin Books Ltd.

Gadamer, H. G. (1975). Truth and Method. Sheed and Ward.

Habermas, Jürgen, (1970). On Systematically Distorted Communication, *Inquiry* 13:205—18.

Habermas, Jürgen (McCarthy, T. trans.) (1979). *Communication and the Evolution of Society.* Boston: Beacon Press.

Habermas, Jürgen (McCarthy, T. trans.) (1984). *The Theory*

of Communicative Action: Reason in the Rationalization of Society, Vol. 1. Boston: Beacon Press.

Habermas, Jürgen (McCarthy, T. trans.) (1987). *The Theory of Communicative Action: Reason in the Rationalization of Society*, Vol. 2. Boston: BeaconPress.

Held, D. (1980). *Introduction Crtical Theory: Horkheimer to Habermas*. London: Hutch & Co.

McCarthy, T. (1978). *The Critical Theory of Jürgen Habermas*. N.Y.: Polity Press.

McHoul, A. W. (1988). Epistemlolgical Groundings of Educational Studies:A Critique, *The Journal of Educational Thought*, 22, (3), 178−189.

Merriam, S. B. (ed.) (1984). *Selected Writings on Philosophy and Adult Education*. Florida: Robert E. Krieger Publishing Company.

Merriam, S. B. (1987). Adult Learning and Theory Building: A Review, *AdultEducation. Quarterly*, 37, (4), 187−198.

Mezirow, J. (1987). A Critical Theory of Adult Learning and Education., *Adult Education*, 32, (1), 3−24.

Mezirow, J. (1985). Concept and Action in Adult Education., *Adult Education. Quarterly*, 35, (3), 142−151.

Murphy, P. (1987). Meaning, Truth and Ethical Value, *Praxis International*, 7:1:35−56.

Palmer, R. E. (1969). *Hermeneutics: Interpretation Theory in*

Schleimacher, Dilthey, Heidegger and Gadamer. Northwesten Univ. Press.

Siegel, H. (1988). Rationality and Epistemic Dependence, *Educational Philosophy and Theory* 20, (1), 1—6.

Young, R. E. (1988). Critical Teaching and Learning, *Educational Theory*, 38, (1), 47—61.

3

邁向民主化的教育──
弗雷勒與哈伯瑪斯的觀點分析

壹、前言

　　根據觀念分析學派皮德思（R. S. Peters）的分析，教育的本質具有三個很重要的條件，一指符合「引導受教者認知發展，獲得知識」的規準。二指受教者能受到尊重；三指教育內容和方法要具有價值。這三個教育規準，很清楚地指出教育活動的本質，脫離不了價值判斷。

　　西德教育哲學家拉贊（R. Lassahn）也認為教育行動「源自於豐富的生命內涵，恆需面對價值之決定，除卻價值判斷，教育行動殊不可解。」（楊深坑，民 77：48－49）他的觀點呈現出精神科學的教育學（geistwissenschaltlishe Pädagogik）以生命體驗，導引出教育行動的觀點。

　　當代的批判學者哈伯瑪斯（J. Habermas）及批判教育學者莫玲豪爾（K. Mollenhauer）、克拉夫基（W. Klafki）、布蘭刻次（H. Blankertz）、達黙（I. Dahmer）、連坡特（W. Lempert）、荷得（P. M. Röder）、吉洛克斯（H. A. Giroux）、休而（I. Shor）、弗雷勒（P. Freire）等人也都認為教育本質上是一種價值判斷的過程，而在判斷過程中，容易因虛假意識，策略性的行為意向，造成特定的教育意識型態，因之，他們共同主張以反省，批判來進行教育活動，使人避免淪為意識型態的支配牢籠。

　　基此，無論分析學派、精神科學教育學派、當代的批判教育學派都指出共同的教育本質——教育是一種價值關連的行動。那麼教育所謂的價值是什麼？又受教育者如何認識這些價值？價值

如何被實踐，便是教育學者歷來努力立論的重點，無怪乎皮德思也指出教育實是「本質爭議性概念」（An essentially contested concept）（歐陽教，民 77：19）

　　在這種教育價值觀的爭議中，有主張教育價值具有客觀不變的內容，為一客觀實體，如中國儒家即主張教育的最主要目的在於引導學生成為一個智、仁、勇兼具的理想人格的實踐者，古希臘哲學家：柏拉圖（Plato）、亞里斯多德（Aristotle）也主張價值的客觀性。也有認為教育價值宜訴諸價值判斷者意願、情感，如貝屬（R. B. Perry）、阿耶（A. J. Ayer）、司特倫森（C. L. Sterenson）或有些存在主義者。

　　然而教育價值是否就誠如主、客觀價值論者一樣，深具二元對立的性質？是否有其他思考典範，可以處理教育價值論的對立問題？就激進的教育學者包魯‧弗雷勒，法蘭克福學派的社會學者哈伯瑪斯的思想脈絡而言，如前所述，反對教育中立論，揭櫫教育本質上是一連串的價值評價、判斷的過程。並企圖超越價值二元論的偏執，在存在主義、現象學、德國精神科學及馬克斯主義的影響下，反對強調教育是機械性因果的實證取向，主張融合主體、客體及社會脈絡，共同論證價值立論的多元性、普遍性、辯證性、共識性的基礎。

　　本文目的即在清楚地彰顯，弗雷勒、哈伯瑪斯如何置諸二十世紀中葉民主理念之流，論衡教育民主的觀念；並期在對話、溝通、批判中找到合理的民主化論證。準此，本文內容將首先說明兩者主張的教育民主化的價值意義、來源與內涵；再次分析教育民主化價值的認識及實踐。

　　首先在論及教育民主化的價值意義、來源與內涵部分，將分

析「價值」是準先驗的立論依據;價值源自主體世界、客觀世界、社會世界的辯證發展;此外,也將闡述弗雷勒所謂的人性化社會(humalized society)和哈伯瑪斯指出的自由社會(emancipated society)的重要意涵,以了解兩者的社會民主倫理的最高原則。

其次,教育民主化價值的認識,將說明弗雷勒對話的主張與價值認識的關係,同時剖析哈伯瑪斯溝通行動的合理化過程與價值認識的關係。

最後,則說明對話教育、溝通啟蒙在民主倫理實踐上的意義與功能,此外,並探析道德教育與倫理實踐的關係,俾釋明弗雷勒、哈伯瑪斯的價值實踐觀點。

貳、人性化社會與自由社會的基本意涵

一、弗雷勒的人性化社會意涵

弗雷勒認為人的價值,在於人能透過日常生活經驗,體認人之所以為人的道理,也就是人道。

人道是人類社會存有的最高倫理原則,人道能在歷史文化的動態過程裏,不斷被認知、理解,付諸實踐,人性化的社會才可能建立。

弗雷勒提出人性化的社會是倫理的最高發展原則,乃立基於他的社會存有論。他的社會存有論主張社會份子都有相等的權利

與義務，在歷史文化的時間洪流裏，開展合乎人道的存有意義。關於這一點，他在「批判意識的教育」（Education for Critical Consciousness）一書，明確地指出人類不只是生存在自然界當中，而是置諸歷史、文化的世界。人與自然、歷史、文化世界的關係並不僅僅是「身在其中」（in the world）的關聯，進而也與之「同在」（with the world）。

由於人與世界同在，他們的關係就不是主體和客體二元的相互影響。人不是被動地接受外界機械式地制約，而是具有主動參與、創造社會文化的能力與職責，因之，與世界形成辯證的動態關係。在辯證的動態關係裏，人不斷在「人道職責」的指引下，探索、體驗、發展存有的意義。

人如果不能主動地參與世界，而只是被動地身在其中，便無法發揮人的主體性，變成了客體，物化的存在，也就是馬克斯（K. Marx）所謂的人與自我、與世界的疏離。弗雷勒稱此種疏離為非人性化的狀況（dehumanized）。

非人性化的狀況源自壓制性的社會。壓制性的社會，其文化發展是機械的、閉鎖的、物化的。人在其中的發展是偏頗的，只有在物化的文化發展過程，客觀化自己，卻無法把「我」中的主體部分，透過存有活動表現出來。

人所以會在與他人共同活動中，不斷地使客觀化的自我極化，而使主體部分日漸萎縮，甚至使我只有「它」，沒有「主體我」（I）；使「你」（you），先於「他」（he），甚至於「我」（I）。根據弗雷勒對一九三〇年代的巴西社會剖析，巴西社會當時存在的非人性社會事實實導源於地主或統治菁英對佃農的壓制，以及科技發展，特殊意識型態的囤積式教育（banking education）等因素。

這些因素形成了非人性的社會事實，正說明了客觀化的自我與物化的世界相互作用，改變了人的世界觀，使人一直以「物化」的觀點解釋一切，包括科層體制的神化迷思，統治階層的支配性威權的操作，科技發展的過度膨脹教育意識型態的宰制。

尤其統治階層、地主運用權力支配被統治者或佃農，將他們看做是為了服務他們而活的人。權力在此變成了支配的形式。統治者、地主運用了其負面性質，以經濟支配人民、佃農，使佃農長期習於依賴他人生活，陷於逃避發展主體的自主、負責的境地而不自知。

由上述的分析，可發現弗雷勒深受馬克斯「階級對立」、「疏離」、「虛假意識」、「經濟權力」等觀念的影響、主張人民、佃農的自我疏離、物化現象，是受擁有經濟力的地主，以及運用政治權力以行經濟、文化控制之實的政治菁英傾銷其虛假意識的支配結果。

非人性化的歷史事實是由於權力誤用的社會機制，如政治、經濟、教育體制所形成的後果。從非人性化形成的過程，弗雷勒指出更可以理解人性化社會的價值所在。

他在「被壓制者的教育學」（Pedagogy of the Oppressed）一書中開宗明義即指陳從價值論的立場而言，人類的最主要問題是人性化的問題。要了解人性化的問題，則不僅了解價值建構的可能性，更需要先從歷史現實中，去認識非人性化的情況著手。（Freire, 1970）

基於對非人性化事實的關懷，弗雷勒釐清權力的負面運作主宰了支配性的各種社會機制，造成非人性化的結果。這種結果既

然是在歷史時間的不斷生成變化裏建構而成，同理人性化的社會也能在社會、歷史之流裏逐漸形成。

換句話說，人性化社會與非人性化社會的建構是由人民的主體與不斷生成變化的歷史、文化、社會世界的辯證發展而成。那麼什麼是人性化的社會：如何把握理解，才不會形成當時巴西的非人性化社會？

關於這一點，弗雷勒於「被壓制者的教育學」及「批判意識的教育」兩書中，分別根據其社會存有學，提出形成人性化社會的兩項程序性進路。

人性化社會具有主客辯證的動態發展性質，弗雷勒因之並未提出人性化具體的實質內容，而只是說明其規準。他說，凡是人人享有相同權力，實踐參與社會，自由展現自己存有的狀況，就是人性化的社會。（Freire, 1970）人人要享有相同的存有開展機會，主要是靠人生而具有的意識化能力能不斷發揮，另一方面弗電勒則指出用人民集體的力量，運用權力的積極性質，消除非人性化的社會現象。

由此可知，弗雷勒認為人類獨特的價值，是「人能透過工作，詮釋世界、表達世界與自我，以改變世界。」（Freire, 1985）也就是人在歷史文化的發展過程，一直能從我與你（I and Thou）關係的展現中，發展人類的存有。（Buber, 1958:6）而人類最高的價值是基於準先驗的人類意識化能力所可能達成的人性化社會——人道的不斷實踐。

綜上所述，弗雷勒認為價值源自具有準先驗性質的意識化能力，同時反對價值的純粹主觀論或客觀論，而強調價值係主、客體及歷史文化的辯證形成過程，不是既予的一套可分析的結構。

二、哈伯瑪斯自由社會的基本意涵

德國社會學者哈伯瑪斯的社會境遇與巴西的弗雷勒迥然有別。他面臨的並不是發展中國家統治菁英壓低下階級的社會不均等現象，而是資本主義社會的科層體制、實證主義的工具理性，二次大戰後人民自我認同的危機等狀況，但他與弗雷勒同時受了馬克斯主義、精神科學、現象學、精神分析、存在主義的影響，對社會的批判，是站在綜採康德（I. Kant）的知識批判，黑格爾（G. W. F. Hegel）的主體批判、馬克斯的社會批判的觀點上，指出社會存有的最高價值是自由社會的建構（emancipated society）。

哈伯瑪斯所謂的自由社會的建構與弗雷勒所指的人性化社會雷同，都指出其具體內涵無法陳設，而是在歷史文化過程中發展。哈伯瑪斯的自由社會，指的是一種無支配狀態的充分啟蒙的狀況，也就是沒有充斥著系統化扭曲溝通的反啟蒙之虛假意識。

哈伯瑪斯運用弗洛伊德扭曲溝通的觀念，指出，後期資本主義的病徵是人類的解放興趣受到壓抑，而使許多虛假的意識型態，透過權力的運作，合法化為社會機制，支配了人類的生活而不自知。例如科技理性的內化，使人類將科技當成神話，將所有的知識都以狹隘的因果預測方法來衡量，摒除了人類的歷史意識，自我意識與反省的批判力量。儼然陷於自啟蒙運動以來科技理性的蓬勃發展的洞穴裏。

哈伯瑪斯指出透過自我意識的批判、反省、溝通理性具有被重建的可能，人類可以達到啟蒙、解放的溝通行動境界，以開展

其重建批判、自主能力的價值理性。

　　換句話說，哈伯瑪斯認為人類社會發展的最高價值是充分溝通的自由社會。而自由社會則立基於人類追求解放的興趣之上。人類又為什麼可以逐漸邁向自主的社會，以滿足解放的興趣，哈伯瑪斯認為是因為人類具有普全的溝通理性。

　　他進一步指出人類的溝通理性，一方面具有準先驗的性質，另一方面具有社會性。哈伯瑪斯融貫康德先驗的理性範疇，黑格爾絕對精神的辯證發展，馬克斯理性發展的勞動生活基礎，重構溝通理性。他認為人類生命世界中共有的三種要素是勞動、語言、權力。語言既是人類存有的普遍要素，人與人的相互理解與溝通則建立在語言所關連的主體、客體、社會世界。（Habermas, 1971:1-64）

　　溝通理性便是在語言融匯主體、客體、社會世界的生活世界（Lebenswelt）裏開展出來的。語言的溝通源自人類存有相互承認、相互理解的能力，具有普遍的準先驗性。同時語言正如柏拉圖、海德格（M. Heidegger）、高達美（G. H. Gadamer）所言，是展現人類存有的特質。人的存有在語言世界中開展。（Yang, 民78:1）

　　人的存有在語言中開展，溝通理性也隨著語言的存有開展而具有辯證的開放性。由於哈伯瑪斯所謂的語言的生活世界裏的社會存有要素，溝通理性因之與人類活生生的社會生活密切關連，具有充分的社會性。

　　在生活世界，人類的溝通理性要能逐步開展，哈伯瑪斯透過語言溝通的普遍後設規則，提出以普遍語用學為基礎的溝通程序理性原則，也就是他所謂的四個理想言說情境的有效宣稱：（

Habermas, 1976:68）（如表一）

表一：溝通有效宣稱的功能、範圍與溝通方式

事實範圍	溝通方式：基本態度	有效宣稱	言辭的一般功能
外在世界	認知的：客觀化的態度	真理	呈現事實
「我們」的社會世界	互動的：適應的態度	正當	建立合理的人際關係
「我」的內在世界	表意的：表意的態度	真誠性	表露說者的主體性
語言	——————	可理解	——————

　　㈠**真理宣稱**（truth claim）：言辭的功能在於呈現事實，以達到以客觀化態度，表達外在世界現象的溝通方式；

　　㈡**正當宣稱**（rightness claim）：言辭的功能在於合法的人際關係的建立，以便在我們的社會世界中，呈現互動的適應態度的溝通方式；

　　㈢**真誠宣稱**（truthfulness claim）：言辭的功能在於表露說話者的主體性，呈現內在「我的世界」的表意性的溝通方式；

　　㈣**可理解宣稱**（comprehensibility claim）：上述三個宣稱的達成是靠語言具有可理解性，才有可能，也就是說，在人類的語言世界，要彼此溝通需要以可理解性為前題。

　　因之，每一種有效宣稱的功能不同，與之相對應的溝通方式也不同。此外，每一個有效宣稱也各自與語言、主體世界、客觀世界、社會世界相互關連。

　　總而言之，哈伯瑪斯認為溝通行動是建立自由社會的基礎。而溝通行動的實踐賴人類在溝通過程中，遵守上述四個有效宣稱，不斷開展自主、批判的溝通理性，才有可能。否則社會將淪為以達到某種外在目的為主的策略性行動。

　　策略性行動產生，表示人類無法在社會行動中表現四個有效宣稱的溝通程序理性。策略性行動運用的韋伯（M. Weber）所謂的目的理性的行動，而非價值性的行動。（Habermas, 1987）。在這種行動過程中，人們受到虛假意識的影響，暫時「無法」遵守溝通理性的程序規準。然而，這並不表示人們「無能」運用溝通理性。溝通理性的準先驗性已如前述的分析，是人類普全的能力之一。

　　準此可知，弗雷勒與哈伯瑪斯的社會境遇，縱使迥然有別。但是他們共同的地方是認為價值沒有客觀內容，是在民主程序的原則之下，價值主體與歷史、文化、社會不斷辯證，以開展價值理性的自由，合乎人性的過程。

　　弗雷勒、哈伯瑪斯根據哲學人類學的觀點，指出價值理性具有先驗性，是人類存有的普遍條件。價值主體以此理性、與社會世界、客觀世界互動，以發展價值。因之，人生而具有的自主、反省理性是價值的根源。而價值的發展則是在相同存有權力、溝通機會的人性化或自由社會的最高價值原則的引導下進行。可見，價值理性的開展、多元發展端賴民主的人道倫理。

　　綜合兩人的看法，弗雷勒、哈伯瑪斯的教育民主化價值的意涵有三：

　　㈠價值民主化只依據程序理性，不斷發展，沒有具體內容；

　　㈡反省的理性是價值民主化有可能開展的基礎；

㈢價值民主化的最高倫理是人性化與自由、解放。

在價值民主化的論點上，弗雷勒與哈伯瑪斯有很多共同的觀點，不同的是，弗雷勒比較強調反省意識的價值理性，在相互主體的開展下，建立了人類社會存有的價值，而對人與自然，也以人文的方式去立論；不像哈伯瑪斯對理性的看法，從立基的不同人類興趣，建構出較多元的理性觀，尤其他認為人類對外在自然世界的理性，本質上是客觀的認知形式。這點與弗雷勒完全以相互主體性的反省意識去處理人與自然、人與人、人與自己的世界，有很大的差異。

參、對話、溝通與 教育民主化價值的認識

弗雷勒、哈伯瑪斯所謂的價值，已如上述之分析，既非主觀價值論的情緒表現，也非如客觀價值論所宣稱的價值擁有具體可評價的內涵，而是在人道的目的下，遵守民主程序理性、價值主體與客體世界、社會世界的辯證、批判性對話或溝通的過程。

因之，價值的認識既非訴諸個人情緒經驗，當然也不是以灌輸或傳授的方式，讓價值主體全盤接受。弗雷勒指出價值的形成具有開放性、辯證性、批判性，因之，價值認識宜以具有價值形成同性質的對話方法為之。哈伯瑪斯也以相同的觀點，根據其溝通行動理論，認為溝通是教育民主化價值的認識方式。

弗雷勒為什麼認為對話是民主化價值的認識方式呢？他從哲學人類學的觀點，說明人類存有的基本方式參與社會、與世同在。參與社會、與世同在的性質意思是人的存有是社會性的。

關於這點，弗雷勒擷取了馬丁布伯（M. Buber）的存有觀，認為人的存有不是在我與其他事物或在世界的活動經驗中存在，而是在「我——汝」（I and Thou）關係中存在。而 I 和 Thou 都是自存的存有，既非和人類的事物世界（realm of it）一樣，為某種外界目的存在，也非人類活動經驗的一部分，而是在關係中的存有。這種存有具有相互性。正如貝利（D. L. Berry）對馬丁布伯的哲學特色的詮釋所宣稱的，其存有哲學認為關係的渴求是人類與生俱來的。（Berry, 1985:1）

在與生俱來的「我——汝」關係中，我的存有並不是孤立的，需要在與 Thou 的關係裏才有存有的意義。與 Thou 保持一種相互主體性的尊重與開展的關係，「我」（I）把這種關係看做是一場人生境遇（encounter）。在此境遇中，我不斷對自己的存在境遇發問。這種發問具有歷史性，會不斷在時間之流中進行下去。這樣的看法與海德格在「存有與時間」（Being and Time; Sein und Zeit）一書中，對存有（Sein）的時空性之論釋，有共通之處。（陳嘉映、王慶節譯，民 75）

在這點上，弗雷勒與海德格共同指出存有「我——汝關係」中開放的歷史辯證性。而哲學詮釋學者高達美也指出，存有是在辯證性的論辯發問結構中開展，他提出理解本質上是一種我——汝關係的發問過程。

在這個過程裏，我對所境遇的材料（text）、世界，提出問題，以探索存有的開展意義的可能性與有限性，如此我與材料、世界以一種我——汝的相互主體性的關係進行對話。在相互尊重中，我——汝形成視野交融的理解歷程。

視野交融如同發問結構一樣具有開放性與辯證性，人的價

值、歷史在視野交融中開展。同理,價值的認識也在此種視野交融的對話裏開展。在價值認識的過程中,傳統實徵主義認為價值易受自我成見,傳統權威左右的看法,因上述視野交融的性質而不復存在。但是哲學詮釋學則以為,理解過程中的先前結構、理解的相互主體性、不斷向歷史之流開放辯證等這些實徵主義視之為「成見」、「權威」特質,正說明了透過對話的形式,足以使原先深具時間性、辯證性、開放性、相互主體性的價值開展歷程,更為人所認識、所體驗、所理解。

簡言之,對話式的理解事實上是價值認識的模式。而這模式,正如弗雷勒、海德格、高達美所揭櫫的,與語言同時存在。

語言既是理解、存有開展的存在。而這存在是在相互主體性的對話中。對話的基本單位是語詞(words),弗雷勒指出人類是「靠語詞去把握世界的實在與意義。」(王秋絨,民77:162)因之,他說,對話的本質是語詞,而語詞又由反省與行動構成。

換句話說,人在對話中意識到、反省到自己與人、與自然、與世界的關係及與這些關係境遇的存有意義。透過反省後,人類會將此意識存有化成行動,繼續開展人生意義。誠如馬克斯實踐的思想所認為的,人是實踐的動物,人在實踐中開展存有的意義與價值。

綜上所述,人對民主教育價值的認識應該是透過對話的反省與人道的實踐,而非灌輸或強迫接受某些具有意識型態的價值教條。同時「對話需要建立在相互尊重、彼此平等,對話者雙方都不失人性的自主關係中,才有可能。也就是說,基於人道的關懷,把握人的溝通原則,而不是以控制、輸贏的方式進行。」(

王秋絨，民 77：163）

　　至於哈伯瑪斯則以溝通做為價值認識的方式。溝通的性質與價值認識的關係正如對話與價值認識的關係一樣。哈伯瑪斯認為，透過溝通行動，溝通裏在相互主體性的溝通協商過程中，認識了互相尊重與溝通程序的倫理價值。

　　而人為什麼能透過溝通行動認識價值呢？哈伯瑪斯以普遍語用學重構溝通言辭行動在開展溝通理性上的意義。他指出基於人準先驗性的溝通理性，人具有理解或詮釋言辭行動的能力。

　　透過對言辭行動背後規則的理解，人彼此溝通、了解。這個溝通、理解的言辭行動具有三個結構要素：命題的（propositional）、作言的（illocutionary）、表意的（expressive）。三個結構要素孕含了生活世界中的文化、制度秩序、人格結構因素的統整。準此，哈伯瑪斯提出溝通行動中的言辭行動的形式語用概念，這些形式語用概念代表了能夠融合社會體系、主觀世界、客觀世界的理性世界觀（Habermas, 1981:XXV & 45）

　　在溝通的理性世界裏，由於行動者與世界的關係有別，行動者係透過「行動詮釋理性」去與不同的世界溝通，而非以行動理性直接加以反應。

　　由於行動者運用的是詮釋理性。詮釋需要靠語言，針對這一點，哈伯瑪斯同意米德（G. H. Mead）認為人生而是符號表意的存在的看法。而為了使行動者充分運用其詮釋理性，哈伯瑪斯還指出溝通時一方面要克守符號表意的形式規則，一方面要遵守詮釋理性的普遍有效宣稱，才能使溝通邁向文化合理化的價值——自由、解放邁進。

　　符號表意的形式規則有二，一是積極使符號具有溝通功能的

條件，也就是具有可理解性、正當性。另一則是消極避免符號的再製文化的偏頗，而為了要使符號背後真正的表意功能發揮得淋漓盡致，而不致有所偏頗，那就是要重視真誠性、正當性與言辭者表達機會的相互尊重與平等。

因之，哈伯瑪斯提出價值的過程要遵守四大有效宣稱，以及言辭的相同機會，而價值的理解與認識仍然回到以四大有效宣稱及言辭表達的相互主體性的協商共識過程中才有可能。

顯而易見地，有效的溝通行動，以及普遍性論辯，是價值認識的兩種方式，前者用以積極導向自由社會發展。後者，則是運用溝通理性，揭露系統性扭曲溝通的反自由弊病，增加前者積極性合理溝通可能。

在普遍論辯的兩個重要元素：自主性行動與學習運用自主性，則為使策略性行動轉為溝通行動的重要條件。自主性行動與學習運用自主性的論辯也以溝通理性為基礎，希望經由論辯，使行動者又恢復自主意識，運用理性，實踐前述溝通行動的四個有效宣稱，使溝通行動得以進行，促進行動者在程序民主的倫理實踐行動中，理解、認識民主溝通的價值歷程。

總之，弗雷勒、哈伯瑪斯共同基於價值源自論辯發展的社會文化事實，認為價值不是一套既定的固定內容，無法以系統式的教學模式傳遞下去，而是以對話教育及溝通論辯的社會化方式，使行動者在價值發展的日常生活實踐過程，去詮釋、理解、反省價值的意義、產生與實踐。

其中，弗雷勒所提出的對話教育及哈伯瑪斯所謂溝通論辯的社會化方式，最重要的特色是對話及溝通倫理，共同建基在以理性為準的民主程序的普遍有效宣稱之上。

肆、教育民主化價值的實踐

　　基於前述對價值的意義、產生及價值如何為價值主體認識之分析，可見弗雷勒、哈伯瑪斯共同超越了價值的心理主義及實徵論價值的典範，而將價值從社會文化的合理化批判的觀點，建立了以社會文化實在為根基，以開展價值理性的批判對話典範。

　　這種典範強調價值的實踐係一種社會文化的批判重建歷程。弗雷勒認為對話教育是民主價值的實踐行動，哈伯瑪斯則指出溝通行動，以及自主性自我的道德社會化歷程為邁向民主自由社會的方式。

　　弗雷勒指出巴西的社會是只有統治階級根據自身利益，而以虛假意識強制一般人民過著依賴、被動、不深思反省的非人道生活。教育在這種環境之下，成了統治階級傳遞、灌輸特有意識型態的工具，弗雷勒稱之為囤積式的教育。（banking education）

　　囤積式的教育在統治階級的操縱下，失去了教育引導人類反省，以自主的方式，開展人性，實踐人道的本質，而是在反民主、反人道的權威支配中，締造一個堅固的非人道社會的王國，剝奪了人人自由反省、開展存有、創造人性化的存有權。

　　面對這種民主自由被扭曲、合法化的社會發展危機，弗雷勒指出唯有透過對話教育，才能扭轉此種非人性的局勢，達到教育民主化的價值鵠的。

　　弗雷勒所提出的對話教育是根據他的人道思想建構的，而其

人道思想源自他對社會現狀不合理的批判,與其社會存有論的觀點。因之,對話教育的實踐,弗雷勒依據這兩條進路,一方面提出對話教育實踐的社會條件,一方面從存有的民主規準,奠立對話教育的實踐之路。

就對話教育的本身而言,弗雷勒以前述民主教育價值的意涵及人如何認識的歷程,認為對話教育是老師與學生基於平等的立場,相互開展存有的歷程。

在此歷程中,教師為了使學生成為認識的主人,對話本身,要以人類反省存在的能力,在下列的條件下進行:(王秋絨,民77:163)

一、對話者之間具有愛人的反省與行動;

二、謙沖為懷,不滿不溢;

三、充滿希望,堅忍的奮鬥信念;

四、朝向批判思考的方向對話;

由此可知,對話的目的在於使個人更具有自主性,社會更合乎人道。實踐之道在於遵守維護人存有主體性的程序倫理,在愛人、人性、意志、批判的規準下,對話才能免於物化的意識型態的支配,而具有啟蒙人類邁向民主化的無限可能性。

其次,以對話實踐的社會條件分析,對話教育是一種政治行為。這種政治本質上是民主的,與巴西當時存有的支配性專制有別。既然對話教育是民主的,對話本質上是基於對話者享有相同權利的價值彰顯、判斷過程。

要讓對話者享有共同權利,與他人同在,參與創造自己與社會的存有過程,並非一蹴可幾,是與長久的時間共在的。因為弗雷勒所謂價值已如前述是一種主體置身客觀世界與歷史文化視野

不斷辯證對話、批判的歷程。由此可知對話具有強調時間不斷延續的歷史性，同時對話又是在 I 和 Thou 的關係中進行，又具有社會性。對話與價值協商有密切關係，協商牽涉到對話者的權力分配、運用，因之也具有政治性。

　　對話教育深具歷史性、社會性、政治性，其實踐，除了以上述普遍存在的形式規準——規範對話者，確保對話過程符合人性化之外，還需要考慮現存的外在社會、政治、歷史條件，以消極避免對話教育的消失。

　　依據弗雷勒這樣的省思，他擷取了人類集體覺醒的進路，以抗拒社會、政治、文化朝向非人性化發展的危機。他指出統治精英對人民的強制力長久且強大，人民只有透過解放的組織，集合起來，組織起來，才能使對話教育永續不斷進行。

　　弗雷勒所謂的解放組織的目的，在使全國的人民都具有實踐人道的可能。為了達到這個目的，他認為組織的解放工作，基本上可分為以下幾個工作步驟：

　　一、**意識覺醒**：領導者遵守對話的規準，引導被壓制階級了解自己被壓制的事實，覺悟自己當前並非以人的尊嚴、責任活著，而只是統治階級掌握的工具而已。

　　二、**規範對話的永續性**：意識覺醒之後，對話者要能為自己的存有慢慢負起反省、批判、開展的職責，但這對長期生活在被壓制洞穴中的人民來說，練習自主地存有，有如突見陽光，有人會不適應，想放棄而重回洞穴，縱使洞穴黝暗，伸手不見五指，但他們已內化統治者的支配，形成強烈的自我犧牲的宿命論性格，無法欣賞充分啟蒙的價值，於是組織的目的在於引導沒有信心，想逃避責任的人民，鼓起愛己愛人，勇於改變的毅力，使對

話教育成為可能。

三、**教育統治階層**：弗雷勒指出對話的最後目的在於達到人
性化的社會，要達到人性化的社會，不僅受壓制者要能透過對話
反省的教育充分得以啟蒙，達到自主、負責的生活實踐。壓制者
在當時社會權力雖然很大，但並不表示他們是自主、負責的人，
仍需經過對話教育，才能從強制他人的不人道生活中轉化成尊重
他人的人道行動。因之，弗雷勒雖然認為被壓制者由於參與社會
文化的權力被剝奪，易受啟蒙，但是對話教育的對象仍應首先由
他們開始。接著便要以多數已被啟蒙的人，來教育統治階層，以
轉變他們物化的世界觀為人性化的世界觀，成為一個所思所行都
符合人道規準的真正的「人」，不要再延續支配、控制他人的「
非人」生活。

簡言之，弗雷勒的對話教育強調民主精神的程序倫理的實
踐，以及透過被壓制者的力量來確保對話教育行動的持續。是一
種在時間上強調由內而外，在空間上著重由外而內的內引與外塑
同時並進的實踐模式。

哈伯瑪斯對於民主價值的實踐，與弗雷勒相同的地方是，以
溝通來實踐其民主的程序倫理。他認為溝通程序倫理所以具有普
遍性，是因為溝通建基於語言。而人生來就是符號表意的動物，
也是理性的動物，人人具有理解溝通中語言背後規則的詮釋能
力。

在溝通中，人人遵守本文第二部分所分析過的理想說話情境
的四個有效宣稱，一方面發展自己的溝通理性，一方面在自由以
及溝通的程序規範價值下，達成協商式的「真理」。

哈伯瑪斯指出，溝通過程如同弗雷勒的對話教育，具有歷史

性、社會性、政治性。因之，溝通是向無盡的時間、歷史開放，溝通也只有在融合了主體世界、客觀世界、社會世界的生活世界中開展，同時溝通要在確保人人具有相同權力品質的自主解放規準下進行。

以哈伯瑪斯的觀點來說，追求自主、解放是人類最基本的生活志趣之一。但這種志趣有時會受生活世界的虛假意識支配，溝通的四個有效規準因之無法實踐，人的自主、解放也會受到扭曲，甚至被社會機制合法化為系統性的扭曲，而使人誤信存在的事實是理所當然地具有合理性，失去了自省、判斷的能力而不自知。

為了解決系統性的扭曲，哈伯瑪斯運用弗洛伊德的對話，反省權力結構或意識型態的不當控制，稱之為理性對話。

理性對話的目的是要使內化的意識型態從內心的私有領域，透過公共語言把它在人際之間公開出來，使扭曲性的溝通成為常態溝通。而常態溝通具有以下幾個特色：（袁鳳儀：民72）

一、必須是在語言、認知、互動行為三方面意義一致。

二、要遵守大家公開承認的相互主體性規則（public recognized intersubjectivity rule），並以其象徵系統為了解的依據。

三、溝通的雙方，都明白言說與被言說事物之本質是兩回事，也就是在「存有」（being）和表象（appearance）之間有個共認的距離。

四、溝通中共認的互為主體性規範，可以提供社會的「自我認同」（ego-identity）。

由於常態溝通是靠人類語言相互主體性的理解，才有可能。

因之，在溝通中同時融合了社會與自我的發展。也就是說，溝通是人類社會化的過程。

經由溝通，人類的自我認同逐漸從不完全人際互動的狀況，發展到完全的互動，接著才發展到以自主理性為規準的溝通或理性對話。由此可知，常態溝通要在四個有效宣稱的溝通倫理引導下，道德意識才能逐次發展，達到自主的自我層次。（White, 1984: 25-4）

簡言之，促成道德意識的自主性發展的社會化過程以及扭轉扭曲性溝通的常態溝通是使教育民主化的實踐途徑。在哈伯瑪斯來講，遵守溝通倫理的溝通，以及為解決策略性行動的論辯就是道德自主化的社會化過程，也就是教育啟蒙的過程。經過這種歷程，人類才能邁向自主性自我以及自由社會的價值歷程。

伍、結論

綜上所述，弗雷勒與哈伯瑪斯認為教育的鵠的，在於使人了解人生價值是什麼？如何實踐？根據他們的看法，人類存有的本質就是民主的。雖然他們在社會存有學的立論不盡相同，不過他們同時建構出人類民主的存有學，主張教育的目的在於引導人民理解、體驗、實踐人類相互尊重的價值。

他們所謂的價值是人基於民主程序的規範，在語言的對話、溝通過程裏開展的歷程。由於價值具有動態的辯證開展性，價值的認識與實踐則在具有歷史性、社會性、開放性的對話教育與溝通過程進行。

　　於是弗雷勒與哈伯瑪斯的民主教育觀念，最大的特色是在說明民主的溝通程序倫理的價值，以人類存有的特質：語言和溝通反省理性，建構動態發展的開放式教育歷程。

　　基此，教育是一種歷程，這種歷程在參與和創造人道和自由社會的社會存有倫理原則的規範下，進行價值開展。價值開展需要在語言和溝通程序、對話規準的規約下進行。而語言同時又融合了人的理性、歷史文化、社會條件。因此對話教育或溝通的基本要素具有以下幾項：

　　一、語言；

　　二、溝通、對話規準；

　　三、在存在世界或生活世界的對話與溝通。

　　對話與溝通是隨著人的存有情境不斷進行。對話與溝通需遵守對話規準和溝通的四大理想言說情境才可能進行下去。而遵守對話規準和溝通程序，則是因為人類具有普遍的反省、溝通理性。

　　根據反省、溝通理性具有的準先驗性與經驗性，弗雷勒發展出由內而外的問題開展對話教育，同時為了解決被扭曲已久的非人道社會現象，也提出另一條由外而內的以組織規範個人實踐對話的進路。

　　哈伯瑪斯則以溝通理性的準先驗性與經驗性論點為基礎，強調溝通的社會化作用，是民主化教育發展的方式。這種典範強調教育隨著歷史文化的時間性，也重視個人由內而外的空間性發展，反映為一種由內往外的時空教育觀。

　　完全訴諸溝通理性的引發開展辯證，而未同時擷取由外往內型塑的教育觀，是哈伯瑪斯與弗雷勒不同之處。

　　由此可知，弗雷勒與哈伯瑪斯根據相似的哲學人類學觀點建構的社會存有學是互通的，這互通的存有學影響下的民主化教育價值，強調價值的歷程性、開放性，也重視價值實踐的程序倫理，以確保價值歷程能不斷朝向人性化或自由的目的邁進。

　　根據兩者的看法民主化價值實踐的要素為：

　　一、語言溝通、對話的能力；

　　二、人對存有的認識；

　　三、對話組織的成立；

　　四、時間；

　　五、對話、溝通的不斷進行。

　　這些要素說明了民主化價值的教育並非一蹴可幾，是逐漸發展的。而其發展的典範特色是以「由內而外」的時空視為基礎的引導式教育模式。因此，就他們的觀點而言，教育的本質是民主的，而民主的方式是以對話、溝通的程序倫理為普遍的規範基礎。

　　對話、溝通程序倫理的特點在於其形式特質，並沒有具體的內容導向，內容是在論辯的實際過程中產生。如此重視程序倫理，將價值開展過程與內容合一的民主化教育方式，是弗雷勒、哈伯瑪斯植基於前述社會存有學與時空觀的特色。

　　以此典範來觀照我國教育的特色，發現我國的教育在以三民主義為立國精神的影響下，法規、政策是朝向民主化發展的。教學、學校行政措施則多數是知識的灌輸、考試內容的精熟學習，家長、校長對老師的信心建立在棒子有效，考卷得高分的信念下。很多關心教育的家長，在用盡關說力量將小孩送進明星教師的班級後，就非常放心，對教學過程卻一問三不知。

　　這說明了，我們對教育的關懷充分反映了急功近利的價值觀，極少反省教育也與歷史文化有關，學生、小孩的成長是向歷史無盡開放的，他們的成長不只包含了過去、現在的兩度時間，還包括未來的第三度時間。

　　如果我們對教育的時間性能同時兼顧三度的時間觀，父母、教育人員對受教人員的成長就不會立即落入下面的現在決定未來的失望論裏：「看你這種成績，將來怎麼會考上好學校？」同時，我們也不會只選擇發揮評價考卷成績的理性，還會了解考卷內容反映出來的學習評鑑意義，以及教學過程是否符合教育原則。例如，國小自然的教材分量比以前未修訂的課程少很多，目的在於使教師能引導學生經由實際的觀察、實驗操作，以建立基本的科學概念，但有些老師卻樂見教材分量減少，科學概念內容淺顯，就直接將習作答案抄在黑板上，讓學生透過死記的方式，習得科學概念。

　　這樣的教學程序完全是一種強制接受固定知識的暴力灌輸，顯然違反民主的程序倫理。上述弗雷勒與哈伯瑪斯的民主化價值教育觀強調程序的民主化，使教師與學生，能基於平等的地位，共守民主的程序原則，進行溝通或對話，俾學生在民主的倫理規準下，理解教育的價值，擴展自我的認知、反省的能力。以這種辯證發展的典範，反省我國當今教育泰半缺乏文化反省，重視固定知識熟記的灌輸、訓練教育方式，或可提供一些省思、對話的材料吧！

☞參考書目☜

◇弗雷勒與哈伯瑪斯著伯（英譯）

Freire, P.（1967）. *Education for Consciousness*, N. Y. : The Seabury Press.

Freire, P.（1970）. *Pedagogy of the Oppressed*, Harmondworth: Penguin Books Ltd.

Freire, P.（1970）. *Cultural Action for Freedom*, Harmondsworth : Penguin Books Ltd.

Freire, P.（1978）. *Pedagogy in Process*, N. Y. The Seabury Press.

Freire, P.（1987）. *The Politics of Education*. 臺北：森大翻印。

Freire, P. & Shor, I,（1987）. *A Pedagogy for Liberation*. 臺北：森大翻印。

Freire, P.（1970）. Cultural Action and Conscientization, *Harvard Education Review*, *40*,（3）, pp. 452-77.

Freire, P.（1981）. The People Speak their Word : Learning to Read and Write in Sao Tome and Principle, *Harvard Educational Review*, 51,（1）, pp. 27-30.

Freire, P.（1983）. The Importance of the Act of Reading. *Journal of Education*, 165,（1）, pp. 5-11.

Habermas, Jürgen（1970）. On Systematically Distorted Com-munication, *Inquiry* 13：205-18.

Habermas, Jürgen（1971）. *Knowledge and Human Interests*, Boston：Beacon Press.

Habermas, Jürgen (McCarthy, T. trans.)（1979）. *Com-munication and the Evolution of society*, Boston：Beacon Press.

Habermas, Jürgen (McCarthy, T. trans.) (1984). *The Theory of Communicative Action: Reason in the Rationalization of Society*, vol. 2, Boston：Press.

⊠其他參考書目

王秋絨，（民 77）。包魯‧弗雷勒（ Paulo Freire ）的對話教育思想評析，**社會教育學刊**，一七期，頁一四七──一七二。

袁鳳儀，（民 72）。**從哈伯瑪斯「溝通理論」論「啟蒙」**，東海大學碩士論文。

陳嘉映、王慶節譯，（海德格著）（民 75）。**存在與時間（上）**，臺北：唐山出版社。

楊深坑，（民 77）。**理論、論釋與實踐**，臺北：師大書苑。

楊深坑，（民 78）。哈伯瑪斯的溝通理性及其在道德教育上的意義，**現代教育**，四卷四期，頁三──二五。

歐陽教，（民 77）。「觀念分析學派的教育思潮」載中國教育學會編，**現代教育思潮**，臺北：師大書苑，頁一──五〇。

Furth, H.（1983). A Developmental Perspective, on the Societal Theory of Habermas, *Human Development* 26:181-197.

Giddens, A. (1982). Reason without Revolution, Habermas's Theorie des Kommunikativen Handelns, *Praxis International*, 2, (3), pp. 318-338.

Murphy, P. (1987). Meaning, Truth and Ethical Value, *Praxis International* 7:1, pp. 35-56.

Nägele, R. (1981). Freud, Habermas and the Dialectic of Enlightenment: On Real and Ideal Discourses, *New German Critique*, No. 22, pp. 41-62.

White, S. K. (1984). Habermas' Communicative Ethics and the Development of Moral Consciousness, *Philosophy and Social Criticism*, 10, (2), pp. 25-47.

4

後現代社會
衝擊下的成人教育革新

壹、前言

　　台灣自黨禁開放，戒嚴令解除以來，社會追求民主、自由的
現象與日俱增，多元文化主義在國家霸權的威勢式微中勃興：舉
凡鄉土文化、常民文化、通俗文化、少數族群的文化不斷受到重
視，加上文建會推動「社區總體營造」的熱潮，文化的多元化、
本土化、地方化成為文化發展過程中的主要特色。

　　教育在多元文化蓬勃發展的脈脛下，也出現了教育多元發
展，少數人教育充分獲得經費補助，倍受重視的景象，如婦女教
育、老人教育、原住民教育、特殊教育者，其發展氣勢如虹，使
教育出現了突破菁英教育及教育一元化的侷限現象，彰顯出教育
反中心化、反統一化、反菁英化、反集體化的特色，流於多元
化、自由化、商品化、普及化、個性化、感覺化的走向中。很顯
然地，目前我國的教育，不管你喜不喜歡，習不習慣，都兼容了
現代化與後現代化的特徵。這些特徵，正衝擊著教育實在（
reality），也震撼著所有社會大眾與教育專業人員，影響教育改
革的方向與性質。

　　成人教育在性質上比學校教育更具彈性與多元的可能，在後
現代的特色中，所受的影響比學校教育更大。成人教育商品化、
個性化；少數群體如老人、原住民、文盲、婦女的教育比以前更
加重視；個人需求的典範取代國家教育、社會支配；教師權威由
上下位差轉為平權；教育內涵由技藝訓練到生活素養、文化素養
到專業認知學習等現象，都充分顯露成人教育今非昔比，逐漸迎

接後現代的文化意識挑戰：於是理性——感性；存有——生存；工作——博雅；自主——適應；個性——集體；歷史——非史；短暫——永恆；統一——多元等教育矛盾現象衝擊著成人教育知識體系；制度組織及教學實務。成人教育置諸此發展動勢中，改革方向值得探究分析。準此，本文擬從後現代社會的發展特質，剖析成人教育革新的動向。

貳、後現代文化的特質分析

　　一九七○年代之間，社會科學對後現代主義的討論並不盛行，自一九八○年代中期，其文獻已多如牛毛。因為自西方社會由現代主義邁入後現代主義，即代表人類社會出現了一次很強烈的性質改變，無論在心理結構或文化上都有嶄新的情況。

　　後現代主義在上述三種思潮的影響下，出現了幾種文化上的特色，一為價值體系的幡然改變，二為文化媒介與現代主義迥然有別，另一則為文化要素具有不同的意義，因之，呈現的文化全貌與它的前一階段——現代主義也大不相同。以下就從這三方面加以說明：

(一)反對價值具有最終性、目的性，主張價值的變異性與個別性

　　韋伯（M. Weber）認為現代化最主要的動力在於宗教與知識分子的智慧，然而這種重視理性與宗教道德的觀點卻不為後現代主義所贊同。在法國後結構主義解構的影響下，後現代主義所

揭櫫的價值是對變異性的尊重，同時肯定最大的文化價值就是多元化的發展。

根據威爾肯（Wilkin, 1993: 40-41）的分析，後現代主義贊成文化的多元變遷主要有三個理由：

1. 傳播工具瓦解了現代社會中原本合法性的價值：現代社會資訊的傳播已進入電子科技，傳播的媒介除了傳統的口頭傳播之外，以大量運用影像、圖形等重視感官的傳播方式，大眾文化與精緻文化在此情境下有交融的機會，人們有更多機會對不同的知識領域與人際現象，予以更廣泛的了解。因之，原本具有穩固合法性地位的普遍性價值逐漸受到挑戰與質疑，哈伯瑪斯（ J. Habermas）即指出，尼采對後現代價值轉移有其看法。尼采（ F. Nietzsche）主張以新的價值來代替一切傳統的觀念，不再只認為精緻文化才有被認同的價值。此種看法已指出文化多元發展的趨勢。

2. 對現代主義的現代性及現代性的後果加以批判：包曼（ Z. Bauman）指出現代性所強調的普全理性以及現代化之後全球會更趨於理性、一致性，所謂的美好生活的準則，因目前社會、政治、文化、經濟的條件變化多端，而無法完全達到。求同、統一的現代化典範普遍的受到後現代主義者的質疑。因之，包曼認為後現代主義正反映了社會多元變化的特性，它只是連結現代社會成為反映現代社會特性的一種文化紀元，但並非超越現代社會而存在的新社會。（Smart, 1993: 100-101）

3. 科學知識所強調的普遍知識與普遍自由所引申的「後設敘述」受到質疑：自笛卡兒（ R. Descartes）以來，強調我思故我在，將思考的我作為認識外物的理性基礎，並以神為宇宙中心，

為引導理性的主宰之觀點，受到尼采、海德格（ M. Heideg
ger ）、霍克海默（ M. Horkheimer ）及阿多諾（ T. Adorno ）
的駁斥，他們指出，一方面，人們因有其極限，無法把握到事務
的整體，另一方面則因人們的經驗具有個別性、矛盾性，無法完
全用理性加以通則性地全盤了解。解構主義所標榜的反中心性、
反二元論、反體系論，就是使普遍價值無法存在的標竿。因之，
根據蔡源煌的分析，後現代主義充份反映了反統合、反目的論、
反烏托邦的集體統一價值體系。（ 蔡源煌，民 81：120-122 ）

㈡影像、複製品是文化最主要的表徵

　　詹明信（ F. Jameson ）指出，在消費性社會文化被商品
化、複製化。所謂的客觀世界已經成為一系列的文本作品和擬
像、影像，個別主體已被解體死亡，擬像現象已是普遍的實在。
　　擬像（ simulacrum ）是後現代化中的一個重要特質：由於
影像、電腦資訊複印的發達與流通，文化得以大量複製，透過文
化工業產出與消費，進入了大眾的家庭，消弭了通俗與高雅文化
間的界限。同時，作品的大量複製，也使得作品原作的風格失
去，亦使真正的原作不復存在。因之，擬像的文化特質在於無法
確定現實究竟從何而來，又從何結束，文化的現實感因之失
落。（ Jameson, 1986: 230-232 ）
　　影像、電訊取代了現代主義中所強調的語言、文字的文化媒
介，成為後現代主義中的文化表現形式。現代主義企圖借用語言
表達出絕對的最後真理，因而特別強調言說，希望將很難以表達
的東西，盡量表達出來。然而，到了後現主義社會，說話不再是
控制語言主體的主要方法，語言本身即是發言主體，因之，後現

代語言表達的方式不再是「盡力說出」，而是沈默。沈默是後現代語言表達的類型。（Jameson, 1986: 189）此外，影像、電訊已取代語文，躍為文化的媒介，成為敘述文化的主角。

(三)文化現象呈現斷裂性、平面化、非理性、反主體、非歷史的特質

後現代主義一反十八世紀的啟蒙運動以來追求整體性、同一性、主體性的文化傳統，呈現出斷裂性、平面化、非理性、反主體、非歷史的特質。

後現代文化充份展露出傳統文化的歷史意義及深入意義的消退，鋪陳出一種沒有深度、沒有歷史感的平面。平面化（plateness）的特質主要是要消平四種深度的解釋模式：黑格爾辯證法、佛洛依德的深層心理學、存在主義及符號學理論。在詹明信的觀點中，上述四種深度的解釋模式與個人記憶、歷史傳統密切相關，而在後現代中，關於過去的深度感消失了，人們僅存在於現實──沒有歷史。後現代主義者認為歷史不過是一堆文本、檔案；記錄下來的歷史是不存在的事件或年代，留下來的是一些紙、文化罷了。

由此觀之，後現代與歷史間並沒有聯繫，產生了斷裂，並因而喪失了精神超越的內容與意義，形成了文化的離心、零散；感官與本能的強調，也使得文化的要素充斥了當下的感官化與商品化的特質。一切的文化意義逐築基於凡事都可，只要做過就有意義的泡沫事實上。影響所及，代表知識、思想發明的知識分子，不再受到重視：反智的文化傾向在擬像的文化特質中凸顯出來，知識分子不再是文化發展的中堅，他們喪失了掌握知識的權力，

取而代之的是大眾媒體以及個人對知識的自我支配。

參、後現代文化特質對成人教育的啟示

一、成人教育理論發展上的啟示

　　從前述後現代社會中的反智、重情；主張重視差異性的小巧敘述。誠如李歐達所指陳的「後現代知識的法則，不是專家的一致性，而是屬於創造者的謬誤推理（paralogy）或矛盾論。」（羅青譯，1989: 159）（Lyotard, 1984: XXV）。

　　後現代對凡事講求差異的敘述知識觀，直指每個人都有詮釋事物、批判甚或創造事情的知識權，這種觀點與費若本（P. Feyerabend）主張以方法的「什麼都行」的多元性，才能探究真理的可能性，是相通的，強調「異議」的重要性，以及個人「非理性」的後現代知識觀，無非使正在成形過程的成人教育理論不得不「停」、「聽」、「看」、「思」這個來自現代化反動的後現代知識論發展。也就是說，急需專業化知識基礎的成人教育，在邁向合理性建構知識的同時，也需要注意這股來自後現代文化衝擊的思潮之影響。

　　成人教育理論發展注意後現代文化特色的衝擊，並非就是迎合或完全接納其內涵。就很多學者的研究指出現代與後現代並非截然對立，誠如李歐塔（J.F. Lyotard）在其「後現代條件」（The Postmodern Condition）一書中即指陳後現代事實上為現

代的一部分。（Lyotard, 1984: 13-15）貝爾（D. Bell）也指出
由於現代化過程中「理性」不斷發展所造成的理性過度發展，失
去主體理性的偏失，才造成後現代主情的發展空間。（Bell,
1988）但這種觀點並不意謂著後現代是現代的延續而已，而是因
著「批判反省」現代特質的「追求效率，一致性理性，普遍簡
化，科層體制的僵化」等現象，而與現代性特質辯証相生。就此
可知，現代與後現代並非呈直線的時間分段關係，而是因就特質
相互批判辯證的關係。就這種關係性質而言，後現代因現代特質
而生，正在邁向科學化、專業化的成人教育理論之發展，在現代
化特質已明顯出現理性僵化，情感偏失，人性工具化的大都會地
區，如何思索黎文（David Michael Levin）所彰顯的後現代追
求意義的特質，從主體理性出發，在異中求同，同中求異的辯證
發展中，使成人教育理論早日系統化、科學化，但卻不拘泥於科
學邏輯的圍限或市場機能的商品化，在人人有教育權的民主脈絡
中，發展出多元的成人教育理論。在多元中動態發展並創新合時
合宜合情合理的成人教育理論，而不致於陷入混沌，裏足不前的
遲滯中。

　　多元的成人教育理論雖無法統一成像現代統一理性建構的巨
型理論，但因應不同族群、階層、區域，以及有不同個別差異的
學習者，卻往往可以不斷建構適合某些地區某些小部分學習人口
的中型或微型教育理論，常可發揮因地制宜的教育功效。因之，
未來成人教育理論的發展，不必然要以巨大的理論建構為唯一鵠
的，中型、微型理論的發展將逐漸受到重視，雖不足以取代巨型
理論，獨佔大都會地區的成人教育理論之鰲頭，卻將與之共存辯
證發展。

　　至於未受現代化理性摧殘的鄉村地區，追求現代化的專業理論仍然是需要的。只是在接受系統性的專業化理論的同時，將傳統文化中感情發展、聯繫的部分，與效率理性融合併生，將更有利於建構適合鄉間口語傳播、人際學習，感情影響教育成效，工作即是休閒與學習的未分化生活情境之成人教育理論的建構。

　　總之，後現代一反菁英才有知識建構權的看法，主張人人都有知識發言權；主張差異多元的敘述，顯然無法支持成人教育理論追隨實證主義、詮釋傳統或批判理論、系統理論的巨觀理論模式的興趣，而是在這之外，更彰顯出注重差異：鄉土、族群、個人差異在理論建構的重要性與合法性。「多元發展」「本土理論」以及「知識與權力的關係」成為成人教育理論建構的重要指標及必然的發展趨勢。

二、成人教育政策上的啟示

　　國家與市場機能在教育決策上的角色，以及成人教育政策主體是在決策機構，抑或在受教的民眾身上，一直是決策過程中爭議不斷的問題。這些看似矛盾的爭議實則可以由教育的價值性、教育性質以及教育主體理性與情感、價值，如何在知識獲得上周延被考慮。以成人教育而言，由於不同社會文化的價值體系、國民性格、以及國家政治民主程度、經濟發展階段迥異；再加上教育哲學觀點紛雜，成人教育政策的方式，到底採取由上而下的方式，抑或由下而上的草根方式，至今未成定論。同時成人教育訴諸國家發展需要或市場機能，在我國發展的狀況，除了基本教育由國家決定外，其餘的成人教育活動如一般教養與興趣，生活暨

職業素養，休閒及文化活動，大都以學習者自覺的需求為主，並由學習者負擔大多數的費用，屬於市場機能導向。這樣的發展狀況是否有助於我國成人教育的專業化、多元化，殊值得再反省。

根據德國比較教育學者米特（W. Mitter）對於國家與市場機能的分析指出後現代社會及文化特質，強調資訊、影像在知識建構的地位下，社會行動既不可能單純受到外控因素的影響，因之，無論國家干預教育，抑或市場機能按照個人需求的自由自主原則主宰教育活動及成效，都無法尊重到人類的「民主」、「人性」與「自主性」，尤其是教育專業的自主性更無法維護（Mitter, 1986: 79-89）教育在人類活動中是公共財，屬於公共領域，無可避免地將受到受教者需求、價值觀念，以及國家、市場、宗教、社會、價值體系的影響，而其影響，惟有在尊重「自由」、「人性」、「專業自主」與「專業品質」的基礎上加以考慮，才具有意義。簡言之，真正的教育在後現代社會脈絡中，不可能成為支配社會動力的主力，也不可能僅受少數社會勢力干預或支配、統領，誠如英國成人教育學者傑維士（P. Jarvis）所主張的，成人教育在後現代社會中，雖然主力來自滿足個人多元而差異甚大的教育需求，然其學習成果卻恆需受到社會大眾、社會價值體總的承認才有意義。（Jarvis, 1996）。

綜上所述，為了因應有些大都會地區後現代文化現象的盛行與衝擊，成人教育政策的擬定固宜考慮因應個人受教需求所反應的市場導向教育，仍宜在滿足個人需求之上，建構適合各個族群、團體所需的教育發展，同時在人性發展及個人需求之上，重新擬定批判性地發展文化的教育政策，使教育政策在個人領域與公共領域的發展連續歷程中，得以統合而非對立。

除了建構上述個體到文化統合的成人教育政策的理念之外，服務多數，尊重少數族群的多元文化成人教育，同時實踐教育資源的合理分配，以實踐實質的教育機會均等為因應後現代虛無教育的危機之策。據此，國家雖無法與成人中心的教育決策及市場機制影響下的教育活動抗衡，或扮演像過去的控制角色，尤其是政治意型態的操控，但至少國家在成人教育政策的擬定上及實踐上，仍然佔了主要的角色之一，與基金會、企業單位及其他民間團體同為協商成人教育政策的伙伴。因之，國家在尊重少數、異端的後現代文化特質氛圍中，扮演著更多協調、支持、合作的角色，以取代過去控制、獨佔、負全責的角色。

在政策擬定上，很顯然由下而上的方式會逐漸受到重視，各級政策的教育決策權也產生很大的變化，地方政府權力的增加，與其他單位的協調，合作關係的加強，為未來因應多元化、民主化、反統一的現代化潮流的革新動向。

在政策內涵上，學習者中心，少數族群的教育權尊重與實施，資源中心的教育會隨著社會權力的重新分配及擬像化發展動向而加強。

三、在教育內涵上的啟示

現代性與後現代性具有矛盾辯證的連續動態關係，使得未來成人教育在部份正在現代化的地區，以及部份已明顯出現後現代化的地方，將出現以下幾點重要的矛盾現象：

1.理性語文與個性化情緒語言的緊張對立：現代主義者強調以語言進行「理性」的真理協商。後現代重視的是異類（

others）聲音的發言權，強調將事件以個性化的情緒語言表達清楚即可，未必要有最後協商結果。

2. 共生的群體社會與主體碎片化的對立：現代主義強調以人類理性共營適合大家生存的群體社會，後現代主義在自我碎片化，一切都可以的理念衝擊下，個體的感官及異類的發言權，使得現代化中的社會自我瓦解，自我中的主體性也死亡，隨之而來的虛無，無法創造人深度反省及偉大存在的意義。

3. 文化穩定發展與彈性怪誕的對立：現代化強調統一價值目的的理念，可使文化在共同目標的指引下，穩定發展。後現代強調當下、無歷史，只求怪異，爭取發言權的無深度化，追求感官及通俗化，誠如美國歌星傑克森（M. Jackson）的表演團體，使觀眾在狂叫嘶喊中回到本我，發洩壓抑，加上獨特的聲光效果，解放的肢體語言，在在使關心文化精緻化、深度化者所不容。弔詭的是，此類通俗文化的感官刺激，以及不需負擔太多禮俗與超我的重量，正如燎原之火，乘著後現代化的風，到處飄動，即使是發展中國家的大都會，如菲律賓等，仍免不了受到後現代化如傑克森的波盪，這也正說明了即使在台灣有人無法接受幾年前青蛙王子跳躍無章的動作，卻也有些地方，一大票的人非常投入青蛙王子的魅力中，欣賞不已的現象。

4. 客觀知識的描述性質與敘述性知識的主觀評價之對立：傳統重視客觀知識的觀點，在後現代影響虛擬的認識觀衝擊下，以及電腦霸權勃起聲中，正受到知識合法性的質疑。尤其後現代運用語言的遊戲在變化中推陳出新，強調知識的「不可共量性」、「不完全資訊」、「不完全敘述」、「不連續性」、「弔詭性」等「悖理」（paralogy）情境，才是後現代的知識創造遊

戲規則。深具優勢的最後真理或協商性真理，後設論述的深根意義，在後現代的小巧性敘述知識，以及個人在知識中的詮釋評價權中蕩然無存。Anything goes 既然是後現代的理念標竿，敘述性的知識旨趣是探究「知道要如何，知道如何說，如何聽」，知道如何了解敘述者敘述及如何敘述的狀況，以及遊戲者不斷質疑的事實，比追求合法的真理，更為後現代主義的推崇。

5. 教育內涵的系統關連與當下意義的對立：現代主義強調真理的統一之可能性及協商性，在教育上注重有系統有組織的材料，透過師生理性、統整的自我加以詮釋、接受、批判；後現代主義則不看重如此嚴肅深度的教育內容，強調當下主體感受到的題材以及意義，不同人的主體片面溝通。當下事件的獨特性、新奇、感官化、衝突、對立、浮面、非理性、感情性等受到重視，並成為教材。

由上述五種現代主義與後現代主義的矛盾，爰歸納我國在因應現代主義的啟迪，避免現代主義與後現代主義的負面衝擊之際，成人教育內涵置諸兩者互動而非直線反動的關係脈絡中，擬定的原則如下：

1. 一致──多元的對立與併存：成人教育那些內涵要在後設認知，統一價值、文化發展中實踐，那些內涵要在人人有發言權，另類聲音的尊重中，重新建構　，是成人教育首需釐清的。

2. 理性──感性的矛盾與融匯：成人教育內涵的邏輯組織、系統性、專精化如何繼續受到重視，然而成人學習中的情緒障礙與輔導，以及成人情緒 EQ 的教育也宜逐漸受到矚目，並加入教育內涵。

3. 價值──感官的斷裂與統合：在後現代感官化、新奇化、

浮面化、擬像化的文化特質中，人的自我主體性逐漸殞落，另類依賴成為現代人填補虛無，追求社會支持的途徑，於是宋七力、妙天禪師、清海無上師各自運用不同階層可接受的媒介及修行方式，而將人類的心靈在宗教儀式及產品商業化的交換中，推向另一層次的工具化、虛無化，而信眾卻無所覺察，緊抓著一份宗教的倚賴，沈浸在儀式、修行氛圍所創造的感官滿足虛幻中，失去了價值主體性，自己為求主體開展，反成為客體。這種現象凸顯了台灣不管受教育程度的高低，價值的重新建構，以及感官滿足的定位宜再重新深思。

4. **批判──敘述的二元與連續**：深度意義與價值的追求，理論的後設批判是教育專業承自實證主義、批判理論的發展方向。然而個別事件當下意義的異類小巧敘述卻深受後現代鍾愛，注重事件本身的敘述與感覺表達顯然與現代主義的理論體系建構及事件的最後目的的專業要求迥然有別。兩者是否有並存於適當領域的可能，而非融合，實為成人教育在專業科學化與彈性多元的教育發展性質中宜考慮的重點。

5. **學習──反智的拉力與辯證**：現代主義強調人類理性發展在人類活動及文化發展上的意義，故樂觀地主張人人建立學習的習慣、培養學習能力，隨時隨地學習，以達到學習社會的目的。然則，後現代主義中的知識份子地位在重視影像、電訊傳播及快速的資訊發展中式微。反智思潮乘著膚淺的速食、商品化文化之車，更行惡化。後現代社會衝擊下，我國成人教育在眾多社會問題的挑戰，如反菁英、權力主義、無政府主義的隱晦待發，反諷及本我的擴散造成社會的責任隨時流失，人性主體的殞落，虛擬幻象的人性迷惑，同性戀、雙性戀的合法呼籲，新神秘主義的興

起，即與無深度的人類行為及大眾傳播等脈絡中，如何在強調人人學習的機制與反智開放中辯證進步，藉著反智的反思自由，在生活上藉幽默、遊戲、創造等活動方式，把握人類文化轉型的新契機。

6. 公益──商品的緊張與分工： 在精緻文化中的精神文化核心如文學、音樂、宗教及文學、音樂之外的藝術在文化傳承與創新上，其地位與角色與物質文化同等重要，然而在世俗化、商品化、膚淺化、感官化的後現代社會背景中，我國國民的欣賞素養水準，誠如李亦園教授所言，僅及感官層次，尚未達到基本的素養。他列舉的欣賞素質，包括三個步驟：（李亦園，1996: 139）

(1)對文化傳統邏輯的比照，

(2)藝術類別的辨別與品評，

(3)意義的實現。

上述藝術素養的步驟在教育商品化的資本主義體系中，很難達成，此外，部分失學民眾的基本教育，或社會變遷過程中的功能性文盲教育、文化素養教育，在商品化的教育邏輯中，很難被列為重要的教育內涵，除了職業訓練，工作倫理教育之外，因之，精神層次的素養教育宜由政府或非營利組織來推動，職業及生活技能、工作倫理教育由工作組織及商業機構負責，自可兼顧成人教育的理想目標。

7. 經驗──遠距學習的兩極與併存： 工業化及後工業化社會變遷中，人的生活層面除了職業及家庭生活之外，愈來愈多的人不再依賴人與人直接的互動，以及個人化深入的相互理解與親近的關係生活，生活中有一大半以上的時間及生活活動，因電視、網路、錄影帶、影碟的發明，而生活在虛擬的符號、影像世界。

符號、影像都屬於人的間接經驗，是符號、影響事實，不是親身感覺到、體驗過的事實。工業化、資訊傳播媒介未發明前，成人教育的學習以實用的體驗教學為主，後現代社會，溝通學習的孔道以網路、電視、廣播、電腦軟體等遠距教育媒介為主。兩者的學習媒介各有其特性、功能，也有其限制，如遠距教學較難練習技巧學習，體驗教學則比它來得好。語文教學，資訊提供等則遠距教學比體驗教學經濟、方便，一次教學所能影響的人較多。

8. **依賴──平權的對立與消長**：尊重專業，同時尊重具有專業的教師權威是現代社會普遍的現象，師生的相互依賴在「尊師重道」的專業權威中形成，到了後現代反權威、反中心的文化氛圍中，平權的師生關係受到倡導。然而，平權是否變成學生不尊重教師，以及對知識探究的失去投入感的藉口，也是值得注意的事。

9. **價值──慾望的拉扯與連結**：麥克傑克森歌迷的風迷道盡了青少年追求滿足慾望、感官的次文化，也指陳了訴求感官，尊重個體慾望的後現代文化現象與現代社會注重較長久深遠價值的建構，迴然有別。深具彈性化的成人教育如何接納慾望與價值的動態關係，成為成人教育實施的重點。

10.**權力、資本、知識的對立與共生**：在知識的形成過程中，現代主義社會主要由知識份子、統治階層擁有權力，後現代社會中，知識權在平權、資訊的衝擊下，變成多元化、商品化。受教者、出版商、媒體經營者、統治者都掌有某些影響力。成人教育的知識發展權在政治經濟學的視野下，展露未來動態影響的共生生態，取代現代社會執一的支配關係。

依據上述現代主義成人教育與後現代成人教育，在表面上似

乎相反的對立緊張原則，實則在實踐過程中有相互激盪，相克相成的關係產生。準此，上述十項內涵發展原則，正孕育了幾種當今成人教育在導引現代與後現代衝擊之下的成人教育，達成以下幾點目標：

1. 培育成人具有真正相互尊重差異的民主素養；

2. 建立人人有品質地參與社會，確立發言權的公民文化；

3. 確立新的價值教育，尤其是資訊、媒介倫理的探究；

4. 尊重感官滿足的權利，重新建構理性與感性動態發展的情感教育；

5. 培育公民深具思考力、協商力、批判力，真正實踐異類多元發言權的民主尊重理念；

6. 實踐多元文化教育；

7. 以自學、遠距教學等較經濟的教學方法，避免教育商品化，經濟因素拉低成人教育素質之弊病。

根據上述幾個原則，成人教育在後現代主義逐漸解構的衝擊中，有幾項教育重點，將成為現今及未來的發展趨勢：

1. 民主素養及文化素養教育；

2. 公民文化經營教育；

3. 價值重建教育；

4. 情感及意志教育；

5. 批判思考教育；

6. 多元文化教育，包括少數民族教育、老人教育、勞工教育、兩性教育等重點；

7. 資訊、媒介倫理教育；

8. 資訊、圖像教育；

9. 自我省察及自處的學問，包括人類主體性的肯定教育；

10.重建植基文化價值的人際美感教育，如尊重、體諒、禮讓、原諒、包容、容忍、合作、互助、關懷等。

四、在教育人才培育上的啟示

從上述成人教育的實施原則及重要內涵來看，未來成人教育人才的培育將因成人學習型態的變化，由班級教學轉到以資源為主的學習，如遠距數學、自學學習等，使得成人教育不再因循學校教育的三大類人才：課程規劃、行政人員、教學人員的培育，而是加強方案規劃、學習諮詢人員、成人教師的培育，行政人員需求量變得少之又少。

方案規劃人員主要工作是負責診斷當前最需要或最重要之成人教育問題，並提出可行性之方案，如就我國最急需的方案，如老人教育、兩性教育及專業繼續教育，最重要者為公民及文化素養、工作素養、基本教育等。學習諮詢人員負責將學習資源與學習需求聯結起來，在後工業社會，愈來愈多的成人其學習型態趨向於運用電腦、網路、影像、資訊自行學習，因之，學習諮詢人員只要在方案規劃者設計好自學的 Package 之後，協助學習者測量自己的學習風格、潛能、起點行為，再引導其有計劃有步驟地運用適合的資就可以了。如有學習困難，再由諮詢人員加以診斷、輔導，因之，諮詢人員的工作為測驗、評量、診斷、輔導。成人教師則運用在某些人某些題材上，其主要工作是面對面的教學。此類教學是因應有些較場地依賴類型的成人，其學習成效較依賴人與人直接互動的環境，此外有些成教內涵如自我省察及自

處的學問、情感、意志教育、親職教育，如果重點在於行為的改變，那麼成人教師就有存在的必要。至於行政人員只是做人員、資源的調配而已，在未來日趨個性化、商品化的成人教育上，所佔的地位大大不如學校教育。以此觀之，後現代文化衝擊下的成人教育人才，首需培養優秀的方案規劃者，學習諮詢人員，其次才是成人教師，最後才是行政人員。如此才能充分發揮成人教育多元、彈性、開放的教育實施特質，減少課程惰性造成的課程改革的僵化。

肆、結論

　　教育的實施，脫離不了文化動態發展的影響，台灣近幾年來，在經濟奇蹟，政治認同，社會發展充分資本化的過程中，大都會已逐漸出現後現代與現代化發展動向的對立與相成的型態發展趨勢。新舊價值及語言類型紛雜並陳，充滿了緊張、不協調的矛盾。兩極化的文化現象，如追求批判思考，永恆價值的熱忱，與只看眼前，不思偉大意義的宣稱，比比皆是。成人教育置諸這股無可避免的文化動態發展的衝擊下，在理論上呈現出「多元化」、「本土化」的發展動向。在政策上，國家的角色由支配轉為與民間機構協商、合作的角色。在政策決策上，決策權的多元化及協商是後現代衝擊下，無可避免的革新方向。在教育內涵上，個人需求滿足暨社會文化發展目標並存，同時在現代理性探究與後現代感官滿足的矛盾中，壓擠出幾種成人教育將成為未來發展的重點，如民主、文化素養教育、公民文化營造教育、價值

教育、情感及意志教育、批判思考教育，多元文化教育、資訊、媒介倫理教育、自處的生命之學、人際美感教育。而為了達到上述發展的重點目標，方案規劃、學習諮詢人才是成人教育最優先要培育的，其次才是成人教師，行政人才則是輔助性的人才。

綜上所述，我國成人教育急需努力的方向清晰可尋：

一、加強國家、政府單位與民間團體的協調合作。

二、加強民主、文化素養教育：公民文化教育，重構文化新元質。

三、加強情感、價值、資訊、媒介倫理教育。

四、重視自我肯定及人際關係美感教育。

五、推展多元文化教育、重視兩性教育，而非只有婦女教育。

六、規劃人才培育計畫，加強學習諮詢、方案規劃人才的培育。

七、推展資源中心的學習型態，擴編預算編寫各類自學及遠距教學的 Package，成立成人學習資源中心，獎勵成人自學。

八、加強成人批判思考教育，避免文化發展的粗俗化、膚淺化、深耕文化沃土。

（本文第二部份引自拙作後現代的成人教學第二部份，特此註明）

☜參考書目☞

王岳川（民81）。後現代主義文化研究。台北：淑馨。

王岳川、尚水編（民81）。後現代主義文化與美學。北京：北京大學出版社。

王秋絨（民80）。批判教育論在我國教育實習制度規劃上的意義。台北：師大書苑。

唐小兵譯 Jameson, F. 著（民85）。後現代主義與文化理論。台北：當代。

楊深坑（民81）。後現代文化與美感教育，載於師大人文教育研究中心，美學研習會專輯。台北：師大中等教師研習中心。

蔡源煌（民81）。當代文化理論與實踐。台北：雅典。

Apps, J.W.(1991). *Mastering the Teaching of Adults*, Florida: Krieger Publishing Company.

Bagnall, R.G.,(1981) Continuing Education in Postmodernity: Four Semantic Tensions, in *International Journal of Lifelong Education*, vol.13 No.4.

Candy, P.C.(1981). *Mirrors of the Mind: Personal Construct Theory in the Training of Adult Educations*, Manchester: Department of Adult and Higher Education, Universty of Manhester.

Carr, W.(1995). Education and Democracy: Confronting the Postmodernist Challenge, *Jounal of Philosophy of Eeducation*. vol.29., No.1.

Cranton, P.(1989). *Planning Instuction for Adult Learners,* Tronto: Wall & Thompson.

Derrida, J.(1972). *Margins of Philosophy,* Chicago: The University of Chicago Press.

Habermas, J.(trans.by Tn. McCarthy)(1976). *Communication and the Evolution of Society,* Boston: Beacon Press.

Holinger, R.(1994). *Postmodernism and the Social Sciences,* London: Sage Press.

Hassan, I.(1987). *The Postmodern Turn,* The Ohio State University Press.

Lyotard, J.−F.(1984). *The Postmodern Condition: A Report on Knowledge,* Minnesota: Minnesota University Press.

Rosenau, P.M.(1992). *Postmodernism and the Social Sciences,* New Jersey: Princeton University Press.

Rust, Val.d.,(1992)Postmodernism and Its Comparative Education Implications, *Comparative Education Review,* vol. 35, No.4, pp.610-627.

Smart, B.(1993). *Postmodernity: Key Ideas,* London: Routledge.

Smeyers, P.(1995). Education and the Educational Project 1: the Atmosphere of Postmodernism, *Journal of Philosophy of Education,* vol.29, No.1.

Steven, B. & Douglas, K.(1991). Postmodern Theory, London: Macmilan Distribution Ltd.

Waugh, P.(1992)(ed.), *Postmodernism,* London: Edward Arnold.

Westwood, S., "Constructing the Future: A Postmodern Agenda for Adult Education.", in S. Westwood & J. E. Thomas (1991), *The Politics of Adult Education*, Leicester: National Institute of Adult Continuning Education.

Wilkin, M.(1993). Initial Training as A Case of Postmodern Development: Some Implications for Mentoring, in McIntyre, D. & Hagger, H. etal. (ed.) *Mentoring: Perspectives on School-Based Teacher Education* London: Kogan Page Ltd.

Yang, Shen-Keng(1995). *The Dialectic of Modernism and Postmodernism: A Cultural Dynamic of Globalizing Teacher Education*. Paper Presented at 1995 Annual Meeting of the Comparative Education Society.

Westwood, S.(1991) "Constructing the Future: A Postmo dern Agenda for Adult Education", in S. Westwood & J. E. Thomas, *The Polictics of Adult Education*, Leicester: The Natonal Institute of Adult Continuing Education.

Foley, G.(1993). Postmodernism, Adult Education and the "Emancipatory Project": A Review Article Convergence, vol.26, No.4. pp.79-88.

Moseley, D.(1995). Critical Theory and Postmodernism-Are They Relevent to Labour Market Trainning? *Australian Journal of Adult and Community Education*, vol.35. No.1. pp.61-67.

Welch, A. R. (1996) *Tradition, Modernity And Postmodernity in Australian Education*, Paper Presented at International Symposium on Educational Reform-from Tradition to Postmodernity.

成人教育實務

5

成人教育
需要的意義與評量

壹、前言

在成人教育方案設計的過程中，特別重視教育需要的評量。成人教育者認為透過評量，可了解教育對象的特質、需要，是發展教育方案的必要步驟。

有關教育需要的討論，在成人教育文獻中，都偏重於技術上的考慮，較少哲學和規範的考慮。

前者是以行為目標的觀點，強調以科學的客觀程序，實徵地評定存在於事實中的需要。

後者，則以分析需要所植基的假定或原因，批判需要評定的合理性基礎。

本文為了更釐清教育需要評量是在發展教育政策或實際的教育方案中的地位與功能，嘗試著這兩種取向，分別敘述它們在教育需要意義及評量上的不同觀點。

貳、教育需要的意義

討論教育需要的學者很多，諸如諾而斯（M. Knowles），波特（R. P. Ancham Bault），阿特烏德（H. M. Atwood），格林芬斯（W. S. Griffith），柯諾克斯（A. B. Knox），莫內特（M. L. Monette），斯科文（M. Scriven），華特森（C. D. Watson），這些學者多以行為目標的觀點，預定受教者存有某

些教育需要，因此往往從何謂需要的名詞界定中，去說明教育需要。

　　根據莫內特，從 ERIC 的文獻探討中，發現持這種觀點的學者，所認為的需要意義，不外以下四種：

　　一、為基本的人類需要：此種觀點認為需要是一種引發個體動機的不足狀態，是無法觀察，需從推論而得的一種身心狀態。B. J. James 認為此種需要性質的歧異性、一般性及可爭論性，並無助於教育家選擇合適的教育目標，只能用以了解在實際教育活動中，受教者可能展現的身心特質而已。

　　二、受教者所知覺或表現的需要：代表受教者個人想學某種東西的渴望（desire or want）。此時需要意味著帶給個人滿足的方法、手段、或孕含著某種終極的目標。其中，由個體所知覺到的，叫自覺需要（felt needs），而個體將知覺化成要求某種教育服務的行動，就叫表達需要（expressed need）。

　　三、規範性的需要（normative need）：由專家所定的期望標準與實際觀察所得的差距稱之。由於專家所持的標準可能會衝突，這種需要的評定不再只從單純的客觀性事實可獲得，而牽涉到不同身份的專家之價值判斷。

　　四、比較性的需要（comparative need）：從比較接受教育服務與未接受服務者的特質中加以衡量。凡是未接受服務者具有與接受者相同的特質，就可斷定未接受服務者具有與接受服務者相同的教育需要。

　　從上述需要的定義看來，前兩者著重受教育者個人的動機、渴望，後兩者則強調必須某種參照標準，予以比較後才可獲得需要之程度。

　　上述的定義，莫內特及弗雷勒都認為教育者僅從名詞的意義中加以釐清一些概念而已。並未分析需要意義所根據的假定是什麼。因之，他們認為探討教育需要的意義不只是去追尋一些可客觀檢驗的實徵性事實而已，而是將需要看做是一連串複雜的價值判斷。實因存在的事實不一定意味著是好的、對的、為大家所期望的。而教育並無法避免價值判斷。準此，說明教育需要從各種概念定義中去分析每個定義的立論基礎及價值判斷。如成人教育者以受教者的自覺需要當做教育需要，無疑地認為教育具有以下兩項特質：

　　1.教育者與成年學生具有平等的指引教育活動的權利；

　　2.教育過程強調個人領悟或主觀反應的個人發現的歷程；

　　這種考慮雖基於民主原則，承認學生參與教育的決定權利，但也意味著學生已充份地受教育，才可能參與有意義的教育過程之討論，而學生是否具有此種討論有意義教育歷程的能力，實令人置疑。如無或不充分，教育者如何根據社會的職責，哲學性的考量，去選擇一些有價值的教育活動，就成為教育者不可避免的責任了。

　　從上述的分析來看，以哲學的觀點而言，教育需要的意義是不斷從批判或檢驗某些概念所隱含的原由中去分析其意義的合理性基礎為何，其旨趣不只在正確地釐清需要語言本身的意義，而是進一步探析教育需要立論的合理性基礎。

參、教育需要的評量

麥克金來（J. Mckinley, 1973）依據訴諸受教育者個人特質或體系需求，提出三種需要評量模式：

一、個人自我充實模式（Individual　Self—Fulfillment Models）又依是否具有特定之目的分為隨意的模式（random appeal model）與選擇性的模式（Selective appeal model）。前者是指去發現人口當中大部份可能參與教育活動者的需要。此種模式依個人的興趣、希望而評定。後者是指去測量某群特定對象的已知需求，這種模式較強調維持推動某些教育活動的市場，缺乏實際測量學習者需求的精確性。

二、個人的評估模式（Individual Appraisal Model）：由受教者有意識地參與決定自己的學習。

三、體系差距模式（System Discrepancy Model）：此模式用以發現社會體系中的教育需要，主要是評量某一社會體制中的現況及其應具有的情況之間的差距，以便解決體制之問題，並獲得某些所期望的特殊目標。強調解決體制問題的評量是稱為問題需要模式（problem need model），為獲最某些特定目標的衡量，稱為目標認定模式（Goal—Identification Model）。

無論用那個模式評量需要，研究者都共同關切到底由誰來評量才會真正評量到確實的需要（real need），而不是被認定的需要。

由於牽涉到誰來評量才會判斷真正的需求，P. Freire 指出

上述認為需要是預先確定的行為目標評量取向，不足以完全說明教育評量的真正性質。他以為評量不能只討論由誰評量，要用那一種較有效的方法或程序的技術性問題，而需要進一步研討評量過程中，有關教育過程中的人的概念、實體的概念或求知的概念。

他將教育看做是一種教育者與學習者之間個別的生活型態的批判性對話的歷程，因之，所謂教學模式旨在發展個體具有轉變社會實體的自由，而非要個人去適應既定的社會體系。用這種觀點，Freire 指出教育需要評量就是教育者在教育活動中，與受教者繼續不斷地進行批判性的對話，以便更真確地關心到教育應有的價值。

在評量中，他認為要從下面三方面的問題去深度地問出教育目的，才能使需要評量具有更合理的教育意義——

1. 使成人教育者認定的價值，及存於社會文化情境中的價值明顯地表示出來，使我們更認清到底何種社會文化價值為教育者所選擇並堅持？

2. 清楚地說明應用於教育活動的心理模式，使我們更了解我們對人類性質的看法如何：對學習操作的概念持何種看法？

3. 將教育活動的性質明確化：即注意以下兩個問題：我們的教育模式將會發生什麼？又我們所指的教育活動的意思是什麼？

唯有不斷地從上述三種問題中，去衡量教育需要，才不致於陷於目標模式將評量看做直線式或循環式的過程，而非多元的、自由的，富於生機變化的不斷批判性歷程。

總之，科學的工學模式的教育需要評量可依一套預定的有效程序，企圖搜集一些有用的資料，準確地評量出受教者或社會體

系的教育需要，以為提供教育方案訂定教育目標的依據；然而，
Freire 等人，則以為純粹科學性的分析是不足以確定合理的教育
目標，需要從哲學的、歷史的、政治的、美學的觀點，以不斷的
價值批判，去檢驗教育需要意義及其評量的合理性基礎為何；因
此此種觀點旨在進一步關心教育方案成立的價值所在，可綜評教
育方案中以教育需要訂定教育目標，指引教育活動的合適性。

　　基此，成人教育為了確定方案設計的方向或擬定新的政策
時，宜注意教育需求的科學工學模式及哲學批判模式的不同觀
點，從其原有的立論依據中評析教育需要的意義，運用、功能及
限制。切忌一謂地扛著教育「民主」化的「教條」，無論那一種
方案或政策決策過程，都完全反應著成人的自覺或表達需要；否
則成人教育的前瞻性、彈性化本質將消失殆盡，而無法開展以成
人教育創發人類價值的意義。

☞參考書目☜

黃政傑（民 74 ）。課程改革，台北：漢文書店。

Atwood, H. M. I Ellis, J.(1971). "The Concept of Need. Analysis for Adult Education" *Adult Leadership*, 19, pp210－244.

Freire, P. (1970). *Pedagogy of the Oppressed*. N. Y. Herder and Herder.

Griffith, W. S. (1978). "Educational Needs. Definition. Assessment, and Itilijation", School Review 86, pp382－394.

Knowles, M. (1970). *The Modern Practice of Adult Education*. N. Y. Association Press.

Monette, M. L.(1977). "The Concept of Educational Need: An Analysis of Selected Literature", *Adult Education*, 27, (2), pp116－127.

Monette, M. L.(1979). "Need Assessment: A Critique of Philosoplical Assumptions" *Adult Education*, 29, (2), 9983－95.

Pemingtion, F. C. (Ed)(1980). *Assessing Educational Needs of Adults*. London: Jossey－Bass Inc.

Tyler, R. W. (1949). *The Basic Principles of Curriculum and Instruction*.

6

社教館技藝研習班的性質與目標

壹、前言

綜觀世界各國成人教育的推動史，可發現在不同的社會、政治、經濟、文化的背景下，成人教育活動方式常與時推移。其中經久不衰，且歷日彌新的活動之一則為技藝研習班。技藝研習班自十九世紀成人教育發軔時期，即為成人教育的重要活動之一；二十世紀之後，在各國政府力倡成人教育的制度化、專業化的發展趨勢中，成人教育活動可謂推陳出新，時有更迭，然而技藝研習卻仍為各國政府用以協助國民提高生活技能及素養的核心活動之一。

技藝研習在成人教育發展過程中，一直維持其教育民眾的重要地位與功能。它是最不受社經階層影響，人人都喜歡且可以學習的活動；因之，具有比專業成人教育更普及化、大眾化的特質。舉凡各國重要的社會教育機構，莫不以技藝研習為民眾教育活動的核心：美國的社區中心（community center）、英國的成人教育中心、社區學校、法國的文化館（Les Maison de la Culture）、丹麥、德國的民眾高等學校（Folk High School, Volkhochschule）、日本的公民館、我國的社教館、文化中心及女青年會、青年會等機構，莫不廣設技藝研習班。由此可知，技藝研習是各國推動成人教育的主要活動，可見其重要性。

為了使技藝研習發揮其在成人教育的地位與功能，首先需要訂定合宜的研習目標，方能有效達成技藝推廣教學的成效。基此認識，本文首先探討技藝研習班的性質，以為分析技藝研習目標

的基礎，繼之，以台北市擬訂技藝研習目標為案例，探究技藝研習目標訂定過程中宜考慮的因素，最後並歸納出台北市技藝研習班的一般性目標，以為台北市相關社會教育機構推動技藝研習的參考。

貳、技藝研習班的性質分析

技藝研習存在的地位、功能與理由，需要從技藝研習在生活當中的意義加以了解。

從個人的生存需求來看，馬斯洛（A.H. Maslow）指出，人有各種生理、心理、社會及存在的需求。（林寶山，民 66:100－103）技藝研習可以屬於生理需求層次，也可以屬於心理及存在的需求層次。一般民眾學習技術或藝術，如果為了謀求生計，則是屬於生理的需求；如果是為了滿足個人美感的經驗，表現存在的需求，則是屬於心理及存在的需求。由此可知，就技藝活動的性質來看，它在人類需求上，具有兩元的性質，一方面屬於人類基本生活的需求層次，另一方面屬於高層次的動機層次。

明德基金會民國七十三年的研究指出，社會大眾參與文化中心藝文活動的目的不外乎以下幾項：（明德基金會，民 73）

1. 增長知識，
2. 增進文化修養，
3. 調劑生活，
4. 學習技藝，
5. 結識朋友，

6. 打發時間。

由這些目的可以了解，我國社會大眾學習藝文主要目的多數在於滿足社會的需求：增長知識、增進文化修養、結識朋友。其次才是滿足心理的需求：增長知識、調劑生活、打發時間、學習技藝。而以滿足生理需求為目的：學習技藝的成分則相當地少。從這樣的調查，可以推論，民眾並不期待文化中心扮演謀生技藝的訓練角色，而是提供一種人文陶冶或休閒教育的機會。

社教館是一個綜合性的社會教育機構，與文化中心的性質很類似。如果參酌上項文化中心民眾參與藝文活動的目的來看，民眾對社教館技藝研習班的期許，將是偏重於馬斯洛所謂基本生活需求的心理及社會需求的滿足，較少屬於生理及生存需求的層次。

綜上所述，就個人需求的層次而言，技藝研習的目的，有可能包含人類基本的需求及存在的需求層面。但就我國民眾參與藝文的實際目的來分析，可以發現他們較重視藝文研習的心理、社會需求滿足的層次。由此可知，民眾技藝的研習需求層次屬於杜留諾斯基（J. Drownoski）、史高特（W. Scott）所說的基本文化生活需求層次。（李建興等，民 77:12）

就文化的觀點而言，技藝研習是文化的主要要素之一，與科學、宗教、道德同等重要，也是人人都能參與創造的文化活動。但因為文化活動的參與常受到社會、個人因素的影響，從很多實證的研究中發現參與技藝研習的人，常是中產階級以上的人。文崇一的研究指出，各縣市文化中心活動的參與民眾當中，以公務員、學生居多，而教育程度較低者、農人、工人、家庭主婦則較少參與活動。（文崇一，民 73:138－139）漆敬堯、鍾思嘉等人

的研究也指出，教育程度較高的成人，較喜歡參與層次較高的文化活動，對未來的文化活動期許也較高。（漆敬堯等，民 72:172－173）

豪哲（A. Hauser）在藝術社會學一書中，也指出人類對藝術的喜好風格深受社經背景的影響。這種理論點與馬克斯（K. Marx）認為經濟因素會影響藝文的喜好之論相同。他們共同主張中上階層的人較有錢、有閒、有涵養參與較抽象的藝術、文化之欣賞與創作。（Hauser, 1982）

由此可知，無論就理論或實務的資料，都可以發現參與技藝研習的人，以中階層居多。然而就技藝本身的性質而言，它可能同時分屬於人類基本的生理需求及較高的存在需求。此外，如果以馬克斯的工作觀，將它當做存有的社會活動之一；也接受巴西成人教育工作者弗雷勒（P. Freire）的看法，將它當成人人都享有的存有開展的社會實踐活動，那麼技藝研習是每一個人都可以參與，並成為參與社會活動的方式之一。以此觀之，技藝研習班宜由人人參與。唯一值得注意的是，技藝研習的類別、時間、地點、方式，將因社會階層不同，而予以彈性安排，才不會將技藝研習的參與興趣人口壓縮到多集中在較有閒、有藝文、技藝學習習慣的中階層人士身上。

總而言之，從個人需求及社會文化需求、馬克斯、弗雷勒的觀點而言，技藝研習是人人應享有的文化學習權利，但因參與者興趣、能力及其他參與的阻礙因素，如研習班的類別、時間、地點、方式等與研習習慣的配合失調，以致根據目前的實證研究，可以發現技藝研習者的參與率，以中階層的人士居多。

然而，英分析哲學家皮德思（R. S. Peters）指出教育的規

準需合乎認知性、志願性、價值性。（歐陽敎，74:19－22）弗
雷勒、吉諾克斯（H. A. Giroux）也指出敎育無可避免地牽涉
到價值判斷，而敎育的價值在於引導人人開展尊重別人，並被人
尊重的存有權利。（王秋絨，民79）以此而言，社會敎育館技
藝研習班的目標，不應偏重於提供中階層人士的敎育研習機會。

　　換句話說，從敎育的性質及技藝研習基本上是為人人享有的
文化參與、創造的權利觀點而言，技藝研習班具有以下幾項性質
：

　　1. 技藝研習的目的在於提供人人具有滿足社會、心理、創
作、開展生命表現意義的敎育機會；

　　2. 技藝研習方法、時間、地點、方式需隨著社經背景不同而
具有彈性。

　　3. 技藝研習班成員集中於服務中階層人士，顯示民眾敎育的
不均等狀況。

　　從皮德思的觀點，敎育要在民主價值的前提下，盡可能地提
供各種必要受敎人員往更好方向發展的機會，技藝研習人員的趨
中現象，顯示中下階層的生活層次受到生活條件的限制，如忙於
生計，無暇顧及更高層次的敎育文化需求；或因時間、能力不
足，而沒有興趣參加技藝研習。這些障礙，使他們原有發展自我
的權利，被壓制而不自知。因之，他們無法覺察到自我的需求，
主動去參加研習活動。這種狀況，依弗雷勒的看法，並不表示他
們無法學習或不願意學習，而是施敎機構沒有考慮他們的障礙因
素，依據敎育價值的理念，宜從他們會關懷且可以理解的社會實
在世界開始引導他們學習，以確保其學習權利。（
Freire, 1970）也就是說，他們學習的內涵與方法宜與中上階層

有別。

　　根據王秋絨對國內快樂兒童中心在福民社區、西園國宅、萬華低收入戶所推展的社區活動訪談中，發現不識字及國小程度的婦女，仍然很有興趣參與合唱團、吟詩班，只是他們唱歌、吟詩是取材自較簡單的台語歌或民間詩，少部分是國語，（王秋絨，民 80:74－78）從這樣的推展經驗，似乎可以說明，藝文、技藝的學習是人人普遍的需求與權利，不因社會階層的高低有別。但是教育內容與方式則因社會階層的不同，而有所差距。

　　總之，從技藝學習的性質而言，技藝研習班宜透過適合各種階層的教育內涵與方法，滿足人人都具有的技藝學習需求，以達到民眾教育均等的社會發展目的。

參、訂定技藝研習班目標的影響因素——台北市案例分析

　　從前述技藝研習的性質分析，可以發現技藝研習班的教育目標，除了提供民眾技藝研習的機會，還需達到以技藝會友，以技藝充實心靈，表現生命成就感的潛在教育目標。換句話說，依技藝研習的性質而言，技藝學習只是顯著的主學習，其副學習宜使學員能滿足其社會、心理的需求。

　　然而，確立技藝研習班的目標，除了考慮技藝研習的性質之外，依據課程學者泰勒（R. Tyler）、斐勒（D. Wheeler）的看法，教學目標宜考慮幾方面：（王文科，民 77:119－127）

　　1. 所有教育的最終目標，
　　2. 教育活動的短期目標，

3. 各類教育的特定目標，

考慮上述三種目標層次宜從個人特質與需求、社會目標、教育哲學著手。本部分將依據一些現有的指標或二手資料，以台北市為例從個人特質與需求、社會狀況、教育哲學理念，探究台北市民技藝研習目標訂定的影響因素。

一、台北市民的特質與學習需求

㈠台北市民的特質

1.性別：

民國七十八年，台北居民已達二百七十萬二千六百七十八人。其中十五歲以上人口為一百九十四萬五千人，男性佔百分之四八‧六，其餘為女性。可見台北市民十五歲以上的人口，男女性別差不多。（台北市政府，民 79 ）

2.年齡：

表一　七十八年台北市民人口的年齡分配

年齡 統計量數	0～14	15～24	25～49	50～64	65＋
N	683,003	453,128	1,109,057	294,156	163,304
%	25.3	16.8	41.0	10.9	6.0

N＝2,702,678

從表一的統計可看出，台北市有四分之一是依賴人口。就十

五歲以上的就業人口來說，以青、壯年居多，約為就業人口的五分之二，其次是依賴人口，再次為青少年。

3. 教育程度：

　　就教育程度而言，六歲以上的人口，不識字者有八萬三千八佰九十四人，佔全人口的百分之三‧一，其中女性佔了百分之六八‧二。可見不識字的文盲，女生約為男性的二倍多。自修者佔〇‧七八，小學佔二六‧二。此外，約有百分之一六‧九為初中（職）畢業，百分之三〇‧五，為高中（職）畢業。專科畢業者佔百分之一〇‧六，大學以上佔百分之二二‧二。（見表二）

表二　三個年度六歲以上台北市居民之教育程度比較

教育程度 統計量數 年度	不識字 N　　%	自修 N　　%	小學 N　　%	初中(職) N　　%	高中(職) N%	專科 N　　%	大學 N　　%	總計 N
68	113,285							
	男32,742　5.9	29,384　1.5	710,574　36.7	332,323　17.2	435,205　22.5	130,269　6.7	185,265　9.6	1,936,305
	女96,543							
73	100,036							
	男29,537　4.6	26,428　1.2	693,861　31.7	369,419　16.9	578,934　26.5	183,273　8.47	233,956　10.7	2,185,907
	女70,499							
78	83,894							
	男26,686　3.4	21,256　0.86	643,764　26.2	415,993　16.9	750,737　30.5	260,513　10.	285,180　11.6	2,461,337
	女57,203							

資料來源：七十九年台北市統計要覽

又從表二中的統計，可以發現台北市文盲人數逐漸降低，高學歷者每隔五年都有增加的趨勢。此外，就教育程度來看，大專以上的人口已達五分之一以上，初中到高職等中等學歷將近一半，可見台北市人口的教育水準愈來愈高。

4. 職業結構

就職業而言，根據馬建蓓的研究，截至民國七十四年止，台北市的第一類產業人口（農業）逐年下降，第二類（製造業）和第三類（服務業）產業人口逐年上升，其中尤以第一行業的減少比率最大（如圖一）。這種行業結構的變化，顯示出台北市愈來愈傾向工業化、都市化，商業化程度也愈高。

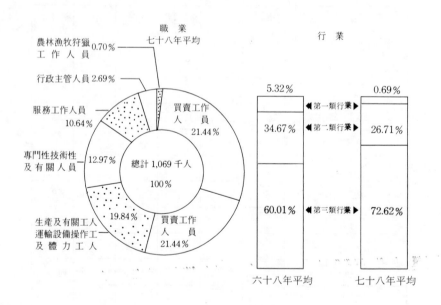

圖一　台北市民職業類別及行業比例

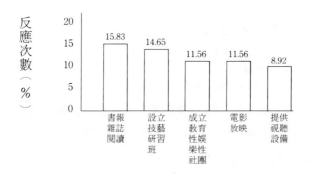

圖二　台北市居民最需要的社區服務項目

資料出處：陸光等，台北市設置社會教育工作站可行性之研究，台北市研考會，民國七十六年，第一○○頁

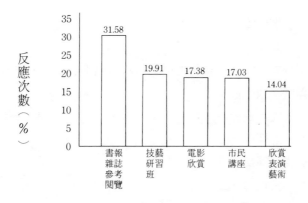

圖三　台北市民願意參加的社教館活動

資料出處：同上圖，第九八頁

㈡台北市民的教育需求

就教育需求而言，陸光等人的研究發現，台北市民較需要的社區服務依次為「書、報、雜誌、閱讀」、「設立技藝研習班」、「成立教育性、娛樂性社團」、「提供視聽設備」。又市民最願意到社教館參與活動依次為「書報、雜誌、參考閱覽」、「技藝研習班」、「電影欣賞」、「市民講座」、「欣賞表演藝術」（陸光等，民76:98－100），由此可知，市民以自我閱讀及參加研習為主要的教育需求或興趣，（見圖二；三）。

此外，根據台北市民認為現在與未來一年相比，以下四項將比現在的狀況差：（台北市政府，民78）

1. 治安狀況。

2. 交通運輸。

3. 環境保護。

4. 人際關係。

至於五年之後，台北市民認為將會惡化的項目，依其所持的悲觀程度，依序如下：

1. 治安狀況。

2. 人際關係。

3. 交通運輸。

4. 住家環境。

5. 環境保護。

由此可知、治安狀況、交通運輸、人際關係、環境保護的惡化是未來民眾最感憂心的事項。這些憂心的問題可透過教育途徑來加以解決或預防。以此觀點，未來台北市民應有的教育需求可

置諸與治安有關的民主、法律教育、人際關係及環境教育。至於
交通運輸則與道路的規劃、運輸網路的改進關係較密切，教育的
影響力則較少。

　　至於我國成人自覺性的學習需求（felt needs），根據林美
和、黃富順等人的研究發現，居民最需要的學習範圍依序為家庭
生活管理、身心保健知識、公共事務的知識、個人發展知識、職
業進修、休閒（林美和等，民 79:72）。台北市居民的學習需求
是否與全國性的需求大同小異，抑或具有獨特性，值得進一步研
究，以進一步比較市民感受到的需求與上述以解決台北市問題為
主的教育需求是否有差異，如何透過教育性質的反思及教育資源
的可用性分析，加以確定教育目標及內涵，實為當務之急。

　　以上是就教育需求的整體分析而言，以下將以年齡、性別、
教育程度、職業說明不同群體特定的教育需求。以年齡來說，根
據林美和、黃富順等人的研究，以二十～二十九歲的學習意願最
高，六十五歲以上的學習意願最低。台北市的學習意願是否也是
如此，值得進一步探究。

　　就性別而言，林美和、黃富順、蘇秀玉等人的研究都指出教
育需求項目隨著性別差異而有不同。前兩位研究者指出「男性在
職業進展、公共事務和個人發展方面的學習需要高於女性，但女
性在身心保健和家庭生活與管理方面的需求卻高於男性。」（林
美和等，民 79:72）後者則指出台北市成年婦女的主要學習需求
依序是：子女教養、家庭管理與保健、社會與政治、個人發展、
職業進展、休閒娛樂與興趣。

　　台北市男女市民學習上所以有如上之差異，基本上有兩種可
能因素：

一、就成年的生命週期理論而言，席兮（ G. Sheehy ）、勒維森（ D. J. Levinson ）、郭得（ R. M. D. Gould ）等人的觀點，都指出男女在二十歲到三十歲之間的生命發展重點有別：男性強調追求事業，女性重視對丈夫、子女的關懷。（ 蘇秀玉，民77:39 ）

二、台灣已婚女初婚年齡，有百分之九二‧二三集中在二十～三十歲，且有百分之八八‧六二以上的人，在子女三歲以前自己照顧孩子。

從上述兩項因素，可以發現愈年輕的婦女時間愈多，愈不受家庭負擔的阻礙，尤以二十～三十歲之間的婦女更是如此，因之，學習需求愈強；同時希望學習的項目偏重於與「子女」、「家庭」有關的「子女教養」、「家庭管理與保健」的知識。由此可看出，男女的學習需求與其性別角色差異有很密切的關係，換句話說，社會角色是學習需求範圍的影響因素之一。

以教育程度而言，教育程度愈高者，學習意願愈高，反之，小學或國（初）中者，學習意願低落（蘇秀玉，民77:73）。但這種情形，也常因學習內容不同而有一些差異。蘇秀玉的研究指出，「子女教養」的知識不因教育程度而有差異，其餘如「個人發展、職業進展、社會與政治、休閒娛樂與興趣、家庭管理與保健」，則與教育程度呈反比。凡是教育程度愈高者，自我的學習需求愈高。（蘇秀玉，民77:97）

以職業而言，林美和、蘇秀玉的研究都發現職業不同，學習意願與類別也會有所差別。前者的研究發現教師、公務員的學習意願較高，家庭管理者較低。後者的研究則指出在「教養子女」方面的需求，不因職業的差異，而有不同的需求，但職業水準卻

對以下幾項學習項目有影響：（蘇秀玉，民 77:98）

　　1. 個人發展。

　　2. 職業進展。

　　3. 社會與政治。

　　4. 休閒娛樂與興趣。

　　5. 家庭管理與保健。

　　綜上所述，可以發現，台北無論從市民的性別比例、年齡結構、職業發展、教育程度都可看出台北工業化、都市化、現代化程度與日俱增，教育需求也隨之提高。此教育需求的高低及類別，將隨著上述幾項人口特質而有所差異。其中只有婦女教育需求當中有關「教養子女」方面，不受社會階層的影響。這些現象都是在擬定技藝研習班的目標所宜考慮的因素。

二、影響研習班目標的台北市社會狀況分析

　　技藝研習班的目標，除了考慮滿足個人的教育需求之外，對於社會目標及影響教育目標的社會狀況宜加以分析。本研究這部分主要根據社會發展目標，以及社會問題的指標，教育條件的指標，說明研習班訂定目標所宜考慮的社會因素。

㈠社會發展目標與研習班目標

　　社會發展的目標在於使人民基於民主的價值，在彼此尊重中，提昇生活的品質。生活的品質如何才算好，規準不一，很難確定。但就人是一個社會份子而言，生活品質包括經濟上沒有維生的困難，能與他人溝通相處，覺得很有成就感。也就是經濟不

虞匱乏,具有溝通、表達,與他人建立關係的能力,並能感受到自我實現。

　　由這樣的社會發展目標,技藝研習班宜辦理職業訓練;溝通、人際關係訓練;自我成長訓練。不過因有其他職訓機構可以實施職業訓練,技藝研習班只要實施後兩者,完成社會溝通、自我成長目標。

(二)社會問題指標與研習班目標

　　教育與社會問題的關係,可以從兩方面來分析,一是教育具有消除已有的社會問題的可能性功能,另一是能預防問題的產生。就社會教育的性質而言,由於社會教育的受教者都是自願性,已觸犯法律的違規者不一定會自動受教。以此觀之,技藝研習班在扮演預防社會問題的角色上,顯得較重要。

　　為了預防社會問題的產生,本部分先分析目前較嚴重的社會問題,再從犯罪者特性、離婚率等幾個社會問題指標,說明技藝研習班的實施方向與目標。

1.台灣較嚴重的社會問題

　　依據瞿海源的分析,台灣目前較嚴重的社會問題有以下幾項:

　　(1)犯罪問題:包括持械入室搶劫、對兒童的人身侵害、銀樓搶劫、槍擊殺人、對婦女的侵害、恐嚇勒索企業家、槍械走私與黑道之間的鬥爭。

　　(2)色情氾濫問題:雛妓、色情營業侵犯居民居住的環境、同性戀與愛滋病(AIDS)、牛肉場。

　　(3)休閒活動的問題:MTV中心、色情在地下舞廳的發展、

電動玩具與小鋼珠。

(4)地下經濟活動問題：地下投資公司、彩票、游資與投機經濟。

(5)親情倫理問題：包括親子間倫理的危機、家庭暴力與外遇問題、虐待兒童、兩岸的婚姻衝突。

其中犯罪人口及指數更是年年增加。民國六十九年犯罪者有四萬四千六百六十九人，到了七十八年則高達八萬千九百人。人犯指數由六十九年的百分之一百，上升到七十八年的百分之一九四‧五。（如圖四）（內政部，民78:29）尤以台北市的刑案發生數最多，佔百分之一九‧九二，台北縣佔一四‧四九。也就是說，大台北地區的刑案數佔全國刑案的三分之一以上。

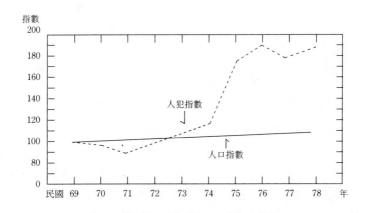

圖四　歷年犯罪人口與總人口比較

資料來源：內政部警政署刑事警察局，台灣刑案統計，民國七十八年，二九頁

在各類刑案當中，以竊盜案最多，佔將近半數，其次是賭博

佔百分一四‧四六，再次為傷害案，佔百分之五‧二五。（如圖
五）（內政部，民 78:28）

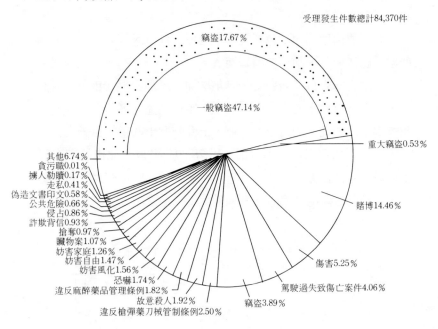

受理發生件數總計84,370件

竊盜17.67%

一般竊盜47.14%

重大竊盜0.53%

其他6.74%
貪污瀆0.01%
擄人勒贖0.17%
走私0.41%
偽造文書印文0.58%
公共危險0.66%
侵占0.86%
詐欺背信0.93%
搶奪0.97%
贓物案1.07%
妨害家庭1.26%
妨害自由1.47%
妨害風化1.56%
恐嚇1.74%
違反麻醉藥品管理條例1.82%
故意殺人1.92%
違反槍彈藥刀械管制條例2.50%

賭博14.46%

傷害5.25%

駕駛過失致傷亡案件4.06%

竊盜3.89%

圖五　七十八年各類刑案發生比較

由上述的刑案類別看來，有關財物及身體傷害佔多數。台北
市的狀況也以竊盜佔多數，為所有刑案的百分之五三‧七，其次
是傷害，佔百分之五‧四，再次是搶奪強盜，佔百分之四‧五
；（台北市政府主計處，民 77:59）可見台北市的犯罪類型與全
國相同。

2.犯案者特性分析

接著分析年齡、教育程度、職業與犯案的關係。根據刑事警

察局的統計，犯案者的年齡、教育程度、職業的特質如下：

(1)年齡分析

全國犯案者，以青年最多（23－32歲，30.94％），其次是少年（12－17歲，22.55％），再次為中年前期（33－37歲，12.78％）。台北市的青少年犯當中，以十五歲居多（22.2％），十四歲其次（20.7％），再次為十六歲（19.6），十七歲（16.2％）。（台北市政府主計處，民77:59）由此可知少年犯中以十四、十五歲最易犯罪，約佔所有少年罪人數的五之二左右。

(2)教育程度分析

在全國犯案者當中，以國中畢業的人數居多（23.76％），其次為國小畢業（21.34％），再次為高中畢業（13.79％）。台北市方面，就少年犯的教育程度來看，以初中居多（68.6％），高中也不在少數（17.0％）；小學則較少（13.12％）。

(3)職業分析

以全國犯罪者的職業而言，多集中在「無固定職業」、「勞工」類別上（53.94％），其次是商人（13.89％），學生（13.25％），家庭管理（9.33％）。

從前述的分析，可以發現造成犯罪社會問題的高危險群為青少年、青年、國中畢業生、無固定職業者或勞工。這可能與青少年、青年的工作價值有關。根據調查研究，工作的價值觀與教育程度有密切的關係。教育程度愈低者，較注重工作收入、工作時間等因素，反之，則重視工作保障、學習進修機會、退休制度。（台北市政府主計處，民77:59）

3. 離婚、喪偶率分析

表三　台北市離婚、喪偶狀況

婚姻狀況 統計結果	離 男		婚 女		喪 男		偶 女		總計 男女
年度	N	%	N	%	N	%	N	%	
66	8921	2.2	8749	2.1	11016	2.7	31794	7.6	405114 416709
71	15580	3.3	15665	3.3	14521	3.1	41191	8.5	474397 481204
76	25148	4.4	26077	4.5	19527	3.4	47332	8.1	568189 583150

資料來源：七七年台北市統計要覽

　　由表三可知台北市民的離婚率逐年增加，喪偶率也是逐年提高。尤其值得注意的是喪偶者女性為男性的二‧三倍。

4. 單身戶數量分析

　　台北市的單身戶有逐年增加的趨勢：民國六十六年，單身戶只有九一六七七戶，約為總戶數的百分之一七‧六，到了七十一年已提高為百分之一七九，共有一一二二六○戶，民國七十七年，增加到一四七六○三戶，佔總戶數的一九‧二。由此可知台北市民單獨生活的人口愈來愈多。其中父母獨居的數量也逐年增加。（台北市政府主計處，民 77:59）

　　從上述刑案類別及罪犯的年齡、教育、職業之分析，以及離婚率、喪偶率、單身戶逐年增加的趨勢來看，顯示出台北市社會規範逐漸式微的危機，以及居民對於家的歸屬或適應狀況也愈來愈不好。如何加強市民遵守或創造新的社會規範，為維持社會安

定、預防社會問題之道，也是社會教育的終極目標。

　　至於針對前述罪犯的特性及家庭歸屬之式微，技藝研習班訂定的教育目標如下：

　　1.培養市民遵守法律、實踐民主的行動能力：引導市民了解自己的權利、義務，並學會自尊尊人的民主行動。尤其對青、少年、勞工、家庭主婦、商人，更宜用各種彈性方式，使其接受法律、民主的教育。

　　2.建立青、少年生涯發展及正確的工作價值觀：引導青、少年依能力、興趣建立合宜的工作價值觀念。

　　3.引導青、少年發展穩定的自我認同觀念：根據艾瑞克森（E. H. Erikson）的觀點，青少年在追求獨立的過程當中，常會出現自我認同的危機，因之，容易違犯社會規範，引導高危險群之青、少年繼續接受教育，可防止犯罪的產生。

　　4.培養建立親情倫理，重視家庭溝通適應的能力：尤其對喪偶婦女更宜加以適應能力之教育，如經濟生產能力、人際關係網路、心理衛生之教育。

　　5.提高單身者或獨居父母解決生活壓力之能力：都市化、商業化、工業化的結果，都市中單身貴族或獨居父母愈來愈多，由於他們是單身，很容易感到各種生活的壓力，或易生孤獨、寂寞、沮喪、生活不起勁之問題，如何引導其面對自我的生活壓力，也可以成為技藝研習的特定目標之一。

(三)社會資源條件指標與技藝研習班目標

　　「時間」、「經費」也是影響技藝研習目標的因素之一。本部分就分析與這一要素有關的指標。

1. 時間因素指標。

(1)自由時間指標

台北市民的每週平均自由時間為六‧三七小時，比台灣省、高雄市的人都高。其中較常的活動依序為「看電影或看錄影帶」（2.05h），「進修、研究、做功課」（0.52h），「休息、休養」（0.47h），「拜會親友、鄰居、聊天」、「閱讀報章、雜誌及小說」（0.32h）、「購物」（0.28h）。由此可知台北市民的自由時間的為全週的四分之一。其中每週用在進修、研究、做功課的時間雖位居第二位，但卻只有半小時左右，為「看電影或看錄影帶」的四分之一左右的時間。（行政院主計處，民77）

(2)自由時間因年齡而不同。

自由時間較多的年齡層為十五～二十四歲；以及六十歲以上的人。二十五歲到四十九歲的人自由時間較少。（行政院主計處，民77）

(3)小家庭制影響進修時間

根據統計，在台北父母獨居的比例很大，小家庭制盛行。就台灣地區而言，二五～四九歲與父母同住者只有百分之三○‧六五（七七年）。家庭每戶以四人佔多數（34.12%），其次為五人（22.12%），再次為三人（17.92%），二人（10.28%）（行政院主計處，民77），可知台北市五分之四以上為小家庭制。小家庭人手較少，加上婦女在子女三歲以前自己照顧小孩者佔了百分之八十八以上。可能使得婦女進修受到無法分身到施教機構的阻礙。

2. 經費因素指標

國民所得育樂費逐年增加。民國七十八年平均每戶個人可支配所得為五八三○○三元。家庭的育樂佔每戶消費的百分之十三‧五八，僅次於房租、水費食品的支出。與其他年度比較，具有逐年增加的趨勢（台灣省政府主計處，民 79）。

三、影響研習班目標的教育哲學理念分析

研習班自成立以來，一直採取有人則開班，無人則停開的市場原則。依據這樣的原則，研習班訂定目標時，係大部分參酌成員感受到的需求。

將成員感受到的需求當做方案實施的主要依據諾而斯（M. S. Knowles）的人文主義社會教育理念。主張成人有能力且有動機決定自己的學習方向及內涵（Knowles, 1976）。國內成人教育深受此種觀念的影響，對成人需求或動機的研究不遺餘力。黃富順的「成人參與繼續教育動機取向之探討」，林美和、黃富順等人的「我國成人學習需求研究」、李大偉的「台北市成人對職業進修教育之需求研究」、黃馨慧的「台北市成年婦女家庭生活教育學習需要與生活型態之研究」、蘇秀玉的「台北市成年婦女學習需求及其相關因素之研究」等都是反映上述尊重成人，以成人自覺需求為主要施教依據的研究（黃富順、林美和等，民 74，民 79）。

然而，成人自覺性的需求是否可以直接做為擬定教育目標的主要依據，邇來仍然引起諸多學者的懷疑。休而（I. Shor）、吉諾克斯、弗雷勒等人則從批判教育學的觀點，主張受教者自覺

性需求與終極性的教育目標宜互動，以對話方式，形成教育目標，不可只反映受教者的自覺性需求（王秋絨，民79）。因為自覺性需求並非受教者真正合理的需求，可能已經受到意識型態的扭曲，不宜毫不批判地接受，並成為方案目標的重要依據。也就是說，受教自覺性需求與教育目標之間並非符應的機械關係，而是動態辯證的對話關係。

在動態辯證的關係中，同時考慮教育的價值性、合理性與受教者如何被尊重，如何賦予更多與教師相等的參與教學之權利。誠如皮德思所謂的教育宜符合以下三個規準，才算合理（歐陽教，民74:19－22）。

1. 合價值性（worthwhileness）：一切教育的活動，必須是有價值的，至少應該合於道德的可欲性，不能悖離道德價值，這樣的教育活動，才是有意義、有價值的。

2. 合認知性：從認知的分析來看教育，在認知的教與學上，應當明辨證據的充分與不充分，教育所傳授的應該是有系統有組織的真知或原理原則。

3. 合自願性：一切教育工作之進行，要配合學習者不同身心發展能力來進行，才易收到教育的效果。

也就是說，教育不只要重視受教者的動機、興趣、需求，也要強調教育的價值、認知本質。準此，從個人需求的目標擬定原則，是否具有教育的價值性，宜再深思熟慮。

肆、台北市技藝研習目標

　　本文依據泰勒課程法則，從台北市居民的個人因素、社會發展目標與狀況及教育哲學理念，發現依據個人社會心理需求、自我實現需求、技藝研習班的理想目標依次為增進成人基本知能、培養市民建立人際關係的能力、提升市民文化藝術涵養、涵育成人的自我實現的知能。然而這長期的終極教育目標，經由上述三種因素的過濾考量，發現台北市技藝研習班的特定教育目標，可歸納如下圖所示：

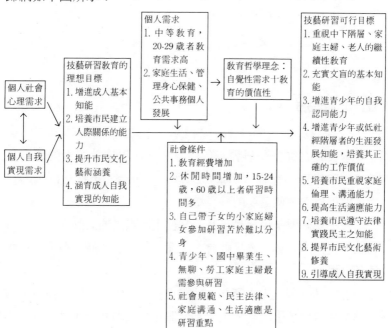

由上圖的概念架構，可知根據藝文性質及教育的價值性、個人需求因素及社會發展目標及狀況，我國當前技藝研習的目標，宜綜合統整如下：

1. 重視中下階層、家庭主婦、老人的繼續性教育。
2. 充實文盲的基本知能。
3. 增進青少年的自我認同能力。
4. 增進青少年或低社經階層者的生涯發展知能、培養其正確的工作價值。
5. 培養市民重視家庭倫理、溝通能力。
6. 提高生活適應能力。
7. 培養市民遵守法律，實踐民主之知能。
8. 提昇市民文化藝術修養
9. 引導成人自我實現。

伍、結語

本文旨在從技藝研習班的性質，彰顯出技藝研習的理想目標，同時以泰勒課程目標形成原理，分析台北市技藝研習的目標，獲得以下幾個重要的發現：

1. 技藝研習是民眾滿足基本文化生活需求的活動之一，其目的在於提供人人具有滿足社會、心理、創作、開展生命表現意義的教育機會；

2. 技藝研習是人人應享有的文化權利，因之，社教館目前的服務對象偏向於中階層人士，需使服務對象擴及全民；

　3.技藝研習教育的理想目標受到個人社會心理及個人自我實現需求的立論影響，具有以下幾點理想目標：

　　⑴增進成人基本知能；

　　⑵培養市民建立人際關係的能力；

　　⑶提升市民文化藝術涵養；

　　⑷涵育成人自我實現的知能。

　4.台北市技藝研習目標受到三大因素的影響：

　　⑴個人需求：可從台北市民在性別比例、教育程度、職業結構、台北市民的教育需求加以分析其指標。

　　⑵社會狀況：可從台灣台北市的犯罪人口特質找出最急需再教育的對象及問題，同時考慮推動技藝教育的資源條件、經費與受教者可能的參與時間來加以分析。

　　⑶教育價值與市民自覺性需求如何互動，擬定出合宜的教育目標。

　5.訂定可行的技藝研習目標除了考慮技藝研習的理想目標之外，還需要考慮個人需求、社會條件及教育哲學理念，經由這些考慮，技藝研習的可行目標共有以下九點：

　　⑴重視中下階層、家庭主婦、老人的繼續性教育。

　　⑵充實文盲的基本知能。

　　⑶增進青少年的自我認同能力。

　　⑷增進青少年或低社經階層者的生涯發展知能，培養其正確的工作價值。

　　⑸培養市民重視家庭倫理、溝通能力。

　　⑹培養生活適應能力。

　　⑺培養市民遵守法律，實踐民主之知能。

(8)提昇市民文化藝術修養。

(9)引導成人自我實現。

從上述的發現可知，訂定研習班目標，可分為兩個層次，一為較穩定的理想目標，另一則為隨著個人需求、社會條件及教育哲學理念的不同，而擬出與時推移的可行性目標。就技藝研習的理想目標而言，可做為任何社會教育機構提供技藝研習的參考。而就可行目標而言，可做為台北市推動技藝研習班的暫時性內容之指引。

☞參考書目☜

王文科（民77），課程論，台北：五南圖書公司。

王秋絨（民79），弗雷勒批判的成人教學模式研究，師大教研所博士論文。

文崇一（民73），「文化中心工作的研究與發展」，載文化中心行政人員研討（習）會實務，台北：社教系。

內政部警政署刑事警察局（民78），台灣刑案統計。

台北市政府主計處（民77），台北市統計要覽。

台北市政府主計處（民78），台北市政建設意向調查報告。

台灣省政府主計處（民79），台灣省統計要覽。

行政院主計處（民77），中華民國七十六年台灣地區時間運用調查報告。

李建興、楊國賜等（民77），社會大眾藝文興趣取向之研究，教育部研究委員會。

林美和等（民79），我國成人學習需求研究，台北：師大社教系所。

明德基金會（民73），加強文化中心功能以加速文化建設提高全民生活素質之研究，台北：明德基金會。

林寶山譯（民66），現代心理學名人傳，台北：南宏圖書公司。

陸光等（民76），台北市設置社會教育工作站可行性之研究，台北：研考會。

黃富順（民74），成人的學習動機——成人參與繼續教育動機

取向之探討，高雄：復文圖書公司。

黃馨慧（民 75），台北市成年婦女家庭生活教育學習需要與生活型態之研究，台北：師大家政系。

漆敬堯、鍾思嘉等（民 72），台澎地區住民文化生活素質之研究，台北：行政院文建會。

蘇秀玉（民 77），台北市成年婦女學習需求及其相關因素之研究，台北：師大社教所碩士論文。

Freire, P. (1970). *Pedagogy of the Oppressed*. New York: The Seabury Press.

Hauser, A. (1982). *Sociology of Art*. London: Routledge & Kegan Paul.

Knowles, M. S. (1976). *The Modern Practice of Adult Education*. New York: Association Press.

7

我國工廠
女工教育的重要性

　　我國屬於海島經濟型，正處於由開發中國家邁向已開發國家的轉型時期，工業的迅速發展，以及對外貿易的擴增，是經濟力的兩大支柱，在這逐漸趨向工業化的過程裡，輕工業一方面銜接農業社會，另一方面也領導發展現代化工業，並累積資金、技術、培養企業精神，以提高高級工業發展，輕工業在促進我國經濟發展因而扮演了決定性的角色。（黃富三，民66）

　　就現況來說，輕工業幾佔了整體工業的半數。（韋永寧，民65:3）尤其電子、紡織、服飾品製造業、食品製造業更是左右了目前輕工業，在我國經濟發展上佔了舉足輕重的地位。

　　輕工業是屬於勞力密集的工業，其迅速發展促使就業機會與日俱增，女性勞動參與率亦因而有逐年增加的趨勢。這種現象的形成，除了就業機會增多之外，根據黃富三、陳國鈞、彭駕騂等三先生的研究，還受以下幾謀因素彼此的相互影響：

　　一、婦女社會地位提高，追求獨立自主的意願增加；家務減輕；

　　二、農村勞力過剩，人口壓力大；

　　三、女性教育程度平均比男性低：據統計，有百分之二六‧二三的職業婦女是文盲（黃富三，民66），又根據一九七二年工業局針對二十五萬五千二百○三人的紡織員工進行調查，發現女性佔了十九萬六千五百七十九人，男性五萬八千六百二十四人。其中男性國小畢業者佔百分四六‧○五；女性則佔百分之七四‧○二；國中男性佔百分之二六‧六四；女性則佔百分之二一‧三九；大專畢業者，男性佔百分之五‧二；女性則僅佔了百分之○‧三七。由此可知女性就業人口多數為國小、國中畢業生，而輕工業有許多機會需要這種不需技術的低廉勞工，故大量

地吸收了她們。

四、個人特殊的需求：1.想擺脫家長束縛；2.希望出外遊歷見見世面，根據黃富三先生對高雄加工區之調查，喜歡留廠與留家之比為百分之三四・〇五比二〇・九八。（黃富三，民66）；3.希望半工半讀；在彭駕騂先生調查中部女工八百二十六人當中，有百分之十二・二六的小學程度員工，希望可以工讀，而百分之二二・七的國中畢業者有同樣的需求，（彭駕騂：民67:4），可見工廠女工普遍有很高的學習需要。

五、女工工資低廉，資方喜歡僱用；

六、女工手目靈巧，耐性大，易安於現狀，逆來順受，敢怒不敢言，較易管理；

七、女子就業期限較短，且多在年輕時就業率較高：因女子就業多受家務影響，普遍就業年齡集中在十五～三十歲之間，其中尤以十五～十九歲，以及二十～二十四歲之間所佔的比率最大；就一九七六年一月的調查，女性就業人口一百六十八萬六千人當中，有四十一萬六千人是十五歲～十九歲者，有三十九萬七千人是二十歲到二十四歲者，有三十三萬三千人是二十五歲～三十四歲者。由此可知女性平均就業年齡很輕。就黃富三先生的調查，一九七四年紡織廠女工之平均年齡為二十二・六歲，其中百分之五十在二十歲以下，以十七～十八歲最多，次為十九～二十歲，此後人數減。（黃富三，民66）。由於女性就業年齡結構的特殊，資方喜任用年青優秀的女子，一方面可增加生產活力，一方面可免得任用時間過長，而需付遣散費、退休金等。

由以上的分析，可知女工由於社會變遷，工作意願與機會增多，再加上輕工業的工作性質很適合大批無技能的女性，資方又

因種種利益而喜僱用之，因此使得女性成為台灣輕工業的勞動力主幹。位居我國輕工業的前幾名行業，如電子、紡織、服飾品製造業、食品製造業等幾為女性的天下。一九七二年工業調查局調查二十五萬五千二百〇三人紡織員工，有百分之九一‧八七是工人，其中就百分之七七‧〇三是女性，可見婦女在生產行列中的地位與日重大。

　　在這工業化過程中，婦女勞動參與率逐漸提高，就經濟發展與人力運用的觀點來說，很顯然地，他們對經濟建設、社會進步的貢獻愈來愈大，而她們本身也由於生產的參與獲得經濟自主與就學的機會，對於其社會地位的提高俾益甚大；此外，並因工作與外界接觸而增廣見識，使生活領域擴大。這些都是婦女就業的好處。但是另一方面，婦女就業也帶來了許多社會問題：

　　一、家庭功能的蛻變：婦女就業，使得家庭人際關係不如以往密切，同時對老年人之奉養與子女之養育多未能善盡其職。

　　二、女工問題：在就業過程中所產生者。

　　1.工資偏低，工時偏長；

　　2.工作環境欠佳，安全衛生設備不足，以致妨礙健康；

　　3.生活適應不良：女性就業人口中多數來自農村（彭駕騂，民67：3），而多數的人是十五～十九歲，或者二十到二十四歲之間，由於年紀輕，能力工作經驗不足，又是到外地謀生，加以工作環境欠佳，生活適應自成問題。根據調查研究，初次離家進工廠，未婚者與已婚者不能習慣的比例都相當高，分別為百分之八十‧四九及七一‧六九，多數人要經過五～六個月才比較能適應。（黃富三，民66：158）

　　4.社交生活貧乏：根據彭駕騂先生之調查，女工入廠工作希

望可以認識一些新朋友者有八十九人，佔總調查人數中之百分之十一強，可見女工希望更換生活環境，結交朋友之願望，相當迫切。（黃富三，66：4）這與黃富三先生之研究相同。（黃富三，66：212）此外，由於工廠女工大部份是女生，缺少與異性交往的機會，因之往往產生許多畸型的交往方式，如外界人士認為加工出口區的女孩是落翅仔，甚或有鑰匙俱樂部、內褲俱樂部等不良事件發生。如何輔導女工透過正當方式，與異性交往，實為當務之急。

5. 休閒生活單調：就黃富三先生在高雄加工出口區的調查，女工認為工廠生活中最難忍的事情依次為不能常與父母家人見面（34.66％），工廠人多事雜，糾紛多（24.57％），工作太單調，機械化（14％），工廠環境太差（12.38％）（黃富三，民66：204），因此女工的休閒生活應該是相當重要，但因目前工廠福利辦得不很良好，未能真正發揮休閒生活輔導之功能，多半女工工餘之時多看電視、聽音樂、與同事聊天、閱讀、逛街，或與異性朋友出遊（非常少數）。如何透過休閒輔導，提昇並充實其精神生活，是解決女工問題必須注意的事情。

6. 教育程度偏低，受教機會不均等：從前面婦女就業增加的原因當中，可知女工有幾項特點，影響到她們的教育機會。就其教育程度來說，文盲、國小佔了一半以上，國中的次之。而其就業年齡多數在 十五～十九 歲之間，正是受中等教育後期的時候，但由於她們多數生長在貧乏的鄉間，一方面礙於經濟貧困，一方面礙於家長缺少鼓勵，及較少的文化刺激，因此影響了她們的就學機會。事實上，她們由於年齡經驗能力均不足，很容易產生職業生活適應不良，而造成諸種問題的現象。如能給予充分的教

育照顧，將可預防之。尤其她們之中有許多人具有再學習的動機
（從女工入廠原因當中，希望半工半讀佔第三位可推之），然而
礙於經濟、文化的匱乏，造成教育不均等的現象。對於這個問題
理應由勞工教育負其責；然而目前我國的勞工教育雖自民國四十
七年有明文規定實施辦法，但由於工會組織不健全，以及不按規
定之廠方未受嚴格懲戒，加以經費、專業人員缺乏，使得勞工教
育僅止於補充性、象徵性的勞工教育補習班，或一些娛樂講習班
，諸如插花、化粧等而已，而未能真正發揮提供勞工繼續教育
的功能。

　　由上述的分析，可知目前的女工問題有由於廠方的不合理待
遇或福利措施缺乏等因素所引起，也由於本身主觀上的無知，能
力不足所引起，使其無法從工作中獲得成就感、滿足感。對於這
些問題，目前我國是採取制定有關法令與實施勞工教育、勞工福
利雙種途徑加以解決。前者如工廠法、礦場法、工會法、安全衛
生立法、勞資爭議立法、職工福利立法、女工保護法等。後者如
四十七年施行，六十六年修正的勞工教育實施辦法」所規定實施
者。而法令只僅於消極制止之用，是治標之道，非治本之法，雖
教育與輔導具有事先防患的積極功用，方是治本之道。故由解決
女工問題根本方針來看，實施女工教育實有其必要。

　　同時，從經濟社會建設的觀點來看，教育無可否認地是一種
最有效的人力投資，教育一方面可提高婦女勞動的參與率，一方
面可提高其素質，對生產工作將具有直接之貢獻，而對國家現代
化也具有間接功用，故實施女工教育亦為國家社會之責。

　　再者，從教育或社會福利的觀點來看，女工教育程度的偏
低，顯示了教育機會尚有不均等的現象，為促進現代化教育機會

均等之實現，女工教育應備受重視。而近年來，各國成人教育已成為每個人學習過程中不可或缺的一部份，「學習性社會」的達成，以及藉教育照顧促進人類生活的幸福，是其重大目標。女工教育是成人教育重要的一環，實宜以有效推展。

從前述的分析，可知女工在我國工業發展過程中，具有重要的地位，她們佔了勞工的大半，為了增進其生產知能，為了提高其知識水準，提高其適應環境，處理問題之生活能力，女工教育甚為重要。然則，要實施女工教育，最重要的是確切了解她們的需要，才能提供有效的教育措施。有關教育需要的研究，在外國已普受重視，而被認為是提供有效的成人教育最重要的課題。不過在國內，由於成人教育地位低微，這方面的研究如鳳毛麟角。有關女工方面的實證研究，多偏重女工心理及社會方面。如黃富三先生的「女工與台灣工業化」，徐正光先生的「工廠工人的工作滿足及其相關因素之探討」，鄭伯壎、楊國樞「影響工作滿足感的因素：領導方式、情境因素及人格特質」，以及謝天教先生之「台灣高雄地區外來工人的社會變遷」，彭駕騂先生之「中部地區女工工作滿意度之研究與分析」，多未論及女工教育的需求與重要。

綜合前述之分析，可知婦女就業率有愈來愈高的趨勢。無疑地，婦女在經濟上的地位與貢獻將日趨重大。然而婦女就業後，由於本身在人口特質上的一些缺失，以及就業過程中，極易產生的工作與職業之間的協調，個人人際關係、生活問題的調適等問題。這些問題急需因其性質，從勞工福利或勞工再教育的觀點加以解決。

基於經濟、福利、教育的觀點，提高勞工的學力，增進其自

至圓熟的生活適應能力，將可增加生產力，也可符合我國實現福利國家的理想，同時提昇人人繼續受教育的權利。因之，如何探討女工教育需求，有效地協助其解決就業過程中的種種問題，實為當今強調人力發展，女性潛能開發的重要工作。（完稿於民國六十八年）

☞參考書目☜

黃富三（民66）。**女工與輕工業之發展**，台北，牧童出版社。

彭駕騂（民67）。中部地區女工工作滿意度之研究與分析，**輔導學報**，第一期，台灣省立教育學院輔導學系。

註一：台灣地區製造業的結構，原來是以輕工業爲主，六十二，
　　　六十三年，重化工業所佔比重繼續增加，各爲百分之五四‧八
　　　；五五‧九，然至六十四年，因受國際經濟不景氣影響，重化
　　　工業受嚴重衝擊，比重又降爲百分之四九‧八。見章永寧，工
　　　業發展概況與展望，載中華民國全國工業總會，中華民國工礦
　　　業發展概況，民國六十五年。

註二：根據彭駕騂先生對中部地區女工的調查，在八一八人當
　　　中，有百分之五二、八的人來自鄉村，有百分之三十八。一的
　　　人來自鎮，僅有百分之九‧〇四來自城市。見彭駕騂，中部地
　　　區女工工作滿意度之研究與分析，輔導學報第一期。

從社會變遷的觀點論我
國勞工教育的調適途徑

壹、前言

　　自從工業革命以來，勞工在工業化與經濟發展中，扮演著極重要的角色。提高勞工素質，增進勞工福利，以解決勞工問題，為世界各國促進工業化與現代化的策略。而勞工教育具有充實勞工知能；保障勞工合法權益；促進生產效率與培養健全人格、正確價值觀念等顯著性功能。同時具有提高勞工社會地位，促進社會流動，加速現代化等潛在性的功能。故勞工教育無論在提高勞工素質，增進勞工福利，與促進經濟發展，革新社會文化等方面，都有重要的意義。

　　我國勞工教育於民國十三年就有政策的頒行，十九年就有法令的訂立。（註一）不過制度的全面制定，則自民國四十七年頒行「勞工教育實施辦法」，以迄六十年對該法的修正。修正後的辦法共有二十六條，其中對宗旨、推行機構、教育內容、實施方式、經費、授課時日與資格考驗，都有詳明的規定。可惜由於工會組織的不健全，以及中小型企業對勞工教育的漠視；加上在社會變遷過程中，舉凡其內容、教材、教法、經費、人員，都未能配合經社建設，科技發展，勞工需求，予以彈性地調整與運動。以致我國勞工教育雖已有五十多年的歷史，但卻除了規模較大的紡織廠，以及公營的台電、台糧、郵政局、鐵路局較有組織地推行外，其他企業或工會均未能有組織有效率地負起實施的職責。故今日勞工教育的實施，如欲具體有效，實應配合經社發展，廣用各項資源，予以全盤的規畫與推動，才能同時達到其顯著性與

潛在性的功能，加速國家社會的進步與繁榮。

貳、社會變遷的類型及其形成因素

社會變遷是一種社會演化的歷程，更確切地說係指社會生活方式或社會關係體系的變異。（龍冠海，民 62：337）這種變異是一般社會所共同存在的客觀事實，只不過在不同的時空背景下，變遷的類型、速率及其影響有所不同而已。

根據施普羅特（W. J. H. Sprott）的研究，社會變遷可因其引發變遷因素的來源，區分為以下兩種：（王文科，民 67：387）

一、外因性變遷（exogenous change）：是由社會本身以外的力量所造成，如天災、戰爭、疾病、自然資源、移民、文化傳播等因素。而由這些因素所造成的變遷，並非人力可按照預期的結果加以控制。

二、內因性變遷（endogenous change），是由社會內部的因素所造成，又可分為插曲式的變遷（episodic change）與模式的變遷（patterned change）。前者係由社會內部的某一事件所引起的變遷。例如懷特（L. J. White）主張經濟會改變人的觀念與思想等都是這一類的變遷理論。至於後者則是指過去某一時期的變遷，係依照一定的模式進行。此類的變遷說如斯賓格勒（O. Spengler）的週期性論點，他認為文化的變遷有一定的程定，從萌芽到衰落，就如同春夏秋冬一樣，必經歷四季的過程，而後週而復始。（林清江，民 66：184）

由上述的分析，可知社會變遷都是由於社會或社會之外的因素產生變化所引起的。而這些因素到底是單獨地引發社會變遷，抑或由多種因素交互作用所形成，各社會學家持論不一。不過如從社會體系的觀點來分析，單因說是很難圓滿解釋社會變遷中的複雜現象，多因說仍為較客觀的論點。如根據多因說的立論，那麼可能造成社會變遷的因素約可歸納成以下幾類：（龍冠海，民62：246—247）

一、自然因素：如氣候、地形、生態等地理因素，以及種種自然的災害都可能引致社會變遷。

二、生物因素：如人口的增減，人口組合的變化，人口品質的優劣等是。

三、技術的因素：如科學、技術的革新，生產工具及其他物質的發明等是。而技術所造成的社會變遷迅速，這點可從二十世紀以來由科技的迅速發明而產生急劇的社會變遷中得到證實。烏格朋（W. F. Ogburn）在「文化失調」的論述中，也曾說明物質文化的變遷總比社會制度的其他部份還快。（Timasheff, 1968：207）

四、文化的因素：如文化的傳播，意識型態的形成，社會制度與組織的發明，以及文化的失調等因素。

從前述社會變遷的類型及其導因的諸種因素立論點，來分析教育與社會變遷的關係，將有下列三種事實的發生：（林清江，民66：186）

一、教育是社會變遷的動因：教育制度是社會體系中的一部分，它的變異將引起社會變遷是明顯的事實。所以教育經常被引

用，以為達成某種特殊目的的方法。如在社區發展過程中，強調以「成人教育」做為積極的手段。又在建立民主政治文化、經濟倫理目標，解決社會問題或促進現代化過程中，教育的發展都受到重視。故進步的國家都強調教育計畫的重要性，期造成某種程度的社會進步。而將教育計畫列為社會計畫的重要部分。

二、教育是社會變遷的結果：教育的發展本身即是因應人類生活的需要而產生，故教育有因應社會變遷而革新的「適應性」特質。舉凡教育制度或教材、教法、學校結構無不受到社會變遷的影響。如義務教育的延長多少是受到經濟發展、教育價值觀念、人口壓力等因素的影響。又如職業教育的日趨擴展，很明顯地是受到職業結構的衝擊。

三、教育是社會變遷的條件：由於教育具有顯著性功能與潛在性功能，故某種教育措施的間接影響，可能成為社會變遷的原因。例如社會教育中的休閒教育，其主要目的在促進大眾身心的健康以及適應環境的能力。但在另一方面可能使大眾養成樂觀、積極的生活態度，而使國民性格邁入嶄新的境界。

簡言之，教育是社會體系的一部份，在客觀環境中，必須具有適應環境需求的功能，故教育因應社會變遷。另一方面，隨著社會變遷的影響，教育制度成為社會制度的核心部份，它的功能愈來愈顯著，並日趨受到重視。人們不僅注意其顯著性功能的發揮，並積極運用其潛在功能。以強化教育在促進政治革新、經濟起飛、社會發展，文化創造的功能，使其成為社會變遷之動力與促進之條件。由這種論點出發，將可探尋出勞工教育與目前的社會背景如何在雙向交互作用中，予以調適的方略。

參、社會變遷中影響勞工教育的社會因素

　　勞工教育發展的社會因素，可從鉅觀的觀點，以我國政治、經濟、社會、文化的特徵為分析的對象；也可從微觀的看法出發，以勞工的特殊社會背景與生產環境因素，為主要的分析重點。本節擬採後者，對於社會變遷中，幾種對勞工教育影響最大的因素，分別加以說明。

一、勞工社會背景的分析

　　1.人數：民國六十六年，基層生產作業人員共有二二七八○○○人，佔總就業人口的百分之三八‧二七。（行政院主計處，民 67）預計到七十年增至總就業人口的百分之四○‧九。由此顯示「無論是推動現有勞力密集工業的現代化，或是發展技術密集工業，基層生產作業人員均將擔任重要的角色。」（余煥模，民 68）

　　2.性別：民國六十六年就業總人口有五九五二○○○人，其中男性佔百分之六七‧八六，女性佔百分之三二‧一四。（行政院主計處，民 67），而男女人數比例又隨著職業類別的不同而有差異，如電子業、紡織業、服飾、食品業等輕工業工廠，幾成了女性的天下。（黃富三，民 66）

　　3.年齡：我國就業人口年齡多集中在二十五到三十四，及三十五到四十四歲之間，佔了百分之四七‧六三。其次青年就業人

口（十五歲到二十四歲）佔了百分之二八‧九一，是一大特色。此外女性年齡比男性低，也是我國勞動人口之特質（多集中在十五到十九歲，二十到二十四歲），而造成這種現象可歸因於女性教育程度低，較男性早婚，就業受到婚姻、養育子女以及勞動市場需求的種種因素所影響。

4.教育：我國勞工之教育程度仍以國小、國中最多。其次為文盲、高中、高職。其中女性教育程度又比男性低，約有百分之九十以上是國小或國中畢業生，尤以國小程度所佔比率最高。

5.職業：依據六十六年的統計，男女兩性均以從事製造業人數最多。若分別就男女性別來看，男性從事礦業及土石採取業、製造業、水電煤氣等、營造業、運輸倉儲及通信業、餐旅及其他服務業，在總工作人口中所佔的百分比分別為：二‧六三，三五‧〇九，〇‧六〇，九‧一三，一一‧八七，〇‧九五。女性則分別為：〇‧五〇，三六‧六二，〇‧〇九，一‧一〇，〇‧五八，〇‧八一。由此可知男女兩性在各業的職業就業人數，並不相同。

6.社經地位：由於勞工教育程度偏低，消費型態以食衣佔多數，而教養及娛樂，賦稅支出、運輸交通與通信都比其他人員低。社會權力使用也較少，再加上傳統價值觀念「萬般皆下品，唯有讀書高」之影響，勞工社經地位顯然比其他職業階層者低微。就各種職業聲望的調查，無論中外，勞工的地位是敬陪末座的職位。（註二）

從上述的分析，可知勞工人數甚眾，國家如欲達到提高國民知識水準，涵育生活知能，提高現代人的人格品質，勞工教育是應善加重視的一環。而在辦理勞工教育時，如依據前述教育與社

會變遷的三種基本關係來分析，應注意以下原則：

　　1. 因應不同的年齡、性別、教育、職業之需求而決定教育類型、方式，甚或教具，教材、教法等的施用。

　　2. 一切措施要具有提高知能與社經地位之功能，並以合理的計畫來完成這些功能。

二、勞工工作環境的特質

　　根據羅伯次（K. Roberts）及安德遜（C. A. Anderson）的研究，影響到教育擴展的因素有經濟、意識型態（習俗）等等。（林清江譯，民 67：17—19）本節就以這種觀點出發，再加上工學的發展，分別就這幾方面，剖析在工作環境中，對於勞工教育較具有影響的幾個特質，而這幾個特質也可以說是我國社會變遷中的明顯特質。

(一)經濟方面（參閱表一）

　　1. 直接因素：包括經濟生活水準的提高；生產的機械化與部分的自動化；職業結構的變遷勞動力狀況等因素的影響，現逐項加以說明。

　　就經濟生活水準的提高來說，我國民國六十七年的經濟成長率高達百分之十二‧七九，而國民平均所得達二三八五二元，較六十六年增加百分之一〇‧二〇（按六十年固定價格算）可見國民生活水準普遍提高。如再就勞工薪資來看，各類受雇員工（包括職員）六十六年平均每月薪水為六一一五‧六七元。比六十二年增加了一‧〇七倍。如扣除物價波動所形成的幣值貶低，仍可

顯示勞工經濟生活的好轉。

　　就生產的機械化與部分自動化方面，可以看得到的一些現象是工人在隆隆的機械前與部分自動化的生產程序中，個人變得渺小而微不足道，同時覺得例行化工作的枯燥煩悶，故具有「掌握個人事物」，以追求自由獨立；與了解受控制的種種壓力來源的願望。（Schneider, 1957：179）然則，在另一方面的影響卻是體力消耗的減少與休閒生活的增加。

　　再以職業結構與勞動力狀況來分析。對勞工教育最具影響力的是基層作業人員的需求增加，以國中程度所需的人類最多。（註三）但其供應卻有不足的現象。此外便是工時，流動率、失業率的情形。目前我國由於尚屬勞力密集經濟，工廠為了減低成本，同時又受能源限制，加班、輪班是一般工廠的常見現象。各業平均每日工時都超過八小時。不過各業除餐旅服務業及其他服務業、運輸倉儲及通信業外，平均每月大約能休息四日多。流動率方面，在輕工業偏高。失業率則以十五到十九歲佔的比率最高，就六十六年來說共有八一、五九三人失業。（註四）

　　2. 間接因素：

　　1. 生產單位組織化：隨著生產單位的日趨複雜，以及生產的分工細密，工廠管理經營的組織化，是一項客觀的事實。而組織化的結果，通常有以下幾種特徵：(1)決策之合理化；(2)社會關係之非人格化；(3)事物處理之慣常化；(4)權力之集中化。（郭為藩，民68）個人受到這些制約，一方面因一切事物有專人來處理，且做事有一定的程序與成規可循，而較有安全感。但另一方面也因一切太公式化，慣常化、集中化而感到個人失卻獨立自主的權力。

2.人際關係表面化：工業化、組織階層化的結果，使上司對部屬的管理由體恤性趨於結構性的正式領導。（Schneider, 1957：177—180）加上工作的緊張忙碌，使得傳統親密的人際關係逐漸疏淡而表面化。這種現象是人類心靈的一種危機，故根據企業管理學者應用馬思洛（A. H. Maslow）需要階層論，認為人際關係滿足的需求，將隨著薪資的提高，工作的穩定，工作環境的單調而與日俱增。根據海爾等人（M. Haire, E. E. Chiselli & L. W. Porter）之研究，認為美國及英國的工人需要層次，在一九三五年將以生理、安全的需要為主。而至一九八五年則以人際關係，受尊重感為主要需求。這點與施耐德（E. V. Schineider）之研究，以為人際關係的和諧是許多工人認為良好工作條件。相反地，人際關係上的挫折將是工人角色扮演的壓力。（註五）都可證明工業化所帶來的人際關係的疏淡，使人類更需求獲得溫馨的友誼，這種情形亦可在我國工業迅速發展中看出其端倪。黃富三先生的研究顯示出女工離廠的原因中，主管人員態度不佳與同仁相處不和各佔諸因素中的第三、第五位。（黃富三，民 66：152—153）彭駕騂先生也有類似結果的研究。（彭駕騂，民 67：6）

㈡技術因素（參閱表一）

1.大眾傳播媒體的多元化：電視、電影、幻燈及其他視聽器材、報紙、雜誌、書籍之普遍，使知識的傳遞與運用更加便捷。尤其電腦的發明對人類貢獻更大。故當前是一個知識爆增的時代。

2.交通電訊的發達：縮短了人的距離，使溝通更易達成。

表一：我國廿一年來經濟社會變動的概況表

項　　　　　目	45 年 (基年)	66　　　年	備註 (增減情形)
1. 平均每人實質所得(60 年幣值元)	6526	17863	173.72%
2. 社會福利支出佔政府 支出之比例	6.7%	11.9% (65 年)	+2.2%
3. 失業率	5.8%	3.0%	−2.8%
4. 農人口	59.9%	27.13%	−32.87%
5. 非農業人口	40.1%	72.87%	+32.77%
6. 就業率	32.1%	63.3%	+31.2%
7. 工業生產指標	154.8	2572.3	+15.6% (民國 40 年為 100)
8. 醫藥保健			
①平均每萬人之醫護工作人數	10.8 人	20.7 人	+10.0 人
②平均每萬人之病床數 (公立)	3.2 張	22.3 張	+19.1 張
③公共衛生支出占政府支出比例	2.2%	2.3%	+0.1%
④保健衛生佔每戶消費支出比例	4.3%	5.9%	+1.6%
⑤蛋白質 (1 人 1 公克)	53.9	76.6	22.7

9.住宅環境			
①國民住宅興建戶數	3280	3961	681
②平均每人居住坪數	2.1 坪 (54 年)	4.1 坪 (64 年)	2 坪
10.教育研究支出占政 支出比例	12.2	16.4	＋4.2
11.出版及翻譯圖書冊 數	2733	9304	＋6571 冊
12.電視每千人架數	2.4(54 年)	981.2	＋978.8 架
13.報紙雜誌每千人份 數	37.4(54 年)	119.2	＋81.8 份

參考資料：內政部，中華民國台閩地區人口統（66 年）

行政院主計處：中華民國六十七年勞工統計年報

行政院經濟建設委員會綜合計劃處，中華民國社會福利指標。

㈢價值觀念因素

1.社會價值觀：傳統的「唯有讀書高」，以及「技術是雕蟲小技」的價值觀念，雖然隨著工商業化急功近利的經濟價值導向，而日趨式微。不過重視教育的價值，追求功名的成就，仍是受到傳統文化的影響。

2.勞工價值取向：根據多數人的研究，價值取向隨著社會階層地位而不同。（註六）勞工階層往往較重視存在的價值取向；持宿命論，較少進取冒險的雄心與膽識；對教育價值不如中上階

級重視；較偏重職業的固定，收入的提高等需求，追求自我實現的慾望較不強烈。（師大教育系，民 67：365—366）

四公共政策

1.勞工福利政策：在政府建立均富的安和樂利之福利社會目標下，勞工福利政策亦普受重視。其中並將勞工教育列為福利措施之一。訂有勞工教育實施辦法。

2.繼續教育體系的缺失：我國向來注重正規學校教育的投資與革新，然在人力需求隨工業發展，而須使教育途徑多元化、彈性的今日社會，繼續教育系有待建立。

由上述幾種工作環境特徵的存在，如進一步探求其與勞工教育的關係，可能會有以下幾種現象發生：

1.勞工教育可能利用的資源增加：如勞工生活的經濟收入提高、大眾傳播媒介的發達等，對此均有影響。

2.勞工教育的意願與興趣，深受工時、流動率、價值觀念、獨立自主、人際關係等需求的影響。

3.勞工教育的需要提高：由於傳媒介、生活水準的提高；工作環境的改善、使得勞工需要層次逐漸向上提昇。此外，失業率以青少年為高，也將使勞工教育擴展，以穩定青少年工作情緒，增進其適應能力。

4.勞工教育的重點要因應輔導溝通技巧、工廠組織協調，與促進合宜領導方式等需要配合施行。

5.勞工教育可改變社會變遷中的失調現象：如提供青少年第二進路，以緩和升學主義，協助解決基層勞力不足問題。又如可透過它以充實勞工知能，解決工作煩悶的困擾，並糾正不合宜的

價值觀念等。

　　6.勞工教育將日趨擴展：隨著社會變遷的需要與政府對勞工福利、繼續教育的重視，勞工受教意願的提高，而逐漸擴張。

　　總之，當前客觀的社會的特質或生產環境，對勞工教育或有促進作用，或有阻礙作用，是辦理勞工教育時所當明察的事實。

肆、社會變遷中的勞工教育問題

　　我國目前正邁向工業化、現代化的目標。在急速工業化的過程中，勞工不但要具有適應技術變遷，因應變遷環境的知識；同時在現代化過程裏，亦須具備一般生活知能與文化、科學修養，透過勞工教育可協助勞工獲得這些知能，以適應現代變遷的社會。由這種認識，環顧目前勞工教育的實施情形，可見有幾項問題亟待解決。

　　一、觀念上的偏失：漠視勞工教育的價值，認為是一種次要的補充教育。政府雖有政策的頒佈與實施方法的擬定，不過卻沒有強制執行的具體決策。而若干法令的缺失，諸如經費的規定偏低，勞工教育委員會缺乏專人負責等均未加以改進。企業單位則將它當做緩和工人壓力的福利措施，並未能視為積極促進生產的方法。工會也視為工會幹部講習的活動而已。這種種的缺失，使若干應義務化的勞工教育，如童工義務接受補習教育，僅見於法令，或部分有規模的公營工廠，未能全盤付諸施行。除此之外，勞工本身也產生若干不適宜的觀念。最常的是由其社經地位低微或過去學習失敗的學校經驗，所引出的自卑心理。認為自己沒有

能力學習。甚或受到社會價值觀念的影響，認為既無法擠入日間正規學校，再念念補校或他類學校，是非常失面子的事，年齡較大者，一方面受自信心及工時、生活壓力的影響，受教意志甚低。而這些心態都大大地妨害了勞工教育的發展。

　　二、未能提供多元而彈性化的教育機會：由於我國勞工甚眾，且有日漸增加的趨勢。勞工教育的受教意願又在前述有關因素的影響下提高。就楊孝濚等人的研究，發現有百分之九六·六的人表示最需要教育。（周宏，民 67：19）然而從民國四十五年至六十年間受過勞工教育者僅一四四二八七九人。（不包括勞工上夜校及補校者）（周宏，民 67：49）平均每年只有九萬零一千八十人左右。與基層作業勞工的就業人數一比，可知勞工受教需要雖高，但因觀念上的因素，工時的限制，以及勞工教育設施未能因工作條件，社會變遷而多樣化、彈性化，以配合前述分析過的不同勞工個別差異的需要，故使得實際受教人數降低。這是在社會變遷中，我國因教育經費短缺，實施時間未能依照各業工時的特性，且教育設施未能配合各業、各年齡結構、各教育程度的需要予以彈性化，所造成的失調現象之一。

　　三、教育重點未能配合社會變遷：在社會變遷過程中，根據前述的分析，可知無論是以短期或長期的方式實施，在教育內容上均需配合變遷中的特殊需求。例如在變遷的社會中，特別要著重使個人如何適應變遷的環境，獲取安全感。著重工會教育，以引發勞工領導能力，能夠認清本身的權利、義務，有能力處理自己的問題。此外尚需培養其樂觀進取的精神、正確的價值觀念；引導其適當的休閒娛樂活動。故工會教育、文化科學教育、生活與職業教育應同是勞工教育的重點。然而就目前我國實施的情

形，可知較偏重於知能教育，其次為國語文教育，而工會教育則偏低。（參閱表二）這種偏失早在民國五十一年，美勞教專家歐佳士博士（Dr. Charles A. Orc）來華時，即明白指出。（張天開，民 67：145）

四、教學方式未能配合需要：成人學習受到過去經驗以及工作條件的影響甚大。當前我國勞工教育人員，有些不懂得教學原理；有些他校的兼任老師雖懂得，但不了解成人特殊的心理與經驗，仍以學校傳授法講課，如此便影響了成人學習之興趣與效果。

伍、社會變遷中的勞工教育調適途徑

洞悉上述社會變遷中勞工教育所發生的問題，其調適途徑有如下述諸端。

(一)建立一套有效合理的勞工教育獎勵辦法

勞工教育的施行需要政府、工會、企業單位共同協調負責。但因目前工會組織不健全，暫時無法發揮正常功能。同時企業單位著眼近利，並受流動率影響，不願按規定提撥經費，今後在這兩者未能扮演適當角色的過渡時期，政府當本福利國家的理想，編列預算，予以辦理機構相對基金式的補助。或者減輕用於辦理教育的費用之徵稅率。此外，宜擬定一套配合進修的勞工晉升辦法。凡參加各種勞工教育，其薪資與職位可依法提高。如參加企業內舉辦的技能訓練，或其他教育活動，得因所參加的期數、等

級，予以調薪進職。如此讓一般工人要升領班，或領班要升技工，有一定進昇的訓練程序。使得在職進修與職等密切配合，而逐漸系統化，那麼勞工參與率將提高。同時企業亦得與其他在職訓練機構充分配合。消除其漠視勞工教育的事實。

㈡提供多元化、彈性化的第二教育進路

我國由於勞工社會背景顯有差距，又因各業工作條件不同，故勞工教育要因應需要，以多元化的設施，以彈性化的實施時間，發揮更好的效果。

根據筆者前面幾節的分析，可考慮實施的方法有下列數種：

1.空中補習教育的再發展：我國電視、廣播電台的播映時間並不短。同時國民生活水準提高，據統計於民國六十六年，每一千人當中有一九〇‧九架電視機。每十萬人有一‧六電台數。（行政院經建會綜合計畫處，民 67）可見我國電視之普遍，以及廣播業之發達。因此由政府、企業界、工會協調，與電視、電台合作，有組織有體系地推行空中補習教育是當今努力的重點。

實施的方式可分短期分級分期，彼此銜接的各種研習班和長期性的正規補習教育課程，包括國民補習教育、高級進修補習教育、專科補習教育。

2.全面實施義務國民補習教育：包括相當於國小、國中階段的補習教育。自從實施九年義務性國民教育之後，全面的實施義務國民補習教育，乃是提高國民生活素質必備的條件。故教育部宜督責每個僱用十五歲以下之工人，使其部分利用假期，部分利用工作時日，完成補習教育。其時間分配比例可為一比二。如此可兼顧工作者與廠方的需求。

3.確立高級職業義務補習制度：我國由於經濟的進步，教育隨之不斷擴展，其中尤以中等教育與高等教育階段最為明顯。在中等教育階段擴展的結果，是世界各國義務教育普遍延長到中等教育階段。我國於民國五十六年，義務教育亦在此種趨勢下，延長到初中階段。近年來，由於經濟水準普遍提高，且民眾對教育功能性的價值頗為重視，遂有人提議義務教育再延長。但由於目前人力需求結構，以及政府財力的分配，將義務教育延長至十八歲，並非很妥切的措施。不過在科技迅速變遷，職業人才需求的條件下，有些教育學者主張模仿英、德、法、美諸國的「義務職業補習教育」，使不升學的國中畢業生接受部分時間的義務補習教育。也就是政府有義務實施這種補習教育。企業、工廠單位也有義務讓這類工人，利用部分的上班時間，到學校進修。如此可使企業界的職業訓練與職業教育配合。使未升學的國中畢業生獲得教育的第二進路。同時也促進閒散的青少年，或準備重考者，立即投入生產行列，將解決基層勞力不足及人力閒散的浪費等問題。甚至可以減輕青少年犯罪問題與升學壓力等偏失現象。基於這些認識，今後義務教育再延長的過渡階段，宜使此項教育設施制度化。

4.各種講習班，宜配合勞工問題、勞工特殊需求，分級實施，使其有系統地連接。例如工會教育、領導幹部訓練，均非二、三日的集訓，就能達成目標，宜以分級方式，有系統地分期實施。

㈢勞工教育內容要兼重職業知能與博雅教育

由於科技的革新，世界千變萬化，知識也日新月異，今日所

習得的知能，不見得能運用於迅速變遷的明日社會。故許多國家在重視職業技能教育的同時，也注重培養學生如何適應變遷的社會能力，以及如何做一個敬業守份的職業工作者。勞工教育在這樣的情形下，在內容上也不能偏於工會教育與知能教育，還要注重人文科學、文化方面的教育。因之，在今日的勞工教育內容中，應包括三大方面：1. 與基本生產知能有關者：如工會教育，透過工會教育、培養工人領導幹部；並使所有會員認清工人應有的權利、義務、安全衛生教育，以保障職業上的安全。生活適應教育與休閒娛樂教育。這是一般基層勞工都應接受者。2. 特殊職業技能教育：如特殊的人際溝通技巧訓練、領班人才訓練及特殊技術訓練等。3. 文化科學教育：包括對基本文化的認識，以及樂觀進取，創造主動性格的涵育。變遷的適應態度與敬業道德的培養，價值觀念的改變等。

　　而這三者形成的型態與份量的比例，也將隨著過去偏重工會與技能教育方面，趨於各按社會變遷的需要，而有適當的比例。其演變情形如下：

　　由原來三角形的狀況變為橢圓，代表了更多的人需要接受一般的文化科學薰陶。而在基本生產知能、特殊職業訓練與文化科學教育上，將由原來三：六：一的情形，改變為三：二：五的現

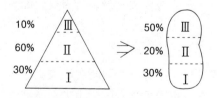

圖一：勞工教育內容比例變化

象。

㈣加強舉辦工會教育與勞教人員在職進修

勞工教育應是成人教育的一部份，它的實施需要靠代表工人的團體，工會發揮正常的功能，負責籌辦勞教的主要機構。但目前我國工會組織並不健全，也沒有什麼大作為。重視工會教育，提高幹部素質，是辦好勞工教育的必要條件。

此外，勞工教育方法的失當，實導因於許多兼任老師素質不高。還有就是只懂得教專業的學校學生之教學方法，不了解如何成功地教導工廠職業學生的藝術，故宜舉辦勞工教育人員的在職進修，使現任的勞教人員能夠了解成人的心理，成人的經驗背景，靈活運用各種生動的教材、教具，達成教育效果。故美國有名的成人教育學者諾而斯（M. S. Knowles）認為一個成功的成人教育學者應懂得成人教育學（Andragogy），深切了解成人的幾個特性：1.成人經由成熟的過程，依賴性的自我觀念逐漸演變為「自我引導」的自我概念。2.成人累積的經驗會成為學習的資源。3.成人之學習是為了工作或社會角色之扮演，故追求有急效的知識。4.由於第三點的影響，成人的學習喜歡以問題為中心，而不喜歡按科的課程安排。（Knowles, 1970: chap.1）這幾個成人學習上的特色，是值得我國勞教人員借鏡之處。

㈤提供勞工教育

積極運用計畫策略，使勞工教育配合職業訓練，職業教育，以迎合人力資源培育與現代人修養的需求。引導社會變遷經進步的途徑邁進，發揮勞工教育積極性的功能。

陸、結論

　　從上述的分析，本文所得的結論如下：

　　一、社會變遷是一種社會演化的過程，並不一定代表著進步，唯有利用有計畫的適當控制，才能使社會變遷導向所期望的社會進步。

　　二、社會變遷導因於自然、生物、工學、文化的交互作用。其中就教育與社會變遷的關係可歸納勞工教育的調適原則如下：

　　㈠勞工教育具有適應性質，需配合勞工背景的差異，社會變遷中環境的特質，加以調適發展。（見附圖二）

　　㈡勞工教育也具有自主性，宜協助各種生活知能的獲得，尤其在現代化、工業化所特別需要的一切知能，態度或價值觀念的改變，故需要積極地策畫。（見附圖二）

　　㈢勞工教育在革新過程中，要注意隨時擷取有用的資源，如利用廣播、電視施教。或利用附近的社區活動中心、圖書館、博物館、社教館、學校，及正籌建中的文化中心，辦理聯合活動。以求勞工教育資源豐富化。勞工教育活動多元化、彈性化，真正成為成人教育的重要部份。

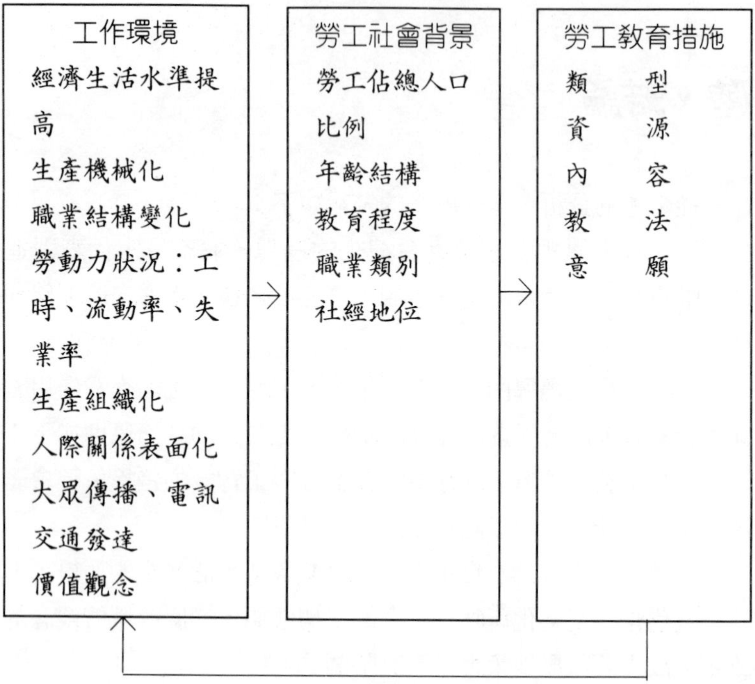

工作環境	勞工社會背景	勞工教育措施
經濟生活水準提高 生產機械化 職業結構變化 勞動力狀況：工時、流動率、失業率 生產組織化 人際關係表面化 大眾傳播、電訊交通發達 價值觀念	勞工佔總人口比例 年齡結構 教育程度 職業類別 社經地位	類　　型 資　　源 內　　容 教　　法 意　　願

圖二：工作環境、勞工教育背景與
勞工教育調適之關係圖

附註

註一：民國十三年一月，中國國民黨在廣州舉行第一次全國代表
　　　大會宣言中，標舉普及勞工補習教育的重要性：「中國工
　　　人之生活絕無保障，國民黨之主張，則以為工人之失業
　　　者，國家當為之謀救濟之道，尤當為之制定勞工法，以改
　　　良工人之生活，此外，如養老之制，育兒之制，周恤廢疾
　　　之制，普及教育之制，有相輔而行之性質者，皆當努力，
　　　以求實現。參閱陳國鈞，現代勞工問題及勞工立法，正
　　　光，民國六十五年，頁二〇六。民國十九年國民政府公佈
　　　施行「工廠法施行條列」，規定「工廠舉辦工人及學徒之
　　　補習教育時，應將辦法及設備呈報主管官署，並應每六個
　　　月將辦理情形呈報一次。參閱：中國勞工運動史編纂委員
　　　會，中國勞工運動史⊜，中華大典編印會，中國勞工福利
　　　出版社，民國五十五年，頁一一五四。

註二：根據何頓（P. B. Horton）等人之研究，美國各類職業聲
　　　望以沒有技術的勞工最低，他們在各類職業聲望的等級排
　　　列於七十以後。（見附表）參閱：林清江，教育社會學，
　　　台北：國立編譯館，民國六十六年，頁三八四～三八五。

職　　業	等　　級	職　　業	等　　級
水管或煤管工人	五九	巡夜者	七七‧五
牛乳工	七〇	礦工	七七‧五
伐木工人	七二‧五	包車司機	八〇‧五
加油站工人	七五	門房	八三
碼頭工人	七七‧五	洗衣店熨工	八五
鐵路護路工	七七‧五	以集垃圾者	八八
擦鞋匠	九〇	清道夫	八九

註三：根據人力預測，在六年經建計畫後三年期間，所需要及供
　　　給人數，按教育度區分如下列情形：

供需人數 ＼ 教育程度	專科以上	高中 高職	國中以下
供 946,500 人	16.2%	31.4%	53.4%
需 880,800 人	14.5%	26%	59.5%

資料來源：余煥模「了解今後人力需求趨向，教育結構應作調整
　　　　　配合」，中央日報，民 68 年 8 月 20 日第 9 版。

註四：我國勞工之工時、流動率、失業率情形如下：

行業類別 勞動狀況	礦業及土石 採取業	製造業	水電煤氣業	製造業	運輸倉儲及 通信業	餐旅業及其 他服務	備註
每人每月平均 工作日數	22.4	25.4	23.7	25.6	26	27.6	顯示工時長 短隨工作性 質而不同
每人每日平均 工作時數	8.1	8.7	9.6	8.1	8.5	9.5	
進退率	進：4.51 退：4.59	3.04 3.01	0.83 0.50	4.69 3.74	2.55 2.29	2.55 1.81	隨工作類別 不同而差異
失業率	15-19 20-24 9.0 4.0	25-29 30-34 2.2 0.8	35-39 40-44 0.5 0.5	45-49 0.9	50-54 55-59 2.1 3.7	60-64 65 4.3 5.0	同時女性平 均之進退率 都比男性高

資料來源：行政院主計處：67 年中華民國勞工統計年報

註五：工人需要層次從一九三五年到一九八五年的演變趨勢如下圖：

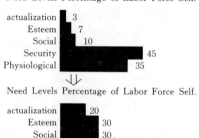

Needs Levels
Need Levels Percentage of Labor Force Self.

actualization　3
Esteem　7
Social　10
Security　45
Physiological　35

Need Levels Percentage of Labor Force Self.

actualization　20
Esteem　30
Social　30
Security　15
Physiological　5

參閱：M. Haire, E. E. Chiselli & L. W. Porter, Cultural Patterns in the Role of the Manager, Industrical Relations, February 1963, p.113 reporting a survey in eleven countries coverig a about twenty-eight hundred managers.

註六：卡布瑞拉（Y. Carbrera）曾對墨裔美國人與美國中等階級的價值取向加以比較研究。克羅孔（C. Kluckholn）也曾對美國中等階級與較低階級人士研究其價值取向差異狀況。結果兩者都發現因階級不同，價值取向前不盡一致。

參閱：林生傳，社會階層化及其影響教育成就的理論架構與例證載師大教育系，教育研究所編，教育學研究，台北：偉文，民國六十七年。頁三六五～三六六。

☞參考書目☜

王文科（民67），「社會變遷與教育」，載國立台灣師範大學教育系、教育研究所主編，**教育學研究**，台北：偉文。

白秀雄等人著（民67），**現代社會學**，台北：作者自行。

行政院主計處（民68），中華民國勞工統計年報。

余煥模（民68），「了解今後人力需求趨向，教育結構應作調整配合」，**中央日報**，六十八年八月二十日第九版。

何清欽譯，A. H. 哈爾塞等著（民67），教育、經濟與社會，台北：協志工業叢書。

周宏（民67），**我國現階段勞工教育研究**，私立中國文化學院勞工研究所碩士論文，民國六十七年。

林清江（民66），**教育社會學**（第四版），台北：國立台灣編譯館。

郭爲藩（民68），「現代化與人格蛻變」，載**教育的理念**，台北：文景。

陳國鈞（民64），「論勞工教育問題」，載**勞工研究季刊**，第三十九期。

張天開（民67），**勞工教育**，台北：聯經。

楊孝濚（民66），**我國勞工教育與勞工權益相互關係之社會調查研究報告**，私立中國文化學院勞工研究所。

Brickman, W. W. & Lehrer S. (eds.) (1966). *Automation, Education and Human Values*. N.Y. : Thomas Y. Growell Company.

Hodgkinson, H. L. (1967). *Education, Inteeeraction and Social Change.* Englewood Cliffs, New Jersey

I.L.O.,(1976) Workers' Education and Its Techniques, Geneva.

Mcgee, R. (1967) " Education and Social Change" in P. Hansen & J. E. Gerstl. On Education—Sociological Perspectives N.Y. : John Wiley & Sons, Inc.

Smith, R. M. et al. (eds.) (1970) *Handbook of Adult Education.* N.Y. : Macmillan Publishing Co. Inc.

9

從我國老人社會調適
問題論老人教育途徑

壹、前言

　　從個人觀點而言，老年是生命過程中晚期的一個階段，就如同個人在兒童期、青少年期、中年期一樣，具有某些社會地位和角色。個人如能經由繼續社會化的過程，習得各種角色中應有的知能、態度及行為，使能成功地扮演其社會角色。然而，自生命的歷程看來，正如耶魯大學教授史密斯（E. P. Smith）所強調的，老年期是人生的第二變動期（青少年是第一變動期），老年人必須小心地自我引導，否則很容易發生適應的困難。

　　從社會觀點而言，老人是一個生理、心理、社會功能方面都逐漸衰退的群體。這些群體在逐漸老化的過程中，社會環境或體制對其應有的權利或義務都有某些規定或期望。如果這些規定或期望為群體中的多數人所遵行，並從其遵行中獲得自我的滿足，那麼就可以適應良好。社會的規範或期望不但因地不同，也會因時而異，尤其在社會急遽變遷的今日，社會對於老人地位或角色的賦予，很容易產生不明確或衝突的混亂情形。這種因社會變遷所形成的規範混淆，不一致或不連續現象，便造成老年人的適應困難。

　　我國目前的老人生於舊有封建社會剛剛解組，新的民主體制正在建立的一九一〇年代，長於一九三〇年代經濟困厄，以農為主，社會變遷緩慢之換，他們的價值觀念，行為規範，與今日科技發達、社會均富、進步迅速的一九八〇年代所產生的社會價值規範與文化規範，真有霄壤之別。這種差距，使這一代的老年人

在新舊社會文化之間無所適從。因之，迅速的社會變遷與老人的社會調適問題有很密切的關係。本文擬從這種觀點出發，分析臺灣地區自光復後的社經變化，對於老人調適問題的影響，進而探討我國老人在身歷這些社會變遷中的主要調適問題，最後並從社會化的觀點提出解決的途徑。

　　本文主要偏重於社會學觀點的探討，因之老人一詞，是指目前社會一般人共同認定時屆應退休的人。社會適應，是指老人能夠成功地扮演社會規定的角色，使個人感到愉快滿意的狀況。

貳、老人社會調適問題的背景分析

　　老人在其所屬的社會體系中，有其社會地位與角色，而其地位與角色係受當時的社會結構或其他環境因素所影響。本節將分析一些對老人調適問題有直接及間接影響的社會背景因素，包括人口結構與流動，家庭結構的改變，社會價值觀念及社會福利措施。

一、人口結構與流動

　　近年來，我國老年人口有逐漸增加的趨勢，民國四十五年，佔總人口數的百分之二‧四四，六十五年為百分之二‧六三，六十九年已增至百分之四‧四三（見表一），已由「青年國」躍居「成年國」。其比例雖低於其他先進國家（註二），但這種老齡化的現象，將使我國非生產性人口增加。

　　老年人的結構也是影響老人社會問題的因素。以年齡階層來說，自民國四十五年到六十五年、六十九年，我國老人約有半數左右的人集中於六十五、六十九歲的階層（見表一）。根據研究，這個年齡階層的老人，因生理、心理變化較不穩定，其對環境較不滿意。蘇耀燦先生的研究結果也發現福德敬老所的老人，在健康情況不好的情況下，高齡者的社會適應程度比較低年齡高（蘇耀燦，民 67:63）。準此，我國多數老人集中於時值心理、生理變化不穩定的年齡階段，很容易產生適應不良。

　　就性別比例言，由於我國女子平均壽命一向比男子長，民國六十八年男性平均壽命為六八‧九一，女性為七四‧二二，在老年人口中，女性人口多於男性人口。民國四十五年，其比例為一‧四七：一（男性為一）；六十五年，其比例為一‧一一：一；六十九年為一‧二一：一。這種特性，也有助於老人的社會適應，一般而言，女性的忍耐力較大，較易順應環境，其職業角色的變遷較小，轉換較易（可由外出工作的角色轉為家務管理，孫子照料者），故適應程度較高，男性則不然。

　　就婚姻情況來說，有偶者多，民國六十九年臺灣地區五十歲以上的人口中，有二四二七五九人未婚，一九一七○六二人有偶；四五三一二人離婚，四六一四二九人喪偶。未婚者約佔五十歲以上總人口的百分之九‧一○，有偶者佔百分之七一‧八九，離婚者佔百分之一‧七○，喪偶者佔百分之一‧七三。婦女中有偶比率較男性少，無偶比例比男性高（見表一），此係女性平均壽命較男性長的緣故。在現代社會變遷當中，家庭的許多功能都逐漸為其他社會所取代，只有其情感性的功能逐漸增加。臺灣老年人口當中，無偶（包括未婚、離婚、喪偶）與有偶之比例約為三

：七，可見無偶的情況並不太多，多數老人仍能有伴在旁，生活不致陷於孤寂，對社會現實較易滿意。

附表一：我國老年人口結構變動情形

項目		民國45年	民國65年	民國69年	變動情形（％）
一、老年人口數		65-69歲　70⁺	65-69歲　70⁺	65-69歲　70⁺	以45年為基年
		合計104,654　124,514	合計104,654　124,514	合計104,654　124,514	＋10.9
		男47,206　45,708	男47,206　45,708	男47,206　45,708	以65年為基年
		女57,448　78,806	女57,448　78,806	女57,448　78,806	＋0.80
佔總人口百分比		2.44	2.44	2.44	
一、婚姻（50⁺歲	合計			2,666,562	
之人口）	男			1,498,517	
	女			1,168,045	
未　婚	合計			242,759	
	男			207,078	
	女			35,681	
有　偶	合計			1,917,062	
	男			1,139,823	
	女			777,239	
離　婚	合計			45,312	
	男			29,537	
	女			15,775	
喪　婚	合計			461,429	
	男			122,079	
	女			339,350	
一、教育（65⁺歲	合計		603,525	766,140	（民65年為基年）
以上）	男		285,206	380,086	
	女		318,319	386,054	
不識字	合計		417,692	470,620	－7.78
	男		139,214	154,803	
	女		278,478	315,817	
自　修	合計		46,072	59,490	＋0.08
	男		37,839	45,327	
	女		8,233	14,113	
國　小	合計		99,294	160,122	＋4.44
	男		74,993	119,718	
	女		24,301	40,404	
初中（職）	合計		12,594	25,822	＋1.37
	男		10,020	20,098	
	女		2,574	5,724	
高中（職）	合計		15,207	28,901	＋1.25
	男		11,629	21,465	
	女		3,578	7,436	
專科以上	合計		12,666	21,235	＋0.67
	男		11,511	18,675	
	女		1,155	2,560	

就教育來說，以不識字者居多，國小次之。民國六十五年，

男性老人不識字者有一三九二一四人，國小畢業者為六一一九四
人，女性不識字者比男性多，為二七八四七八人，國小畢業者為
一九一六九人。民國六十九年，不識字者仍佔多數，但其教育程
度顯然有提高之現象（見表一），可見在我國教育文化水準逐年
提高的趨勢中，老年文盲已逐漸減少，其教育程度將與日俱增。
這對老年的社會適應可能有很大的幫助。根據中國社會調查學會
及臺北市場調查學會的研究，發現一般老人及安老院內老人的社
會適應程度受到教育程度的影響（中國社會調查學會）。蘇耀燦
在研究福德敬老所老人中，發現教育度愈高者，由於不滿於未識
字及程度低者，反形成與他人和睦相處的障礙，其適應較差（蘇
耀燦，民 67：63）。不過，這只就安老院內的情形而言，一般
家居老人的情形，很可能與此相反，因為教育程度愈高，其自我
調適能力可能愈高，此項推論還需進一步的驗證。

附表一：我國老年人口結構變動情形

　　以地區而論，住在都市的老人逐漸增加，以民國六十九年為
例，鄉鎮與都市老年人口之比為○·三二：一○。住在鄉鎮地區
的老年，可能由居住空間較大，且與鄰里、家人保持較親密的關
係，適應較好，都市的老人，可能因都市快速的生活步調，忙碌
的子女，人際關係的疏淡而較有適應不良的現象。

　　以上是就老年人口中的結構特質，分析其與社會適應之間的
關係。此外，人口的流動因素，也可能影響老年的社會適應。我
國從民國四十五年到六十五年間，農業人口佔總人口的百分比從
五九·九降至二七·一三，民國六十九年為百分之一九·五。於
是農村青年就業人口大量湧向都市，老年人留守家園的比例增
加，子女照料老人的情形減少。此外，有些老人雖隨子女移住都

市，但因其價值觀念、行為型態都與都市生活格格不入，甚至有些脫節的現象，這種情形也增加了老人適應的困難。

二、家庭結構的改變

在社會變遷過程中，我國的家庭從擴充式（extended family）的型態轉變為核心式（nuclear family）。在變遷較緩慢的農業型社會中，家庭是個人社會生活的主要單位，個人生於斯、長於斯、老於斯。老年人在家庭中備受尊重，往往是家庭經濟的掌管者，是家庭的主要決策者，他們在家庭中擁有很大的權力。但在今日的核心家庭中，主權落在年輕人身上，老年人不復過去的光彩。尤其在講究獨立、自由的時潮中，老年人往往被年輕人歸類為落伍者，很多事情諸如事業、婚姻等，年輕人多半自己做主，父母的意見只有參考作用，已不復往日那種主權在握的權威地位了。這種家庭型態的變遷，使家庭的權力結構從父權為主的情形轉至夫妻平權，老年人在家中的地位不復以前重要，其角色也從決策者變為退休者。但在一般老年人，他們仍希望擁有他們年輕時代經由觀察習來的父權式權力。白秀雄先生的研究結果，發現子女婚姻對象由老人家做主者只有百分之三‧五，但老人家認為子女婚姻應徵得他們同意的有百分之五五（白秀雄，民66：26）。由此可知，老年人由於生於父權式的家庭結構，也長於此，已習得該結構的行為規範與型態，但年老期卻面對父權的式微，於是事實與本身期望彼此衝突，形成老年人實踐社會角色的障礙。

家庭結構的改變，使得家庭的社會功能亦有所改變。美國的

社會學家烏格朋（W. F. Orgburn）認為家庭具有六種功能：感情、經濟、保護、娛樂、教育與宗教，其中除了感情功能之外，其餘都因其他社會機構的發展，而逐漸被取代（林義男，民70：45）。家庭是個人的基本團體（primary group），成員的關係密切，個人很容易從中獲得愛與被愛等情感上的滿足。這是其他社會團體所無法取代的功能。甚至有人認為現代社會愈來愈功利，人與人之間的互動雖然愈來愈頻繁，不過只是為了某種目的的結合，其關係是表面且短暫的，目的達成後，可能就消失。這種現代社會人際關係的疏淡更加強了家庭情感功能的重要。因之，老人如能與子女同住，受到子女的奉養與尊重，其社會適應將較為良好。但因子女多忙於工作、事業，是否有足夠的時間來陪伴父母，為工業化社會中一般有心的子女所面臨的難題。

三、社會價值觀念

老人的地位與角色受到當時社會價值觀念很大的影響。在我國傳統社會中，老人是成熟、智慧的象徵，具有崇高的地位，他們雖因「老來理應享福」的觀念，不直接從事生產工作，但卻扮演顧問或決策者的重要角色。現代是一個注重專業，注重不斷革新的工業化時代，科技的進步是各國共同努力的目標，老年人在這種科技知識日新月異的社會中，往往被認為是頑固、老邁、缺少創意的群體，是社會進步的障礙。因之，其地位已不如往昔，把位置讓給那些擁有新知識、新技能、有創意的年輕人。這種注重科技發展，偏向功利主義的價值觀念，使社會要求老人不再工作，只允許他們從事一些文化休閒方面的活動。事實上，這也僅

限於科技專業方面，在人文及社會科學方面的研究，年長將累積更多的見解與智慧，如果不是他本身的生理、心理狀況已不再工作，否則應與過去的社會一樣，愈老地位愈尊高，角色愈重要。

四、社會福利措施

　　過去我國對於老年福利偏向於消極性、補救性的設施，近年來由於老年人的增加，社會變遷，老人問題日漸嚴重，民國六十九年一月二十六日，總統明令公布「老人福利法」，以積極推動老年福利。目前已實施的重要措施有：

1. **老年人乘車半價優待**：自民國六十六年四月一日積極推動以來，效果尚可。
2. **實施醫療保健服務**：於民國六十六年研討試辦老人免費健康檢查計畫，由四個省轄市及臺北、南投兩縣先行試辦。民國六十八年再增加宜蘭、新竹、雲林、臺東、花蓮、澎湖等六縣。六十九年起則全面實施於全省各縣市。
3. **增加老人安養設施**：至目前為止，我國共有四十一個安老所，其中公立的有十五個，另外尚有十二所榮譽之家。這對孤苦無依的老人無異提供了其安享餘年之所，但根據研究，由於經費有限，缺乏專業工作人員、醫療、文康、衛生設備的缺乏等因素，使安老所中的老人形同與世隔離，社會適應不良（白秀雄，民 66：26）
4. **老人遊覽觀光地區及觀賞電影得享有半價優待**：除公辦之觀光地區及博物館等門票半價外，自六十六年十一月起，政府並輔導電影、戲劇、商業等同業公會響應老人福利政策，給予半價

優待。

5. **設置各種老人俱樂部**：臺灣省於民國六十五年一月公佈「長春俱樂部實施要點」，以輔導各縣市政府透過長春俱樂部的方式對退休公務人員加強服務，另於民國六十四年起在臺灣省社區成立長壽俱樂部，臺北市社區成立松柏俱樂部，以增進社區老人的休閒康樂活動服務。此外，也有民間團體成立的俱樂部，如女青年會的「青藤俱樂部」，也是以推展文康休閒活動為主，間或舉辦一些講座，以充實老人知能。

　　由上述的措施看來，可知我國積極推動的老人福利主要包括老人安養、醫療保健、休閒娛樂服務。不但政府積極立法倡導推動，也希望透過民間團體的合作，增進老人福利。這種積極的福利活動，有助於喚起全民尊老敬老的觀念，同時，幫助老年人從生產者的角色轉為退休者角色的適應。由此可見，我國已將老人問題看做是一重要的社會問題，必須透過政府及民間團體合作，共同推動多元的福利措施才能加以解決。

　　總之，我國社會已從變遷較緩的農業社會，轉變為日新月異的工業社會，老年人的崇高社會地位以及決策者的角色已日漸消失，代之而起的是社會對他們扮演退休者、再社會化者的期待。這種社會期待與老年人希望擁有的地位與角色有很大的距離，尤其在變遷迅速的社會中，大眾的價值觀念就相當紛歧，老年人的次級文化很容易與年輕人的次級文化相左，他們在轉換社會角色的過程中，較易產生角色衝突。

參、社會變遷中老人的社會調適問題

　　從前述的分析，可知人口結構與人口流動、家庭結構與功能、社會價值觀念以及福利措施等社會變遷變項，是造成我國老人產生社會調適問題的主因。

　　個人在老化的過程中，社會環境將要求老年人放棄原有的一些地位與角色，轉而獲得一些新的地位與角色。從社會功能方面分析，個人在成年、中年期必須扮演社會生產者的角色，社會對個人的職業角色期待相當明確。待至老年時期，在講效率、重革新的功利社會中，老年人被要求逐漸從工作行列中退隱，而扮演一種無工作角色的角色（roleless role）（註三）。從職業角色的觀點來說是一種休閒者的角色。

　　以社會權力的觀點而言，成年、中年期的人被認為它具有相當的社會能力與社會成熟度，掌有經濟權、統治權、決策權，充分扮演決策、參與者的角色，而老年人被認為從事直接生產的社會功能已減低，只適合明哲保身，安享餘年，是一種退休者的角色。

　　再從社會化的過程來看，兒童、青少年被認為是身心都未成熟的人，成為被社會化的主要對象，成年、中年期的人，身心漸趨成熟，其本身雖然也要不斷地社會化，但主要扮演社會化未成熟青少年的角色。在傳統社會中老年人是智慧的代表，是年輕人獲得知識、經驗的主要來源，然而在現代社會中，老年人被認為人格定型、學習、社會化都相當緩慢、困難的階段，將發生很多

社會適應不良的情形，因之老年人應經過再社會化的過程，以適應新的角色情境，故今日老年人要扮演再社會化角色。

簡言之，老年人在老化過程中，經濟、政治、社會地位將因自身的老化與社會環境的要求而逐漸由主角地位降至配角。其在經濟上的角色，從生產者逐漸轉換成休閒者；在政治方面，則自決策者、參與者日漸轉為退休者；在社會方面，則由社會化者慢慢變為被社會化者。在這逐漸轉變的過程中，如果老人社會化失敗，無法再社會化或社會的期待與老人本身的角色概念、行為衝突，或社會價值觀念變遷迅速，形成混淆不一致的情況，不能明確地賦予老人應有的地位與角色，則容易使老人產生角色能力不足（role incompetence）、角色衝突（role-conflict）、角色不明確（role ambguity）的情形。以下分別加以探討。

一、老人的角色能力不足

老人在扮演社會期待的退休者、休閒者、被社會化者等角色時，感到無法勝任的情形。就我國老人的人口特質來說，六十五歲—六十九歲年齡層的人佔了將近半數；同時女性多於男性；有偶者雖屬多，未婚、喪偶、離婚者亦在百分之三十左右；不識字者佔識字老人的十分之三，國小畢業者約為十分之四，其中女性不識字者比男性多。這些數字顯示老人多數處於較難適應角色轉換過程的初老期。而行單影隻的老人也不在少數；教育程度多為文盲或僅有國小畢業，高教育程度者甚少。

初老期的老人生理、心理變化都還不穩定，時屆被迫退休後的適應初期，在扮演退休、休閒、被社會化的新角色時，將比年

齡愈大者的適應來得困難。

　　行單影隻的老人，常常有孤寂、消極的傾向，尤其在喪偶之後，生活態度就更不積極，無論做什麼事情都提不起興趣，有時甚至有自我功能瓦解的現象發生。

　　教育程度影響老人的社會地位與角色。在重視專業知識，或工作技能的工業社會裏，文盲或教育程度低的人，一屆老年，則面臨無工作角色的新情境，這種快速的轉變，常使適應能力較弱的低教育程度者，感到無所適從，尤其當他們退休之後，仍需賴工作以維持生活時，更難找到新工作。當他們可以休息方式來安享餘年的情況下，往往因為缺乏安排自己獨立生活的能力，對社會所提供的文化休閒娛樂活動又沒有興趣參與，既不能充分肯定自我，又不能建立新的社會關係，故產生適應不良的情形。

二、老人的角色衝突

　　目前我國六十五歲以上的老人約生於民國六年之前，到目前為止，他們經歷了兩個截然不同的社會結構—農業社會與工業社會的變遷。在他們成長的時期，經由觀察上一代的行為型態，並接受農業社會的規範、期望之影響，認為長者應有某種崇高的社會地位與角色，然而，他們現在安老的現實社會卻是實足工業化的功利社會，為了革新，為了促進人力的新陳代謝，同時機器代替人工，工作時間縮短，社會要求他們在六十五歲以後要扮演退休的角色。這種社會期待與他們本身期望的差距，造成了角色衝突的情形。老年人有些身心俱全者還不希望從工作中退休，根據調查研究約有百分之三五‧五的老人表示願意工作（其中約百分

之五一的人表示工作是為了使生活有意義，百分之二六・九的人
為了有更多的收入，百分之一一・六的人是為了維持健康而工
作）（王國裕，民 68：99），可見我國閒不住的老人為數不
少。但目前我國尚缺乏老年就業服務，社會各機構也很少願意聘
僱退休老人，增加他們的適應困難。此外，我國老人依賴子女維
生者佔多數，其價值觀念與子女的差距太大時，則易生角色衝
突，尤其受教育較低之父母與具有較高學歷的子女，其生活態
度、思想觀念更易有鴻溝。許多父母認為他們是長者，豐富的人
生經驗應成為他們影響子女的權威根據，但多數子女認為他們的
父母觀念落伍，需要再社會化，不足以管教他們。

三、老人的角色不明確

　　老人的地位和角色受所處社會體系的規範、期望所影響，當
社會的規範紛歧或混淆不清時，則老人無法明確地了解所應扮演
的社會角色，也就是發生了角色不明確的問題，在我國社會結構
中，無論政治、經濟、社會、文化都不斷地變遷，在經濟結構
中，由於人力需求結構的要求，社會明定老人到了六十五歲即應
退休，但在重視老人福利的過程中，為了解決老年問題，卻主張
讓老人有機會再轉業，並力倡人生七十才開始，老當益壯，社會
應尊重老人擁有再工作的權利，這種紛歧的期望，使老人很難適
應角色的轉化。再者如社會期望老人經由再社會化的過程，以增
加社會適應能力，但卻缺乏提供明確的社會化途徑，使得老人無
所適從。社會福利中力倡老人乘車搭機，到觀光區或看電影，其
門票得享有半價優待，公車並設有博愛座，以尊敬老人，照顧老

人,但在執行中,大家不一定能表現尊老、敬老的行為,使得老人的權利雖有明確的法令規定,卻無明確的享有之實。這些現象都是社會期望不明確,以致使老人也產生角色概念不清,行為無所遵從的混亂情況。

總之,我國老人的適應問題主要是因社會變遷的影響,使其在老年時期,無法成功地由生產者轉化為休閒者;由決策、參與者轉為退休者;由社會化者轉為被社會化者。主要包括角色的能力不足、角色衝突、角色的不明確等三個層面。

肆、解決老人社會調適困難的教育途徑

針對上述老人角色的能力不足、角色衝突、角色的不明確等三個主要社會適應問題,提出透過教育的解決途徑如下:

一、提供老人再學習的途徑:增加他們自我引導的能力,以適應人生第二個轉變期的社會角色轉化過程。尤其對於中下階層,教育程度偏低,無偶的老人,更要設計一些適合其興趣與能力的非正式教育活動,吸引他們來參加,提高他們對角色適應的能力,可行途徑有以下諸種:

1. 積極推動各種老人教育俱樂部:老人教育俱樂部為老人的同儕團體,提供老人建立新的地位與社會關係,同時提供各種休閒娛樂活動,使老人身心更加健康,生活更加充實,並經由成員的彼此互動,產生相互學習的非正式社會化的作用。這對老人的角色能力助益甚大。目前我國雖訂有公務人員「長春俱樂部實施要點」,臺灣省社區成立長壽俱樂部,臺北市社區成立松

柏俱樂部辦法,但因其缺乏健全的領導組織,所舉辦之活動未能完全符合老人興趣及身心特質,成效尚待加強。今後,應將老人俱樂部之服務活動列為重點工作,由社區社會工作人員協助社區理事會或社區當中具有領導能力的退休老人及教育人員,組織推展俱樂部教育活動,以達以社區發展方式推展老人福利的目標。

2. 舉辦各種教育講座:幫助老年人了解自己的身心特質,獲得維持身心健康的方法,培養積極樂觀的人生態度,使老人很快能接受自己老化的各種生理衰退,社會角色轉變的狀況,進而能肯定自我、了解自我。

3. 推展正規的老人教育活動:老人教育的目標在於幫助老人扮演休閒者、退休者的角色時,能夠獨立安排自己過有意義的老年生活。其方式可透過短期研習班、通訊、空中大學,或一般各級學校舉辦老人教育推廣班。其內容宜著重與其角色有關的文化休閒方面的知能與態度,以及協助老人轉化社會角色的價值教育。根據調查我國老人贊成創辦老人大學,以提倡老人教育者有百分之七四,對於實施方式以贊成函授、定期講座者居多,各佔百分之三四、百分之二四(行政院經建會,民 68:195)。可見老人受教育的主要目的是為了使生活更加充實,其實施方式要具有彈性並適應個別學習需要。

二、舉辦退休前研討會:由各僱用機構,因個人身心特質及興趣,舉辦不定期的研討會。研討會中可請該機構已退休的老人傳授他們如何安排退休後的生活經驗。在研討會中幫助老人了解退休後的生活適應問題,使他們早做準備。同時透過各種聯誼的機會,培養退休人員的新興趣,而這種聯誼活動也可以成為已退

休人員保持其原有的社會關係的途徑，以增加其社會情感的滿足。

　　三、**舉辦親子教育座談會**：讓父母與子女一同來參加，增加兩代溝通了解的機會。可透過社區或社區中之學校舉辦，一方面使父母能面對現實社會，知道如何肯定自我，加強其自我的社會功能。一方面使子女了解老化過程中的身心特質，社會角色適應過程，以養成他們接納父母、尊重父母，幫助他們建立充實的生活。在以兒童為中心，重視青少年的民主社會中，親職教育普受重視，父母被希望經過再學習的過程習得為人父母之道，但社會卻甚少注意，為人子女亦應被教導如何幫助老年父母再社會化之道。

　　四、**成立老人諮詢教育服務中心**：利用函件、電話會談、諮商等方式，幫助有困難的老人解決其問題。

　　五、**社區老人俱樂部宜推展社會參與教育活動**：退休的老人如缺少社會參與機會，將加速其老化程度。因之，我國老人為了有意義的生活，有百分之三五‧五的人願意再工作，其中約半數的男性希望做和退休前同樣的工作，女性則多半願意管家，只有百分之一○‧七的男性及百分之六的女性表示願意做社會服務工作。可見我國老人仍多工作導向，身體健康的人多半選擇繼續工作的方式以享其餘年，社會服務意願不高，女性更是如此，這可能是因為老人較為保守，喜歡安定，比較無法肯定自我，不知自己能否從事社會服務。日後，可利用老人對社區的情感引導他們從事能力可及的社區服務或其他服務工作，使有閒有錢有心的老人成為重要的社會資源。同時擴展其生活領域，使他們以服務的方式來達到參與社會，實現自我的目標，俾增進他們更明確地了

解退休者、休閒者的積極參與社會的另一層面。不致因參與機會減少，與社會更脫節，對自己的角色義務與權利更不清楚。對於安老院中的老人，尤其要提供各種參與社會的途徑，才能幫助他們過一個愉快滿足的晚年。

六、建立老人社區教育體系：老人教育宜在學習社會的理念之下社區化，使老人學習就近進行，對老人較具有吸引力。

七、建立遠距教學體系：可利用廣播、網路、電腦、電影等資訊影像體系，建立遠距學習網，以方便不良於行及對網路有興趣的老人學習多元的內容。

伍、結論

我國老人在其老化過程中，由於本身的社會特質，以及面對家庭結構、社會價值觀念的急遽變遷，使老人面臨角色的不明確、角色的能力不足、角色衝突等社會調適問題。目前注重老年福利的環境，有利於老人的社會適應，但從增進老人制度式的福利措施觀點言，我國老人福利措施還不足以圓滿幫助老人解決社會適應的困難。需加強的措施為透過多種途徑幫助老人經由再學習再社會化的過程，增進其角色適應能力。準此，提供各種教育活動，如休閒娛樂教育、社會服務教育、再受教育等社會參與的機會，讓老人從文化休閒或社會服務的參與者、執行者的角色中，維持其廣大的社會接觸面，滿足其社會情感的需求，完成自我實現的目標。

附註

註一：依據聯合國的標準，凡一個國家六十五歲以上的人口未達
　　　總人口的百分之四為「青年國」；其比例在百分之四～百
　　　分之七者為「成年國」，百分之七以上者為「老年國」。

註二：其他先進國家六十五歲以上老年人口佔全國總人口之比例
　　　：

年代／國家	瑞典	英國	法國	義大利	美國
1951	10.3	10.7	2.4	8.0	8.1
1961	2.9	2.7	2.6	9.2	9.2
1962	12.2	11.8	11.8	9.5	9.3
1970	14.3	12.8	12.6	10.2	9.4

　　　可見上述幾個國家在一九六二年已進入「老年國」的階段。
引自行政院經濟建設委員綜合計畫處編，「老人福利問題之研
究」，民國六十八年六月，九六頁。

註三：無工作角色之角色是由其蒲其斯（F. W. Buigcos）所提
　　　出的看法，他認為社會的成見，促使老人扮演此等角色。

10

英、美大學
推廣敎育之比較分析

壹、前言

　　現代社會急劇變遷，經濟、科技、文化各方面之發展，日以千里，教育一方面要求適應變遷的社會，一方面要求達到促進整個社會發展的自主性功能。要達成此項目標，擴大教育對象，擴充教育活動，打破侷限於學校教育的型態，實施繼續教育（Continuing Education）或終身教育（Lifelong Learning），使全民都有不斷學習與進步的機會，乃是今日教育發展的必然趨勢。

　　在這種教育普遍擴展與延長的趨勢中，大學推廣教育乃應運而生。故大學在今日除負有傳統教學與研究的功能外，又多了一項社會服務功能；許多大學開始運用現有的人力、設備，實施擴充教育，以促進高等教育機會均等，培養個人適應社會變遷的能力，帶動整體社會文化的發展與進步。

　　我國大學推廣教育自民國六十一年大學法明文規定舉辦推廣教育以來，已逐漸發展。如何在發展過程中，針對我國社會需要，辦理各項教育活動，是今日我國高等教育改革動向之一。職此之故，本文擬就世界大學推廣教育先進國家—英美兩國之發展實施狀況，作一比較分析，冀發現大學推廣教育的有效措施，以為我國借鏡。

　　本文所謂的「大學推廣教育」係指各種大學為成人的進修者所提供有組織而繼續實施的教育計劃（澤田徹，民 61：51），是透過校內外教學、函授教育、教育電視、講習會、夏令短期課

程等方式，以實施繼續的高等教育（Continuing High Educa-tion），也就是麥克耐爾氏（Donald Mcneil）所謂的「大學或學院運用其人員，依據所需，隨時隨地提供額外的教育機會」（Mcneil, 1971：488）。由此可知大學推廣教育乃是大學利用其人力、物力，對於未能入大學者，或在職人員及一般成人，提供接受高等教育、在職進修、及續繼教育的設施，其目的則在於促進教育機會之均等，個人適應環境之能力，進而導致社會文化的開展。據此界定，本文研討之範圍為英美大學正常教學之外的擴充教學活動，包括大學推廣班、函授班、演講班、暑期學校、廣播電視等措施。同時，並分析舉辦這些教學活動不可或缺的因素：諸如社會背景、行政體系、經費等，以全盤了解英美的大學推廣教育。

　　以下就依次說明英美大學推廣教育的背景因素，以及其目標、功能、教學活動種類、課程內容、師資、經費等，最後歸納出英美大學推廣教育的特色以及優點，以為改進我國大學推廣教育之參考。

貳、大學推廣教育社會背景之分析

一、英國大學推廣教育社會背景之分析

　　大學推廣教育源自英國劍橋大學教授史圖特氏（James Stuart），於一八六六年，應邀至各地為勞工講演，一八七一

年，劍橋大學就根據史圖特氏之建議，在曼徹斯特、利物浦、色斐爾德、黎諸芝城，設置大學推廣班（University Extension Class）。早期大學推廣教育係基於民眾需要的一連串講演，後來由於政治、經濟、社會以及教育觀念的進步，使大學推廣教育逐漸成為有組織、有計劃、並具有獨立功能的設施。而促成此結果的社會背景有如下述：

1. 政治因素：民主政治的要求，打破了傳統大學唯我獨尊的貴族觀念，使大學開始敞開大門。另一方面，民主政治對大學推廣教育的影響便是充分反映「階級性色彩」的君主式民主，強調開會、協調以決議的風格，使大學推廣教育亦注重各機關的協調合作。

2. 經濟因素：英國幅員不廣，資源有限，經濟的繁榮幾乎全靠改進技術及對外貿易。不斷的工藝進展導致人民財富及休閒時間的增加（註一）。此外，經濟富裕也影響到離校年齡延長，大眾傳播工具發達，舉凡這些對大學推廣教育量的需求和內容的改進，有很大的影響。

3. 歷史文化傳統：在英國歷史文化中，我們可以發現兩大特色：(1)民族性的保守；(2)社會階級的觀念。因此，英國教育改革是漸進式的，同時直至今天仍殘留雙軌制的痕跡。

4. 社會福利制度的要求：英國自一九四二年貝里佛治報告書發表後（Beveridge Report），積極實施福利國家政策，為了要培養個人獨立能力，達成福利國家的功能，自需實施社會教育。這種事實需求，也使得大學逐漸開放門戶。

5. 獨立性社會教育觀念的建立：由於以上政治、經濟、社會諸因素的作用，以及受赫爾巴特教育社會化說，杜威實驗主義等

教育思潮影響，英國成人教育遂由補充性質，演變到成人生活需要的措施。比爾斯（Robert Peers）曾對此作過精闢之分析，他說「在教育機會普及的國家，成人生活中繼續教育的基本目的顯而易見的，是民主國家公民教育之一環；而此一部份的教育，屬於成人生活，無法提早實施。」（林清江，民 61：171）

二、美國大學推廣教育社會背景之分析

美國的大學推廣教育係仿自英國，於一八八七年霍布金斯教授亞丹斯（Herbert B. Adames）所倡。當時只不過辦些演講而已，到了二十世紀才成為有組織的活動。其迅速發展之因素有如下述：

1. 由於民主思潮的影響，大學教育採取門戶開放政策，供給社會人士以教育機會。

2. 由於科學進步、工業發達，人民需要更多的知識，以應付生活上職業上的需要。

3. 由於交通發達、國際關係日益密切，人民需要瞭解國際形勢。

4. 教育思想之影響：杜威的實驗主義，強調教育即生長，即生活經驗的不斷改造，因此影響到教育上認為人要適應社會變遷，需要不斷地學習。（孫邦正，民 60：173）

5. 教育心理的實驗貢獻：桑代克在所著「成人的學習」，以及「成人的學習興趣」二書中，證明成人的學習能力不亞於青年、兒童，其學習興趣也不會降低。

根據以上的分析，可知英美大學推廣教育迅速發展實具有以

下幾個共同的因素：

1. 民主思潮的影響。2. 工藝、科技的進步。3. 大眾傳播工具發達。4. 休閒時間增多。5. 教育需求提高。6. 成人教育獨立化觀念之建立。7. 教育心理學的實驗貢獻。

然而根據克勞斯萊（Brian Crossley）在「美國及英國高等或大學成人教育」一文中表示，美國大學中的成人教育辦得比英國好，課程及學分制，都比英國來得切合地方實際需要。（Crossley, 1976:4-5）這種差異係導因於英美社會背景之不同，以下，試就政治、經濟、歷史文化、種族等方面加以分析：

1. 政治：英國是君主式的民主，具有階級傳統，美國則比英國更強調個人自由與民主，人人具有追求高等教育的權利，使美國大學推廣教育後來居上。

2. 經濟：美國幅員廣大、科技進步、國民所得高，其工藝進展、財富資源、及大眾傳播工具之發展，都比英國迅速，所以美國高等教育的擴充大大得利於快速的經濟發展。

3. 歷史文化：美國在建國過程中追中自由與講求個人能力的平等競爭，使美國人民具有積極改革、求新的性格。其講求機會均等的風格，復與英國民族的保守性及階級性的殘留大異其趣。影響所及，美國的教育注重實用之學，強調教育的功能性價值；英國則以勞心者優於勞力者，注重人才教育，教育象徵性的價值勝於功能性價值。

4. 種族：美國是一個民族大融匯之國，黑白種族的紛爭，造成種族不平等的教育問題，近年來，美國趨向於以大學推廣教育來緩和之。而英國雖無種族問題，但社會階級的觀念恰如美國之種族不平等，也使教育上呈現階級不平等現象。為了縮短勞工階

級與白領階級之距離，英國遂以大學推廣教育來補足勞工階級失
卻接受高等教育的機會。

　　總之，英美大學推廣教育的背景有其共通處，也有不同點。
因此，它們所具有的功能、性質及實施的種類、課程、行政、經
費等便有所不同。以下就根據其背景因素，就這幾方面，加以比
較分析。

參、大學推廣教育的目標與功能

一、大學推廣教育的目標

　　從上述大學推廣教育發展的社會背景及近年來英美兩國的各
項措施中，可知大學推廣教育的最主要目標為：
　　1.普及大學教育，促進高等教育機會均等。
　　2.促進社會、文化、經濟之進步。

二、大學推廣教育的功能

　　就一般功能而言，英美是相似的，其主要的功能有以下幾項
：
　　1.普及大學的教學及研究活動所生產的新知識，增進成人適
應社會生活的能力。
　　2.使沒機會進大學的青年，有機會接受相當普通大學的教

育。

3.使在職或閒暇人士具有進修機會。

4.培養公民應有的意識及職責,達成公民教育之功能。

就特殊功能來說,由於英美具有不同的社會背景,推廣教育便有特殊要達成的任務功能,其差異如下:

1.協助解決社會問題:英國大學推廣教育有繼續消彌社會階級差距之功能,美國則負有解決種族教育紛爭之責。

2.美國特別注重為所在社區服務之功能:美國是比較注重運用大學推廣教育以發現並解決社區問題,如利用合作推廣服務,促進社區居民共同意識,或為工業化的社區,提供工業、專業技巧,並為特殊問題提供服務,如為老人設置各種課程等,比英國更具有實施服務社區的功能。

肆、大學推廣教育的種類

有關大學推廣教育的類別,可依其實施式及性質,來加以說明。

一、就實施方式說,英國目前實施的有以下幾種:

1.大學推廣班:這種班級係利用晚間連續舉辦若干次有系統的講演,每次約二小時,講授及討論時間各佔一半。其目的在於使十八歲以上的在職人員,利用閒暇,獲得較為高深的知識,或研究學術的興趣。如其能連續上四年,可取得參加大學考試資格。此外,每科講授終了,舉行考試,考試之後,視其平日學習情形及考試成績,分別予以證書:(1)普通學期證書;(2)優等學期

證書；(3)超等學期證書；(4)普通學年證書；(5)優等學年證書；(6)超等學年證書。

2. 大學講習班（University Tutorial Class）：這種講習班多半由大學或大學學院與「勞工教育協會」（Workers Education Association）聯合舉辦，通常約可分以下幾種：

(1)三年制的學級，每年講授二十四次，每次二小時，人數通常限制二十四人。

(2)一年制的學級，講授二十次，每次一小時半至二小時，學生人數限三十二人。

(3)一學期的學級，每期講授十二次，每次一小時至一小時半。人數無限額。

(4)預備學級，期限一年，講授二十四次，每次二小時，人數限三十二人。

(5)高等學級，期限一年，講授二十四次，每次二小時，人數限二十四人。

(6)短期學級，講授四至六次，每次一小時至二小時，人數無限額。

三年制的學級，相當於普通大學的程度。高等學級為三年制學級畢業生進修而設；預備學級為三年制學級的預科。短期學級屬於臨時性質，講師多非大學選派，而由私人自動擔任。這些班級，不舉行考試，也不發給證書。

3. 大學函授部：大學函授部是把各科的講義，交郵局分寄學生，附以學科研究指導法及作業題。學生按時做作業，按時將作業報告寄交大學。大學收到作業報告後，交由教師批閱，發還學生。這種函授辦法，可使大學教育散佈民間，而且可以使社會人

士在工作之餘，有進修的機會。（孫邦正，民 59：106-108）

4. 暑期班或週末班(Summer School & Weekend School)
：這種班級多由大學或大學與「勞工教育協會」合辦，暑期班都
在七月到八月舉行。週末班則排在每星期五、六、日三天。

5. 空中大學：於一九七一年創辦，為英國成人的第一所大
學。招收二十一歲以上的在職人士或家庭婦女，其入學資格，並
不重視他是否有高中文憑，而是注重他的工作經驗證明與以往在
學之情形來決定。

這種大學係由空中大學計劃委員會與英國廣播公司（
BBC）合作，透過函授、電視廣播、面授等三種方式實施教
學，同時為增進學習效果，設有三百個研究中心（Study
Centers），由課程導師及顧問（counsellors）定期訪問之，幫
助學生解決疑難。此外，為使學生可利用標準設備從事研究，並
提供促進學習的「大學經驗」，特於各地成立一週一次的住所夏
季學校（University Summer School）。

英國這種空中大學最主要的特色在於：

(1)具有學分學位：學生每年不得修超過二學分，累積六個課
程學分（course credits），才能獲得普通學位，如欲獲
得榮譽學位，應有八個學分。

(2)一般學位及榮譽學位（honors degrees）為普通方式而非
經特殊訓練者。

(3)學生得按其本身之進度完成其學位：每一全學分課程（
full credit course），學生每星期要花十二小時在家研
究，需繼續一年九個月。此外，現又設有「半學分課
程」（Half Credit Courses），經由認定，學生可免修

一到三的低水準課程，故學生得按本身能力完成其學位，大部份學生至少要花三到五年才得學位。

⑷使用多媒介（multi-media）教學技術。

⑸提供多面支援制度，學生可按本身需要選用。（唐山，民65：1～2）

至於美國的大學推廣教育實施的方式與英國大致相同，也是設有大學推廣班、大學函授部、講演、暑期學校、播音、電影、電視，但其內容實質卻有很多不同之處，以下分別就每種形式來加以探討。

⑴大學推廣班：美國大學推廣班是專為成人而設的，凡中學畢業或具有相當程度者得申請之。上課時間多在晚上，或下午及星期六。

這種推廣班收有兩種學生，一種是志願要修學分者，一種為沒有學分者。要修學分者，入學時審查資格及成績，學期終了時，經過考試，所得學分累加起來，達到一定標準，可獲得學位。

由此可知，英美學推廣班最大的不同在於英國僅按成人需要提供再進修機會，舉辦有系統的講演，給予的僅是一種資格。而美國則類似大學夜間部，能使更多的人獲得學分學位，完成大學教育。

⑵大學講習班：英國大學講習班，最主要在於提供學術研究，具有互相銜接的體系，學生可先上預備學級，再入三年制學級，畢業後進入高等學級。此為英國大學講習班之特色，而美國所設的大學學術演講會，與早期的大學推廣講演一樣，係由大學或與公私團體合辦的因應居民需要的活動，並不像英國那樣具有

系統性。

(3)大學函授部：美國的函授部是專為不能到校的成人而設，其入學資格及學分制與推廣班類似，約有十分之一的函授部，授予學分，但不給學位。有些大學，甚且允許學生以此補修學分。這種給予學分、及補修學分的現象，是它與英國函授最大的不同。

(4)暑期班或週末班：這種班級英美大抵相同，都是為那些平常沒時間進修的成人而設。美國的暑期學校更是中小學教師再進修的重鎮。

(5)空中學校：美國一九二八年，俄亥俄州立大學（Ohio University）創辦教育電台，其後各大學亦紛紛成立之。此外各大學也利用電視來教學；一九三六年，紐約大學就利用美國國家廣播公司製作教育節目，設有可得學分的課程。而西儲大學（Western Peserve University）、托禮多大學（University of Toledo）、休士頓大學（University of Huston）等也與商業電台合作播送教育節目。一九五○年三月，愛荷華州立學院的電視台成立，是第一所大學辦的電視台，其後大學也都成立。由此可知美國的空中學校是由大學或其州廣播電視台合作舉辦，是大學推廣教學活動的一部份，有適合於中小學生，也有適合成人之節目。而英國所謂的空中大學（Open University）則是一所獨立、開放的成人高等教育空中學校，有系統地透過信函、電視廣播、導師顧問等輔助成人再學習。

二、**就性質來說**，英美同樣具有獲得更高學位或學分，以及專業訓練，為特殊人員提供服務之性質。然其內容卻有所不同，現說明如下：

　　1.獲得更高學位或學分：英國只有空中大學提供這方面的服務，美國則幾乎所有推廣課程都區分為兩種，一為具有學分學位者，一為沒有學分學位者。據估計美國每年約有九十萬人進入大學推廣部門或夜間學院修習學分。有八十萬個部份時間學習者，從事獲得更高學位的學習。

　　2.繼續性的專業教育：英國的講習班，空中大學等均開設有此性質的課程，但其實施卻不如美國積極、興盛，此係源於民族性、工藝發展狀況及社會需求各異之故。一九六三年，美國參與專業再教育的情形相當普遍，可從各專業人員向加州大學推廣計劃註冊的比例中看出，該州的律師、牙醫、醫生及工程師、老師，參與的人數分別為各專業人員的三分之一、五分之一、六分之一、八分之一、十二分之一。（Haygood, 1970：203）

　　3.為特殊需要的人員服務：英美共同的特徵在於那注意到軍人及復職婦女（re-entering labor market）的再教育。英國對軍人，是由大學推廣部與軍中成人教育中央委員會合作，對其實施一般公民、文化陶冶教育，美國則為退伍軍人安排進入便於其轉業的學校科系內再學習。此外，美國也逐漸注重為老人安排學習活動。

　　總之，英國大學推廣教育，就其種類方面來說具有以下幾點特色：

　　⑴講習班分級實施，彼此銜接而有系統。

　　⑵成立獨立性的成人教育大學：空中大學。

至於美國的特色也有以下幾點：

　　⑴大學推廣班與大學本科類似，可給予學分學位。

　　⑵因應社會變遷，注重繼續性的專業教育，使各行各業能不

斷革新進步。

　　從上述其實施方式和性質對大學推廣教育種類之分析，以及其特色中，可知英美大學推廣教育種類異同之一斑 。

伍、大學推廣教育的課程內容

　　在課程方面，由於美英於政治、經濟、歷史文化以及教育價值觀念及兩國存在的教育問題各殊（已在本文第二部份分析過 ），其設施也有所別。為明瞭兩國課程，本節先以表列方式舉出各類大學推廣教育的科目，再進一步加以分析並比較其異同。（見表一）

表一　英美大學推廣教育各類設施之科目舉隅

科目 ＼ 類別	一、大學推廣班	二、大學講習班	三、大學函受部	四、暑期班或周末班	五、空中學校	六、備註
英 國	1.文學(中外) 2.歷史 3.社會學 4.政治 5.經濟 6.藝術 7.音樂 ……	1.文學 2.哲學 3.歷史 4.地理 5.經濟學 6.社會學 7.心理學 8.政治學 9.憲法 10.生物學 11.數學 12.自然科學 …等	1.文學 2.哲學 3.經濟學 4.社會學 5.政治學 6.語言學 7.數學 8.自然科學等	與推廣班課程相似。	空中大學 (Open University) 1971年一年級: 1.文學 2.數學 3.科學 4.認識社會 5.工藝（1972 年增） 1972年二年級 : 1.見表一附件	1.在英國空中大學修滿6個學分可得文學士學位。 2.修滿8個學分可得榮譽文學士學位。

美 國	1.美國文化 2.人類學 3.解剖學 4.建築學 5.氣象學 6.生物化學 7.工程學 8.比較文學 9.政治 10.法律 11.統計 12.繪畫 13.心理學 14.宗教 15.社會學 16.打字 17.速記 …… 等145多種	1.教育 2.英文 3.歷史 4.政治科學 5.拉丁系語文 6.工程 7.商業 8.數學 9.物理 10.化學 11.天文 …等	1.教育 2.英文 3.歷史 4.政治科學 5.拉丁系語文 6.工程 7.商業 8.數學 9.物理 10.化學 11.天文 …等	設置兩大類課程 1.與大學本科相仿者。 2.實用的課程。	1.文學 2.英語 3.心理學 4.歷史 5.植物學 6.生物學 7.美國企業經濟學 8.兒童心理學等 內容包括： 1.衛生知識 2.科學知識 3.音樂欣賞 4.時事報告 5.職業指導	1.美國大學推廣班之課程種類繁多不勝枚舉，此表係根據哥倫比亞大學普通學院所開設的，加以象徵性的列舉而已。 2.美國大學推廣班的課程可分五類： ①屬於大學文理學院的科目。 ②大學商學院的科目。 ③屬於教育科目 ④屬於工業及工業科目。 ⑤其他。
比 較	1.英國課程偏重社會、人文科方面，種類不如美國繁多。 2.美國課程繁多，幾等於普通大學所開的學科可同時適應各種需求。	1.美國沒有辦講習班，只按居民需要辦各種講演，其內容不像英國那樣系統。 2.英國將講習班視為一系列有系統的學術講座。		1.英國空中大學是一所具有彈性的獨立成人高等教育大學，所謂的科目深具系統息。 2.空中大學是中小學在職進修的重要機構。 3.美國職業指導。		

表一附件　英國空中大學（open university）課程表

課程等級	學門	科目名稱	學分
大一課程（1971）	1 文學	1 人文學	1
	2 數學	2 數學	1
	3 科學	3 科學	1
	4 社會科學	4 社會	1
	5 工藝	5 人造的世界（1972增列）	1
大二課程（1972）	1 文學	1 文藝復興與改革	1
		2 革命時代	1
	2 社會科學	3 決定在英國	1
		4 地理新趨向	½
		5 國民收入與經濟政策	½
	3 教育研究	6 社會哲學展望	½
		7 人格成長學習	½
		8 學校與社會	½
		9 環境與學習	½
	4 數學	10 線性數學	1
	5 數學或科學或工藝	11 科學與應用微積分	½
		12 力學與工藝之基礎數學	½
	6 科學	13 比較生理學與生物化學	½
		14 比較生理學與環境	½
		15 地質學與環境	½
		16 地質學與地球物理	½
		17 化學：結合與結構	½
		18 化學與生物化學	½
		19 化學與地質化學	½
		20 化學與地質化學	½
	7 科學或社會科學或工藝	21 生物基礎之行為	½
	8 科學或工藝	22 電子磁學與電子學	½
		23 固體、液體與氣體	½

　　由表一各種班級所設的科目看來，英美大學推廣教育的共同處為：⑴大學推廣教育非正規有體系的教育，其課程依時間、地點、參與者需要之不同，而有很大的差異，故課程種類繁多。⑵注重社會、人文科學科目，如文學、哲學、政治、經濟、歷史等，養成良好的公民是其主要目的之一。而其不同則有以下幾點：⑴英國近幾年來，雖然也注意到設置實用性科目，但仍較偏重人文、社會科學課程，美國則注重實用性課程。⑵英國特別注重依民眾需要，而決定講習班課程內容；美國則設置多種課程，由學生自由選修，彈性很大。⑶美國大學推廣班的課程幾乎相當於

普通大學所開者。(4)美國並不舉辦講習班，只按照民眾需要辦各種講演，其課程內容並不像英國講習班一樣有系統，使各級之課程彼此銜接。

陸、大學推廣教育之行政

一、行政機構：

　　英美大學推廣教育之行政均有專責機構。就英國來說，主要負責推動的機構，在地方教育當局的是「擴充教育小組委員會」，而負責實際活動的有「勞工教育協會」，國防部所屬的「軍中成人教育中央委員會」，以及大學的「校外推廣部」（Department of Extra-Mural Studies），或成人教育部（Department of Adult Education）或教育學院（School of Education）至於中央的教育科學部（Department of Eduction

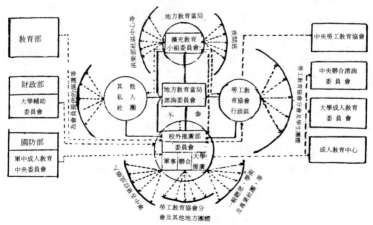

and Science），僅止於經費補助而已。

以上所提及的行政機構，彼此協調合作，以推行大學推廣教育，其關係如上圖：（林清江，民 61：178）。

美國方面，則於中央聯邦教育署內（United States Office of Education）設立大學推廣教育科，負責調查、編輯、供給免費印刷品。此外，在大學設立「大學推廣部」（University Extension Division），或普通推廣部（General Extension Division）（各大學內的推廣行政單位，名稱繁多不一，但以沿用大學推廣或普通推廣部為多。）負責實際行政、教學工作。

根據前述，可知英美大學推廣教育都以地方教育當局為主要負責推動的機構，目的在能切實因應各地之不同需要。至於各種班級的教學活動則由大學推廣部門來負責。此外，英國大學推廣教育最大的特色在於「勞工教育協會」，與「軍中成人教育中央委員會」、「大學校外推廣部」的協商合作，其實施的性質是自下而上的，故英國在中央不另設專責機構，但美國卻有。

二、經費：

英國大學推廣教育的主要經費來源如下：

1. 教育科學部之補助：約佔大學校外部或成人教育部所需經費總額的二分之一。

2. 大學補助：百分之三十是大學協款委員會（University Grants Committee）撥付之國庫補助費。

3. 地方行政機關補助：約佔百分之十。

4. 學生繳費：佔的比率很少，通常一名選讀十至十三節短期

課程的學生，只需繳納美金三角，選讀三年制講習班二十四節課者，繳納美金一元五角。（雷國鼎，民 66：212）

5.其他：如勞工教育教育協會等私人團體之資助等。

至於美國除少數得自聯邦政府、州政府之補助外，多半來自大學本身的負擔，其經費預算約為該校總預算的百分之一點七到百分之六不等（註二）。其中又多半來自學生的繳費，城市公私立院校有百分之七十五，社區學院約百分之四十五，私立院校約百分之八十一的費用取自學費。此外，少數來自各種民間的基金會，如福特基金會（Ford Foundation），卡內基社團（Carnegie Corporation），柯洛格基金會（Kellogg Foundation）等。

總之，英國大學推廣教育的主要經費來自政府之補助，在發展上並無經費短缺之虞。美國則主要靠大學自籌，因之，有些大學往往考慮到要擴充人員及設備的昂貴而不願舉辦推廣教育。另外，美國大學推廣教育還有一大難題，那便是「市場經濟取向」（market economy approach）所造成的危機。由於大學舉辦推廣教育之經費主要來自學費，學生負擔偏高，影響就學人數，尤其是經濟不甚富裕之校，更是大受挫折。

柒、結論

本文分別就社會背景、目標、功能、種類和課程、行政等六方面加以比較分析英美兩國大學推廣教育狀況，發現在歷史文化及社會需求的交互作用下，英美大學推廣教育實各有其優點及待

改進之處。

就優點方面言——

英國的優點有如下列：

1. 充裕的經費來源：英國是社會福利國家，教育也是福利項目之一，對大學推廣教育補助大半經費，使窮人亦得享受高等教育的權利，對促進教育機會均等，大有助益。

2. 注重成人一般文化、公民涵養，足以縮短勞工與白領階級之差距，並培養良好公民。

3. 各種行政機構彼此協調合作，所有活動設計由下而上實行，能切實迎合參與者的需求。尤其講習班是按有某種需要的勞工組成，科目內容由學生自定，再通知大學派遣講師前往授課。

4. 成立獨立性的空中大學，使成人得以繼續接受高等教育。

美國的優點也可歸納為四點：

1. 採學分學位制，具有積極鼓勵進修之效。

2. 課程內容多樣化，易迎合成人不同的需要。

3. 課程注意到需與社區、地方發展配合，具有促進社區發展、地方進步的功能。

4. 設置專業性的繼續教育課程，可使各專業人員獲取新知，以調適社會的變遷。

至於缺點方面——

英國一方面因應社會變遷的實用性課程太少，一方面則係未確立教師的專業地位，多數老師由大學本科兼任，待遇比大學本科低，影響教學精神。美國之缺失在於經費主要來自學費，學生負擔因之偏高，而又因負擔太高，參與人數大減，因此又因人數太少、收費更高，造成學校經費困難的惡性循環。另一方面，便是

學位授予限制甚少，造成教育過度性的失業，很多獲得高等學位的人，因找不到合適自己教育程度的職業而失業。以及教師人員因待遇、社會地位都比日間部低，而未能完全專業化，尤其經費的困難，使日間部老師兼任非本科的科目，減低了教學成效。

　　從上述對英美大學推廣教育的評述中，本文試著參閱我國情，對我國大學推廣教育提出以下幾點建議：

　　1. 建立正確的大學推廣教育觀念：大學推廣教育應是使成人有接受繼續性高等教育的設施，而非使擠不進正規大學的人予以正式的大學教育。

　　2. 成立大學推廣教育評鑑委員會，對現有推廣設施，予以檢討改進。

　　3. 提高師資素質：確立教師地位，予以在職訓練。

　　4. 對於勞工，應施予一般文化的陶冶，休閒娛樂教育，同時應將之視為福利的一部份，政府應予以經費補助。

　　5. 組織大學推廣委員會，一方面調查研究我國成人的心理及需要，確立應有的活動計畫；一方面促成各機構間彼此密切的合作、協調。

　　6. 運用多方面的社會資源，爭取民間及政府團體之贊助，並與社區發展、地方建設、文化建設密切配合。

　　7. 有計劃地實施專業在職進修制度，以大學推廣教育為主要的實施方式之一。

　　8. 指定大學實驗研究適合需要的大學推廣教育實施方式及方法。

　　9. 加強空中大學的學習效果，尤須注重自動學習，自我評鑑之能力及態度的涵育。

10.在大學成立專責機構，以有效推行之。

總之，英美大學推廣教育雖然位居先鋒，但並非全可取法，而是要從其歷史文化及時代背景中，看出其發展現況的來龍去脈，取他長，補己短，以有效地革新我國大學推廣教育。

附註

註一：就財富增加來說，一九五二到六三年之間，英國的私人汽
車由二百五十萬輛增加到七百五十輛，一九五二年，英國
人之中購買電視者僅佔十一％，至一九六三年則為八十五
％。就休閒時間增加來說，一九六一年，為四十小時。（
見林清江，英國教育，台灣商務，民 61，一六五頁。）

註二：據估計，美國各類大學推廣成人教育佔該大學經費預算之
比例如下表：

預　算 類　　別	大學平均預算	大學推廣經費比例
1 （The pacesetters）	3,440,000	5.1%
2非城市的公立院校 （Nonurban institution）	2,506,000	6%
3城市公立院校 （Urban public institution）	1,100,000	5%
4私立院校 （Private institution）	860,000	8.5%
5社區學院 （Community college）	237,000	1.7%

資料來源：The Handbook of Adult Education，頁210

☞參考書目☜

中華民國比較教育學會主編（民 66），世界高等教育改革動向，臺北：幼獅文化事業公司（初版）。

林清江（民 61），英國教育，臺北：商務。

孫邦正編著（民 56），推廣教育，臺北：中華書局。

孫邦正（民 59），中國教育問題，臺北商務。

孫邦正（民 60），美國教育，臺北：商務。

孫邦正（民 62），各國空中教育制度，臺北：商務。

唐山（民 65），英國空中大學，中華民國歐洲技術職業教育考察團考察報告資料，中華電視台教學部，一～二頁。

雷國鼎（民 61），各國教育制度，臺北：三民書局。

雷國鼎（民 66），歐美教育制度，臺北：教育文物出版社。

褚應瑞（民 64），成人教育，臺北：正中書局。

澤田徹編著（民 61），劉焜輝等譯，歐美高等教育改革之趨勢，臺北：商務。

澤田徹編，劉焜輝等譯（民 61），歐美高等教育改革的趨勢，台北：商務，五一頁。

Brutchell, D. F. （1968）. *The Aimes and Organization of Further Education*, Oxford: Pergamon.

Crossley, Brain（1976）. " The Future of Higher or University Adult Education in Britain and the U. S. A." *Comparative Education*, 12, （1）, PP.4-17.

Knowles, M. S. （1962）. *The Adult Education Movement in*

the United States. New York: Holt Rinehart & Wiston.

Knowles, M. S.（1970). *The Modern Practice of Adult Education.* New York: Association Press.

Smith, R. M.（1970). *Handbook of Adult Education.* New York : Mcmillian.

11

系統化的
親職教育方案評析

壹、前言

　　家是人類吸取成長動力的主要場所。當一個人幼年時，特別需要在被接納、支持中成長，才能成為一個充滿積極奮進的個體；否則，誠如弗洛伊德（S. Freud）所說的，將留下一些阻礙自己成長的心結。

　　由於心理學家肯定人的幼年經驗對日後行為發展的重要影響，因之，影響人的幼年經驗的重要人物：父母，他們的心理健康、他們的行為，在二十世紀中葉，普遍受到心理諮商專家的注意。於是在一九二〇年代，維也納心理醫師阿德勒（A. Adler）與其同事，開始推展親職教育講習會，此為親職教育的濫觴。

　　之後，此派的理論於一九五九年時，由美國的精神科醫師德雷克斯（R. Dreikurs）成立家庭諮商中心（Family counseling center）（魏清蓮，民 76：17）而發揚光大。往後，親職教育的發展則不只受到阿德勒個人心理學的影響，還有行為主義心理學、人文主義心理學的衝擊，並據之分別發展出行為改變技術方案與溝通訓練方案。

　　從晚近親職教育的發展，可以發現幾個重要的趨勢：

　　一、父母再教育愈來愈有必要：父母的再教育、再成長普遍受到諮商學者、心理學者、社會工作及教育學者的重視。

　　二、親職教育的方案立論基礎多元化：除了上述以阿德勒個人心理學為主的研習會之外，行為改變技術、溝通反映理論都分別對親職教育提供了理論的基礎。

三、親職教育方案更加系統化。

四、親職教育方法由個別輔導，轉向團體訓練的重視。

由這幾個親職教育發展的趨勢來看，可見親職教育愈來愈重要，而其方案發展也愈來愈有系統。

本文為了說明幾個重要取向的親職教育之特色、功能，以為我國親職教育訓練方案發展之參照，擬從親職教育的目的、立論依據、方案內容、方案實施方式、方案成效等幾方面加以比較阿德勒—德雷克斯研習會、行為改變技術研習會、溝通訓練研習會。其中溝通訓練研習會包括父母效能訓練及反映式溝通訓練。

貳、三種親職教育方案的比較

父母需要那些協助？如何協助才能使父母得到生育、養育、教育子女所需的行動能力與智慧？以前父母的角色較單純、工作沒有那麼繁多複雜，人類的生活環境也比較單純，只要靠非正式的經驗學習，就足以將小孩養大成人。然則，自工業革命以來，人類的生活環境日益複雜，各種科技發明日新月異，社會制度功能迭遭挑戰，上一代的經驗傳承已不足以使現代父母扮演好他們的角色。

尋求專業的協助、自學，或參加較有系統的訓練班，已是成為一個勝任的父母途徑。

阿德勒—德雷克斯研習會、行為改變技術研習會、溝通訓練研習會的產生，即是在這種父母日益需要接受系統化的教育訓練下的產物。這三種方案，各有其立論依據、特色，及迥異的功

能，以下分別從方案目的、立論依據、方案內容、方案實施方式、方案成效等加以比較。

一、方案目的的比較：

1.阿德勒—德雷克斯研習會目的：在於引導父母了解小孩行為表現背後的權力意義，以協助小孩在受尊重、感受到有權力、有成就感中長大。具體而言，也就是父母要在研習會中學會兩種能力：（魏清蓮，民76：25）

(1)阻止孩子不當的爭取權力；

(2)鼓勵孩子更多建設性的表現，及自我負責的能力。

2.行為改變技術研習會目的：

(1)父母學會以改變環境，鼓勵孩子表現良好行為的技術；

(2)父母學會以合適的增強、消弱方法，改變子女不良的行為，建立正當行為的技術。

3.溝通訓練研習會：

(1)學會相互尊重、接納的民主溝通方式；

(2)建立民主式的教養子女之價值觀。

由前述的分析，每一種研習會的目的，都略有不同，阿德勒—德雷克斯研習會主要是鼓勵父母從尊重孩子中，鼓勵孩子有良好的行為，其前題與溝通訓練研習會的目的相仿，都是從親子平權的價值觀念出發，鼓勵父母從尊重中，協助孩子學習自立自主。行為改變技術則鼓勵父母學會操縱教養環境的能力，以扮演教導者的父母角色，與前述兩種尊重孩子自立自主的價值觀不太一樣。在行為改變技術中，父母擁有較多的教育決定權力。

二、方案的立論依據比較

1. 阿德勒—德雷克斯方案的立論基礎

此方案是依據阿德勒的個人心理學對人類行為的看法。他指出人本質上是社會性的動物，其行為主要有兩種性質：

(1)具有目的性；

(2)滿足隸屬的需求。（Fine, 1980：60）

由人類行為的兩種性質，可知人類努力的目標無非在爭取隸屬的地位、社會的接納。因之，阿德勒指出小孩常在與父母相處的過程中，因父母優越的能力而產生自卑，通常小孩會藉著補償作用，爭取優越的地位，突破自己的自卑，以尋找自我的隸屬感與安全感。

由於人類的行為目標是在追求隸屬感、安全感，為了使小孩深具自我的價值感，阿德勒主張父母與小孩的價值與尊嚴是平等的。一旦不平等，小孩為了爭取權力，或因自卑，就會產生四種不同類型的偏差行為：

(1)獲取注意；

(2)爭取權力；

(3)報復；

(4)自暴自棄。

綜上所述，阿德勒—德雷克斯指出人類行為為了追求隸屬感、安全感的社會目的而產生。小孩的良好或不良行為都是在這個目的牽引下的產物。

2. 行為改變技術方案的立論基礎

行為改變技術主要是依據斯肯納（B. F. Skinner）的行為主義觀點，建立其研習會的理論依據。斯肯納指出人類的行為最主要是刺激與反應的聯結關係。如能有效地控制環境，掌握刺激，即可預測刺激下的行為反應。此外，操作增強物，使個體的行為反應受到影響，即可改變個體的行為。據此，父母要學習的是如何控制環境、操作增強物的技術，以協助子女建立良好的行為。

3. 溝通訓練方案的立論基礎

溝通訓練方案的立論基礎主要來自人文主義心理學對人類性質的看法：

(1)人生而平等；

(2)人是在被接納與被尊重中不斷成長；

(3)不當的批評會阻礙人類向善的潛能發展。

人被他人視為平等，主要是從自己內在的感受、需求是否為他人所理解、接納的經驗而來，而不是被扭曲或拒絕。準此，郭登（T. Gordon）、吉諾特（H. Ginott）指出親職教育的方案是要教會父母如何了解子女內在的需求、內心的感受，進而積極地表達自己對其需求、感受的理解與接納，如此才能使子女感受到父母對他們整個人的接納與尊重，在這種接納與尊重中不斷產生往好的方向努力的動力。

簡言之，植基於人文心理學的人性觀，主張接納、尊重每個人內在的需求與感受為成長的動力，為此方案的主要立論依據。

三、方案內涵的比較

1. 阿德勒─德雷克斯研習會內容：

阿德勒─德雷克斯研習會的方案內容即是根據前述人類行為爭取社會隸屬感的原理，依據以下四種心理原理，形成研習會的主要內涵（Fine, 1980：70）

（1)親子關係是民主的，一種基於溫馨及嚴格的尊重，嚴格表示尊重父母。

（2)父母從心理學的角度，了解小孩表現違規行為的目的，以及該行為的社會結果。

（3)以行為的社會性後果，自然、邏輯的結果代替源自權威的賞罰。

（4)能夠真正傳達「尊重」、「愛」、「支持」、「尊重孩子為一個人」的鼓勵為協助孩子具有價值感的方法。

依據上述四種心理學的觀點，阿德勒─德雷克斯研習會的內涵：（魏清蓮，民 76 年：29）

（1)介紹民主式、獨裁式的教養態度與子女行為間的關係：

　　①說明孩子偏差行為的目的：引起注意、爭取權力、報復、自暴自棄。

　　②說明良好的親子關係的基礎：相互的尊重、愉快的相處、鼓勵與相互關愛。

（2)積極的鼓勵，以建立子女的自信心與自我價值感。

（3)有效地傾聽，有效地表達父母的意見與感受。

（4)培養子女責任的方法：培養自然與邏輯的後果之運用。

(5)介紹家庭會議的概念與方式。

(6)父母自我潛能的開發。

2. 行為改變技術研習會內容：

(1)增強：分為正增強與負增強。

(2)處罰；

(3)消弱；

(4)控制刺激；

(5)增強的分配方式：又分為連續性增強及間歇性增強。

從上述行為改變的原理，研習會的內涵存於教會父母學會上述改變子女外顯性行為的增強、消弱，控制行為刺激的策略、技術。具體來說，該會內涵通常包括以下幾方面：（鄭玉英，民72年）

(1)正確地定義行為。

(2)觀察並紀錄孩子的行為，包括對孩子行為基準線的練習。

(3)教導改變行為的技術：

包括何時、何種狀況下使用增強、消弱、控制刺激的技術：

①如何運用增強？

②如何使用處罰？

③如何使用消弱？

④如何控制刺激？

(4)教導如何擬定行為改變計劃及契約。

3. 溝通訓練研習會內容：

吉諾特主張以積極地尊重孩子，建設性的溝通方式，可建立良好的親子關係，並據之教育出孩子的良好行為。因之，父母需

根據上述尊重孩子的原則，學會三方面的能力：（魏清蓮，民
76 年，頁二六）

(1)反映情感、感受：包括接納、反映子女的感受，以及真
誠地表達父母的感受；

(2)訂出對孩子行為的合理限制；

(3)提供孩子不當行為的代替性活動。

因之，反映情感、行為設限、提供替代活動成為反映式溝通
研習的主要內容。

除了吉諾特的反映式溝通，郭登所提出的父母效能訓練也是
溝通研習常用的方案，以下加以說明。郭登根據羅傑斯（C.
Rogers）的案主中心諮商原理，主張親子之間相互的尊重、溝
通為父母教育子女的不二法寶。因之，研習會的內容包括以下三
種技巧的研習：（歐申談譯，民 70 年）

(1)同理心式的傾聽孩子的心聲；

(2)運用「我的訊息」表達父母心聲的方法；

(3)運用共同協商、共同尋找解決問題的方法解決親子衝
突。

四、方案實施方式的比較

這三種方案在實施上，為了達到各自的研習效果，就形式上
可分為個別指導與團體研習，兩者各有其試用對象及功能。如果
父母本身的困難很大，尤其是情感方面的障礙很多，通常較適合
用個別指導，以使父母有新的學習。如果是身心較健康的父母，
孩子的問題也屬於較通常性的問題，則很適合運用團體研習。

　　無論那一種實施方式，三種方案的目標都在於培育父母具有更適當的教育子女的行動能力。行動能力包括認知的改變、技能的熟練、情意的建立，因之，三種方案常實際需要包括講授、討論、行為練習（角色扮演）、家庭作業效果評估與改進等研習方式。

五、方案成效的比較

　　根據魏清蓮綜合國外的研究結果顯示三種親職教育有共同可達到的功能，也有個別化的特定效果，以下分別加以說明。

1. 阿德勒—德雷克斯方案成效

　　(1)可減少受試父母的控制、權威之教養態度，並增加其自由、平等的民主教養態度；

　　(2)對父母的部分教養行為有顯著的影響；減少懲罰、賄賂、替孩子做家事等行為，增加建議孩子合作、鼓勵等行為；然卻不一定增加親子互動，且有增加威脅、指導、批評等不當行為的可能。

　　(3)能減少父母感覺孩子干擾父母的行為，卻未能減少孩子其他不當行為的數量。

　　(4)對聽障兒童的父母之教養態度、行為與父母心中的子女行為均為正向影響。

　　(5)方案進行的第四週，受訓者的父母教養態度與行為即有所改變。

　　再從阿德勒—德雷克斯的研習目的及立論依據來看，該方案應達到上述四種實證性研究所顯示的功能，但對於第二個成效中

的發現，如父母有可能產生威脅、指導、批評等不當行為，並非來自其立論的限制而可能是來自研習過程中，父母認知失調的受訓負作用，是方案成效評估應注意的問題。

2. 行為改變技術方案的成效

　　(1)增加受訓父母對行為改變技術知識的認知；

　　(2)受訓父母教養態度上的自信、歸因都有正向的改變；

　　(3)受訓父母對子女的特定行為之定義、觀察、記錄與行為改變技術都會提高；

　　(4)特定子女對父母之反抗、攻擊行為可獲得改善；

　　(5)增加受試父母愛護的教養方式，但未持久；

　　(6)不一定立即減少受訓父母心目中的子女問題數量，然而在兩個月之行，則有該效果。

　　國內鄭玉英的研究也有類似的效果。（鄭玉英，民72）

　　由此可知，行為改變技術有改變父母教養態度，改正子女行為的效能，但對增進親子之間的相互尊重關係未必有效。這樣的效果也可從其本身立論之行為理論觀點推論出。

3. 溝通訓練方案的成效

　　反映式溝通訓練方案根據塔佛密那及漢普生（J. B. Tavormina & R. B. Hampson）針對四十二個低社經地位的養母之實驗研究，發現反映式溝通方案在父母教養態度上的「歸因傾向」、「自信」、「接納」、「了解」的效果優於行為改變技術。不過在「正向的親子互動行為」、「減少子女問題行為數量」和「對整個課程的評價」，則顯示行為改變技術方案優於反映式溝通方案。

　　師大家政研究所研究生許月雲針對國語日報社慧質媽媽社的

三十二位媽媽進行研究，發現反映式溝通訓練具有以下幾個效果：（許月雲，民79年，摘要）

(1)受訓母親對方案內容之「認知程度」顯著提高；

(2)受訓母親教養子女之「自信程度」、「歸因傾向」、和「接納程度」顯著提高，且這三種態度的改變在追蹤研究中仍然存在；受試母親對子女之「了解程度」態度則未受影響。

(3)受試母親對親子關係之滿意程度顯著提高，此項效果在追蹤研究中仍然維持。

(4)在子女心目中，母親接受親職教育課程之後，在教養方式上增加了「愛護」傾向，減少「敵意」傾向；同時也增加了「自主」傾向，減少「控制」傾向。

(5)特定子女的「問題行為數量」顯著減少，且效果可以維持八週之久。

至於郭登的父母效能訓練可有以下之成效：（魏清蓮，民76年：72）

(1)能增進父母的溝通技巧的知識。

(2)能改善父母的教養態度，唯在態度量表中的「自信」、「歸因」、「接納」、「瞭解」和「信任」則成效不穩定。

(3)可降低父母獨斷的教養態度。

(4)能提升父母同理心表達的層次，並維持四個月之久。

(5)能增加孩子的自尊，提高孩子對父母的正向感受。

(6)能減少教師心中覺知之學生偏差行為數量。

參、系統化親職教育方案的評析

　　從前述三種親職教育方案之目的、立論依據、方案內容、實施方式、成效之比較，可以發現三種方案之立論依據及其實施過程與效果，有其內在的一致性。也就是說，就方案本身立論的範圍來看，方案的內涵及方法都可以達到預期的目的，可見每一種方案的立論依據有其內在一致性的合理基礎。

　　阿德勒—德雷克斯方案與溝通訓練方案有些雷同，都強調認知行為的改變來自感受為人所悅納，因之，積極主張真誠的、理解的、悅納的親子關係建立途徑是父母效能的內涵。然而行為改變技術則是以外在行為的改變來自對行為刺激或反映的操弄，揭示父母要努力學習的是如何有效地模塑子女合理的外在行為。由其立論可知三種方案各有其功效。只是因立論不同，適用範圍也就有所差異。不過父母在建立良好關心及改變子女行為之前，對子女的行為都要能真正了解，因之，親職教育方案除了包含上述親子心靈交流的效能及行為改變效能的訓練外，如何了解子女的發展心理也是重要的學習內涵。由此觀點出發，上述三種父母效能訓練仍有其功能上的限制。

　　至於訓練成效也往往受到受訓者本身的價值觀念、學習型態、為人父母過程中的困擾問題類型，以及訓練者本身的引導知能、人格特質、研習資源如經費、時間、設備等影響。這也就是為什麼不同的方案實驗研究成果的效果不太一致的原因。

　　準此，如何選用合適的親職教育方案，除了從其立論依據的

內在評析其效用著手，還需要考慮以下幾個要素：

　　1.父母教養子女遭遇到的困難問題性質，及子女的身心發展階段。

　　2.父母的學習型態、習慣、方式。

　　3.主持研習會教師的專業能力及專業喜好。

　　4.父母教養子女的價值觀：將尊重子女當做學習的價值目標，抑或外在行為的改變？以為選擇受訓內涵的依據。

　　5.研習會的外在資源：如設備、經費、場地等。

　　6.主辦研習會的機構目標。

　　7.傳統文化中教養子女的價值觀念：如在民主文化中，溝通訓練、阿德勒─德雷克斯較易產生其效果。

肆、結語

　　有效的親職教育之推動，急需仰賴系統化親職教育方案之設計與實施。本文據此評析了目前在國內外較為多數親職教育專家所採用的「阿德勒─德雷克斯」、「行為改變技術」、「溝通訓練」等三種方案加以述評。實際運用，則需從方案本身的特性以及影響方案選用的各種因素加以考量，才能依教育或研習目的，切當地擷取各方案的優點，匯為教育父母的良好依據。因之，邇來親職教育方案的發展趨勢已逐漸從父母的需求中，尋找更有效的方案設計方式，也就是統整式的親職教育方案之設計與發展。

☞參考書目☜

吳就君（民73），*如何享受親情*。台北：大洋出版社。

林清江（民76），「親職教育的理論與實際」，*再教育的未來導向*。台北：台灣書店，三一三～三三八頁。

黃迺毓（民77），*家庭教育*。台北：五南圖書公司。

許月雲（民79），*反映式溝通親職教育方案之效果研究*。台北：台灣師大家政教育研究所碩士論文。

陳淑惠等編譯（民78），*父母難為—稱職父母的系統訓練*。台北：大洋出版社。

鄭玉英（民72），*操作性制約論導向親職訓練方案之效果研究*。台北：師大輔導研究所碩士論文。

歐申談譯（T. Gordon）（民70），*父母效能訓練*，台北：教育資料文摘出版社。

魏清蓮（民76），*整合式親職訓練方案之效果研究*。台北：師大輔導研究所碩士論文。

Fine, M. J. （1980）. *Handbook on Parent Education.* New York: Academic Press, Inc.

12

包魯‧弗雷勒教學模式
在語文教育的運用評析

壹、前言

　　包魯‧弗雷勒（Paulo Freire）是巴西享譽世界各國的成人教育學者。他所倡導的對話教學模式，曾為第三世界國家及先進國家廣為運用在文盲教育、語文、護理、社區教育上。在這些運用的實例中，愈能把握弗雷勒教學內涵中對話的意義，愈能發揮運用的成效。

　　弗雷勒的對話教學模式，主張教學的目的不在傳遞知識，而是以對話的方法，啟蒙成人文盲整體的批判意識，以達到自由自主地開展人性化的批判意識，以達到自由自主地開展人性化的社會文化的境界。誠如顧烏及凱門（L. Gow & D. Kember）兩者也將學區分為兩種，一種為促進學習取向（learning facilitation），另一種則為傳遞知識的取向（knowledge transmission）一樣（張景媛，民 84），弗雷勒對傳統以傳遞知識取向為主的教學，甚或淪為灌輸政治意識型態的囤積教育（Banking Education），大加口誅筆伐，而揭櫫以促進學習的對話教學，俾造就可自由批判思考的歷史文化舞台上的創造者，以挽救那些沒有自主性、沒有自我意識的政治、歷史、文化傀儡──佃農。

　　這種基於建構主義的教學觀，對成人教學及兒童教學，引起廣泛的注意，並受到各界如成人文盲教育、社區教育、數學教育、語文教育、諮商輔導、社會工作等的引用（McLaren & Lankshear, 1994）。有些方案的運用，成效卓著；有些則不如預期的理想。本文為了彰顯弗雷勒模式在語文教育運用的成效與

限制，特別援引其模式在第二外語及作文教學上的運用狀況，加以闡述、評析。

貳、弗雷勒教學模式簡介

弗雷勒依據巴西一九三〇年代多數居民在統治菁英的壓制下，成為歷史文化發展主流中的邊緣人的事實，指出教育目的在於引導上述居民邁向自由、解放之路，進而人人由被既有社會文化支配的地位，轉為具有批判意識，並能創造歷史文化的主人。

為了達到使原有被動接受歷史、文化制約的居民，具有批判既存價值系，創造歷史、文化的能力，弗雷勒主張對話教學方法，運用觀察、分析、內化的方法，使學習者主動發現知識。對話教學方法包括以下幾個重要要素：

1.對話團體：是由具有主動發現知識，富有經驗的人所形成的團體；

2.教學者：又稱為團體協調者，為引導對話團體探索知識，俾獲得批判意識的協調者；

3.方案：配合人民的需求及環境形成的對話主題，由一系列有關的學習單元所組成；

教育　　馴服式教育　　支配　　文化創造行動　　解放

4.方法：對話批判的方法。批判是指反省與行動的實踐方式。

簡言之，弗雷勒以對話的方式，以培育人人需要的批判意識能力。以下用個簡圖來描繪他的教學模式，較能清楚弗雷勒的對話教學神髓（王秋絨，民79）

方法論

為誰教？無知、孤立的個體	與環境互動，富於經驗的人
為何教？使個人順應既存的價值體系	使人批判既存價值體系，創造歷史
教什麼？已組織好的固定內容	不斷發現及組織的批判歷程
如何教？運用重複、記憶機械地傳遞知識	運用觀察、分析、內化的方法使學習者主動發現知識

教學要素

對話團體	由需要填充固定意識型態的孤立個體所組成	具有主動發現知識的人
教學者	為擁有知識，傳遞知識的代理者	為探索知識的中介或協調者？
方案	反映人類累積的知識	配合人民的需求及環境形成的學習單元
方法	鼓勵記憶的獨白式講授	邀請創造的對話

圖一：弗雷勒對話教學方法論與教學要素

綜而言之，弗雷勒一面批判他所處時代的教育弊病，另一方面以其哲學思想及對社會的實在反省，建構出人性化的教學目

的，提出教學者在培育個人自我覺察，自我負責的能力，以及參與社會文化的創造與批判的意識，而非傳遞既定的知識。就弗雷勒而言，真理、知識是透過對話協商的暫時性產物，而非固定永恆不變的實存，因之，他以此論點提出基於不斷對話，以探索反省與行動為目的的對話教學方法，其包括四個基本要素，每個要素要如圖一所述的規準，才足以完成人性化的教學目的。準此，對話、批判、真理的動態發展及教學的辯證是弗雷勒教學模式的主要特點。

參、弗雷勒教學模式在第二外語教學的運用狀況

　　弗雷勒依據他的人性化教學模式，指出教導文盲已認識字的人作文，並不是只使他們學習得識字技巧，而是透過語詞，開展自主，批判的存有經驗。語文教育目的並非讓習者學會語言、語用而已，而是透過語文教育的方式，學會創造歷史文化的批判能力。以下就美國布列恩高中（Blaine Senior High School），以及美國教育部和國家貧窮組織（Institut National Indigenista）請作者說明合作，共同運用弗雷勒教學模式，進行第二外語的教學實驗。

一、布列恩高中第二外語教學的運用實例

　　布列恩高中根據瓦雷聶、拉朋（H. P. Warrine; M. T. Lapan）引用弗雷勒教學模式對師生平等的倡議，以及克勞佛—

浪吉（L. M. Crawford-Lange）由弗雷勒哲學所引申而來的二十個課程設計的普遍原則實施第二外國語教學（Grawford-Lange, 1981）。以下分別就其方案實施中的教育目的、教學目標、內涵意義、學習策略和材料、計劃、師生角色和評量等方面，說明該方案如何運用弗雷勒的教學模式。

㈠**教育目的**：弗雷勒所謂的教育目的在於使人民透過其處境的知覺、反省、行動，以發展其批判思考能力。也就是說，教育不僅使學生知道要學習什麼，更要知道為什麼要學習。

就要學習什麼而言，根據弗雷勒的教育觀點，主要有下列三點（Grawford-lange, 1981）：

1. 探索不同文化及文化內的雷同與差異。

2. 透過上述的探索，理解自己的以及別人的文化。

3. 以第二外國語當做了解自己的以及別人的文化之工具。

至於為什麼學習第二外國語主要有以下幾個原因：

1. 溝通或無法溝通是個人生活、社區生活以及國際生活的問題；

2. 理解可以促進溝通；

3. 在溝通過程中運用工具，將有助於溝通；

4. 語言為一溝通工具，學習第二外國語可以與多的人溝通，同時了解本國以外的其他文化。

㈡**教學目標**：根據弗雷勒的教育哲學觀念，主要的教學目標是讓學習者，透過教育經驗養成創造性的行動。以下是達到這個教學目標的方式（Grawford-Lange, 1981）：

1. 參與導向以下特色的對話過程：

　(1)自己所熟悉的生活情境；

　　⑵伴隨學第二外國語而來的團圓生活及外來文化；

　　⑶自己的文化與第二外國語指涉的文化之間的異同。

　2.負起蒐集適當資料並分享觀察所得的責任；

　3.以文化的觀點，陳述自己的學習所得；

　4.將自己的學習所得，透過具體的行為表現出來；

　5.創新自己的學習材料。

　　㈢**內涵意義**：弗雷勒認為課程的內涵來自學習者從實在中表現出來的生活情境；學習者的生活情境及對生活情境的知覺提供課程內涵的組織技巧；同時，課程內涵需要透過科際整合的觀點，加以處理。由此可知，課程的內涵是由學習者共同參與，並且會隨著學習者不同的歷史文化背景而有所差異。

　　根據這樣的原則，第二外國語的學習內涵，需先決定有關文化的主題；再次，根據每個主題的學習內涵，從語言學的觀點，去決定那些詞彙、文化需要納入教學的範圍，並決定教學的先後次序。

　　㈣**學習策略和材料**：依據弗雷勒的教學模式，引申出下列幾個引導學習策略和材料的重要原則（Crawford-Lange, 1981）：

　1.教育的方法是結合「反省」和「行動」的實踐所構成；

　2.對話形成教育情境的脈絡；

　3.在課程組織中，班級被當作是一種社會實在或資源；

　4.課程內涵是由問題形成的；

　5.課程內涵包含學習者對學習內涵的客觀化作用；

　6.學習者自己創造學習材料。

　　按照上述學習策略和材料的處理原則，教師的譯碼與師生共同參與的解碼工作，逐繼續不斷地進行下去。例如，教師首先展

示代表美國及第二外國語國家文化情境的圖片，然後提出與此圖片相關的問題學生。以此方式，與學生不斷的對話。

　　㈤**師生角色**：師生基於質疑教育，相互彰顯存有處境的性質，具有以下的新角色：

　　1.教師在認知的過程中，成為一個學習者；

　　2.教師在對話的過程中，貢獻其觀念、經驗、意見、知覺；

　　3.教師與學生是一體的；

　　4.教師的功能在於提出問題；

　　5.學生面對客體，表現其行為；

　　6.學生擁有決策的權利。

　　㈥**評量**：按照質疑的特點，學習評量在於理解學習是否朝向「培育批判思考，以及轉變行動的能力」進行；因之，在教學過程中，特別重視學生的自我評量。

　　布列恩高中的第二外國語實驗，說明語言教育在不同的教育哲學的指引下，其教學過程與傳統的語言教育，迥然不同。克勞佛—浪吉指出，這樣的實驗產生了教學上的不同典範，提供語文教育深思的題材（Crawford-Large, 1981）。

二、美國教育部和國家貧窮組織的第二外語教學推展實例

　　在美國，有七十二個講美語之外的其他母語之少數團體。針對這些團體，美國教育部和國家貧窮組織，運用黙遞阿諾（N. Modiano）以及弗雷勒模式，以教導墨西哥印第安人西班牙文的方法，教導他們學習英語。

　　在教導這些少數團體學習英語時，先利用他們的母語，使其

充分了解自己母語的語言規則，再以討論及引發學習動機兩大原則，引導他們同時練習母語，與第二外國語—英語。使他們擴展自己理解其他世界的視野。準此，教學時要把握以下幾個前提（Robert, 1981）：

1. 口頭討論之後，才指定學生寫作；

2. 上課的所有活動要具有引導學生學習動機的作用；

3. 以其母語和英語，補充基本的字彙，從事閱讀、寫作的教學。

肆、弗雷勒教學模式在作文教學的運用實例

根據郭查雷滋（L. Gonzalez）的研究，在美國運用弗雷勒觀點，從事作文教學，最大的特色在於使作文課，從只是為了增強其他科的學習效果而存在的課程，轉變為本身就具有開拓個人更深入的存在意義的科目。因之，教學特別注重學生在學習中的參與，並使作文教學產生以下的改變（Robert, 1981）：

1. 營造對話的氣氛，使師生共同對話學習；

2. 教師按照學生的背景，引導課程方向。為了了解學生的背景，自由寫作是必要的方式；

3. 課程始自學生的興趣及批判能力，而非來自老師的想法；

4. 學生經由對話，探索自己要寫的主題；

5. 運用弗雷勒的命名觀點，引導學生使用能描述實在的重要字彙；

6. 學生將寫作看做是觀念與出版之間的辯證歷程，學生對自

己的寫作歷程要有所了解,尤其在寫作過程中呈顯出來的實在,
更宜深入理解;

7. 遊戲、報告、調查等方式,將是作文教學的新方法;

8. 透過對話,鼓勵學生批判他們所讀、所寫的材料;以及他
們所面對的實在;他們與教育的關係,以發展其批判能力;

9. 師生對話可以使學生從日常生活經驗中,發現該經驗更深
入的意義。

從上述弗雷勒在布列恩高中及對少數民族學習英言及作文的
事例,發現植基於受教者生活及原有的文化經驗,引導其透過辯
證性的對話,學習語文,較之傳統的教學,更能啟發受教者的學
習動機,更能培養其自主的文化批判、創造意識。這是弗雷勒為
語文教育貢獻的兩個例子。

伍、結語

弗雷勒的教學模式旨在以師生平等的對話方式,涵育人類自
主批判的意義,因之,他以文化政治學的觀點,揭櫫語文教育宜
從尊重受教者主體,及其在文化發展中的主體地位與權利,涵育
受教者新三 R—反省(Reflection)、創造(Recreate)、批
判(Critics)的能力,而不要以先進國家的文化中心之意識型
態,奴化不利地位團體或正在學習語文的受教者。

重視受教者主體性、批判性的啟發,因之,在語文教育方案
中,師生基於生活經驗的對話,強調對原有文化、生活經驗的接
納,並以此為導引展開更高層次的社會存有的起點,一直是弗雷

勒教學模式的核心。

　　布列恩高中第二外語教學及美國其他地方少數民族的語文與作文教學，擺脫了傳統語文教育只教文字，不教文字所孕含的文化權利之桎梏，因之，得以擴展文化不利地位的少數民族之文化視野，及其批判能力，這是運用弗雷勒教學模式的最大功能。當然要達到上述的功能，需要教學者能克守對話規準，掌握對話教學方法論的神髓，依據教學要素，與學生基於平等的對話地位，才能使語文教育達成文化創造，開拓的高層次目標。

　　以此觀點，反觀我國的外語教學，一直停留在語言技巧的嫻習階段，甚少從一開始就讓初學者有機會進入與異文化同等地位的對話層次，更遑論引導其透過另一文化的學習，提昇自我文化反省、批判、創造的能力。基此，我國外語教學，如以弗雷勒語文教學的高膽遠囑理念來加以觀照，如何引導學習者批判反省的文化意識，實為不可或缺的當務之急。

☞參考書目☜

王秋絨（民 79）。弗雷勒批判的成人教學模式研究。國立台灣師範大學教育研究所博士論文。

張景媛（民 84）。教學理論革新趨勢。教育研究，43 期。

Grawford-Lange, L. M. （1981）. Redirecting Second Language Curricula: Paulo Freire Contribution. *Foreign Language Annuals* 14, (4)(5).

McLaren, P. L. & Lankshear, C.（eds.）（1994）. *Politics of Liberation: Paths from Freire*. London: Routledge.

Robert, M.（1981）. *The Mexican Approach of Developing Materials and Teaching Literacy to Bilingual Students.*

13

包魯‧弗雷勒文盲教育
模式的運用評析

壹、前言

　　文盲教育的目的在於使教育識字？抑或補足因社會變遷所帶來的某些能力的缺憾？然而，以包魯‧弗雷勒（Paulo Freire）的觀點而言，文盲教育中的識字或能力補足並不是文盲的終極目標——其所揭櫫的文盲教育乃在於引導文盲走出因不識字所造成的「井中之蛙」的閉塞生活型態，成為一個願意且積極參與歷史文化創造發展的主人，袪除昔日因不識字窩居於「自我」世界，無法參與各項社會活動的「社會自閉者」。此種使文盲透過識字的學習過程，提昇自我的世界觀，成為一個具有批判意識的人，為弗雷勒文盲教育的主要目的。

　　上述使文盲教育成為提昇文盲批判意識的理想，一九七〇年代之間在充滿文盲被壓制的巴西社會中迅速推展，並有很斐然的成果。那些成果深受第三世界國家及先進國家的矚目，並廣為有心推展文盲教育的實務工作者所採借。根據布拉特恩（J. L. Braaten）的研究，弗雷勒的教育觀念全部被運用或常被注意且修正採納的有以下幾個重要觀念：（Braaten, 1987）

　　一、學習者是主體，而非客體；

　　二、教育不是中立的，是政治性的。教育的體系反映了支配的意識型態；

　　三、傳統的師生垂直關係將被改變為水平式的溝通關係；

　　四、師生為共同的學習者；

　　五、對話是立基於尊敬、溝通、團結、信念、愛和信任；

六、知識並非可傳遞的東西；

七、人民可能且應該創造一個可愛的世界；

八、人民具有發展創造自己世界的能力；

九、質疑教育促進創造性過程的發展；

十、教育的內容與過程；理論與實踐宜統整；

十一、教育包括反省行動的實踐，同時包括認知行動中牽涉的兩種要素之關係，一為存在的知識，另一則為即將發生的新知識；

十二、認知行動包含對字的命名，以及對世界的命名；

十三、共同學習者要進入「轉變的歷史」情境中；

十四、教育者為了解現在，需從教育內涵所牽涉到的文化及歷史情境去加以理解；

十五、教育無法直接形成社會，但是教育可以透過制度、社會運動和個人，去轉變社會。

這些概念顯然有被過度簡化的危險。這個危險依研究弗雷勒思想的類別，而有不同的差異。一是研究他的教育哲學思想者，其中以德國的教育界對此較有興趣，這一類的研究者較能從他本身立論的教育哲學思想脈絡去詮釋他的思想，不易產生上述概念被過度簡化的危險（Gerhardt, 1978）。二是研究上述教育概念在教學實際措施運用狀況，以美國教育學者居多。這類研究或運用實例，依據運用者的狀況，有些較易形成過度簡化弗雷勒的教育概念，流於只是一種技術專用的危險之中。值得從其運用的過程，再檢證弗雷勒的教學觀念是否被誤用。

依照布拉特恩的研究，美國自一九六七年到一九八七年之間，運用上述弗雷勒重要的教學概念，約有幾種類型（Braaten,

1987）：

1.完全接受弗雷勒的教育主張，並運用於第二外國語，以及對不利地位團體啟蒙的實際教學；

2.中等及高等教育人員對弗雷勒的教育主張表示信服，並運用於教學過程中；

3.行政者、心理學者及社會科學家各自擷取與自己背景有關的主張，加以運用；

4.社區組織者及社會工作人員運用其模式，服務其案主；

5.宗教教育家或宗教人士運用其模式，以引導聖經文獻的研究以及社會正義的探討；

6.主張社會改革的團體成員用以創造新的時代。

綜觀弗雷勒上述教學思想在美國運用的類型，以及其他國家的運用，發現運用弗雷勒教學模式領域有文盲教育、語文教育、社區教育，其他專業教育的課程則如數學、護理教育、社會工作等教學。無論第三世界國家及工業化國家，都有成人教育實務工作者或政府，相信弗雷勒強調批判、辯證的教學方法的可行性及價值，紛紛援引運用於所推廣的方案上。

由此可知，運用弗雷勒教育觀念的實務方案很多。凡運用該觀念的實驗都有推展報告或成果研究，然而卻鮮少提出具體的效果評估，使很多成人教育學者懷疑此種教學模式的運用成效。然則，弗雷勒的教學歷程是無限的開展與辯證，是否可以實證取向的「弱水三千，取其一瓢」加以衡量，殊值得質疑。

準此，本文將不以實證取向的觀點，評析其運用成效，而是依其運用的教育類別，從其運用的取向、作法，評析弗雷勒的教學模式在其他國家的文盲教育推展中的適用性。以下就說明各國

借用弗雷勒的教學模式在文盲教育的運用狀況。

　　弗雷勒的教學模式曾運用在巴西、幾內亞——比索（Guinea－Bissau）、智利、玻多黎各、玻利維亞（Bolivia）、瓜地馬拉（Guatemala）、宏都拉斯（Honduras）、史瓦濟蘭（Swaziland）等國家的文盲教育方案上。其中巴西、幾內亞比索、智利是弗雷勒親自督導的教育方案，其他國家的文盲教育則是自行採用弗雷勒的教學模式。以下分別就其直接督導與間接運用兩方面加以說明。

貳、各國直接由弗雷勒督導的文盲教育狀況

一、巴西和智利的文盲教育

　　根據弗雷勒前述文盲教育的理念及其發展的成人教學模式，可知他的教學目的主要有下述三方面：

　　1. 師生透過對話發展批判意識；

　　2. 師生在參與過程中，基於相互主體性，彼此尊重；

　　3. 學會讀、寫、算的識字技巧。

　　其中第一、二項是他的教學核心觀念，第三項是附屬的學習，主要是達到第一、二項目的。

　　本文這部分即根據此種目的，對其推展協助的文盲教育加以描述、詮釋、評析。

　　一九六二年，弗雷勒在巴西掃除文盲的政治發展情境下，組

織文化推廣服務（Cultural Extension Service），在美國對國際性發展援助會（the United States Aid to International Development，簡稱 USAID）的財力全力支援下，發展文盲方案，同時訓練了七十位教材運用人員，直到一九六四年，美援才停止（Brown, 1974）。

弗雷勒以其獨特的意識化教學方法，從他自一九四七年對文盲教育的不斷實驗與改進經驗，發展出對話質疑的教學方法。同時根據對話方式，形成十個文化鏈及十七個生成字，做為養成批判意識的對話媒介。這套質疑教學方式於一九六二年實施。開始時，只是由弗雷勒訓練一批協調者，在巴西東北部的貧民窟，針對文盲進行教育工作。接著將此教學模式推廣到全國，截至弗雷勒被捕以前，已有二百萬人左右參加過他所推展的文盲教育方案。

後來他流亡到智利，於一九六四年，協助該國推展文盲教育。文盲教育的對象是不識字的農民。弗雷勒在智利仍然以其意識化對話教學理念，協助農民找出八個討論文化的圖畫式幻燈片，十七個生成字（Fletcher, 1990）。他在智利所推展的文盲教育理念雖然仍與巴西時期相同，但智利農民的生活背景與巴西農民不同。弗雷勒指出兩者最大的不同如下：

1. 智利農民比巴西農民急於識字，學會讀、寫、算的技巧，沒有耐性參與對話式的討論；

2. 智利農民的生活世界與巴西農民不同，因之，巴西農民的生成字與智利者不同。（詳表一）

表一　巴西與智利農民的生成字之差異表

巴西農民討論的生成字	智利農民討論的生成字	
	鄉村農民使用	CORA 方案的囚犯使用
1. 貧民窟	1. 房子	群　體
2. 雨	2. 鏟子	廚　房
3. 犁	3. 道路	疫　苗
4. 土地	4. 鄰居	犁
5. 食物	5. 鞋子	學　校
6. 巴西黑人舞蹈	6. 學校	家　庭
7. 水井	7. 救護車	救護車
8. 自行車	8. 組織	朋　友
9. 工作	9. 朋友	雞
10. 薪水	10. 收音機	財　富
11. 專業（或工作）	11. 麵粉	工　具
12. 政府	12. 男孩	政　府
13. 沼澤地	13. 支配	支　配
14. 糖廠	14. 工作	吉　他
15. 鋤頭	15. 吉他	地　主
16. 磚頭	16. 工廠	自行車
17. 財富	17. 人民	工　作

　　由於智利政府的成人教育計畫處主持人郭得（Waldeman Cort'es）堅持成人教育教材可以重複，弗雷勒雖然不同意他的觀點，但是在推廣文盲教育時，他們仍然考慮智利人民渴望先識字的需求、工作的內容、政府部門的計畫觀念，由計畫處提供教學材料，以及協調員的訓練。

　　在政府計畫以及弗雷勒質疑教學觀念的融合下，智利在兩年內，躍居全世界掃除文盲最成功的五個國家之一。截至一九六八年，文盲教育的學生總數已有十萬人，全國並有二千個協調員。他們計畫六年內使文盲降到百分之五以下（Freire, 1973; Fletcher; Freire, 1978）。

　　一九七五年，弗雷勒開始與幾內亞——比索政府共同合作，推展文盲教育。該項工作共分以下幾個推展階段：

　　首先，弗雷勒與教育委員會及其他領導者會談，並了解幾內亞比索的歷史、教育體系、意識型態。

　　其次，了解人民軍及成人教育處所推展的實驗工作。幾內亞——比索獲得弗雷勒協助之前，即已訓練過八十二個文盲工作者及七個督導，推展軍中及一般市民的文盲教育工作。

　　接著，則訪問舊有的自由地區，弗雷勒及其夫人，透過對鄉村地區的密集訪問，並與農民不斷對話，了解人民的生活情形。弗雷勒說：這些地區的人都是言行合一，也都是活生生、具有尊嚴的人，而非東西，讓人可以感受到教育的力量。

　　最後，則策劃合作計畫：弗雷勒將對幾內亞－比索教育、文盲狀況、政治結構的了解，促請「教育、文化部」的部長卡布拉爾（M. Cabral），先形成生成字，再由「世界教會聯盟」協助編碼，及製作教材的工作。然後才在軍中及鄉村地區實施。他們找出的生成字為：稻米的生產、地理、政治、歷史、健康等與農民的生產活動、生活情境，具有密切相關的主題（Freire, 1978）。

　　以上弗雷勒在自己國家及其他兩個國家的文盲推廣工作，並沒有直接的實證性評量工作。根據他的著作，有關評量的部分有

兩種取向：

㈠詳細敘述生成字及文化鍵的產生過程，以說明他的教學行動符合對話規準。在巴西的經驗，他分別在「被壓制者的教育學」及「批判意識的教育」兩書中介紹。關於在智利尋找生成字的經驗，則由弗雷策（P. R. Fletcher）在「包魯・弗雷勒及其在拉丁美洲的意識化」（1990）一書中述及，在幾內亞——比索生成字的過程在「過程教育學——致幾內亞－比索的書信集」（1978）一書中敘述得很清楚。從這些文獻中，了解到弗雷勒基本上都把握了對話的原則，一方面統理文盲生活世界關心的事物，做為組成生成字的主要來源，另一方面按照語音組成規則，以及人民與世界互動、建構意義的兩種原則：生成字的「表面——深入」意識結構，「具體——抽象」的思考引導次序，組織成教學對話主題，並根據此原則製作教學材料。

㈡從文盲參與過程，發現文盲在對話時，逐漸變成自己生活世界中的主體，而不是被壓制的物化存在。如他描述巴西的農民常具有下列的宿命論：「我只不過是一個農奴，我能做什麼？」（Freire, 1978）。但是經由文盲教育之後，這種自我貶抑的性格就會逐漸改變。他在幾內亞——比索訪問已較自由的文盲教育方案推廣區時，也曾說明當地居民的純樸、主動，完全是自己的主人，是一件令他及其夫人感到欣喜的事（Freire, 1978）。

此外，從他在組成巴西的對話媒介——文化鍵，以及在幾內亞——比索、智利的生成字建構，都可以看出他在組成這些討論主題的主要目的的重視：讓人民從對話主題中，從事實在批判理解的創造性行動。尤其在智利有一個主題是討論奴役與支配的

問題。如此可看出弗雷勒強調對話過程的自由,如何透過教學過程,予以實踐。

綜上可知,弗雷勒對自己所推動的文盲教育效果的衡量,完全以對話規準的實踐狀況為主要參照依據,誠如陳恩(B. C. Chain)指出的,批判的教學模式評量標準,一方面在於了解對話教育過程是否有助於師生的批判意識之發展,另一方面則要看師生是否共同遵守對話規準,進行對話(Chain, 1974)。

如果以上述的標準來看,巴西的文盲教育,由於協調者經過良好的訓練,素質較高;同時,弗雷勒以其深入的理解方式,洞悉農民文盲的教育需求及學習對話的特性,在品質上可能較符合對話的規準。

在智利,雖然弗雷勒的教學模式普受重視並運用,但是由於文盲急於識字,加上智利政府對教材製作使用的看法與弗雷勒不同,因之,智利的文盲教育並沒有完全依照對話教學的程序進行。不過,該國在推展文盲教育中,參與過文盲教育方案的人也相當多,使得文盲率普遍降低。然而,人民是否如對話教學所期待的,逐漸提高其批判意識,則是值得質疑。到目前為止,有關智利的文盲教育評量,除了計算參與文盲教育的人數之外,對於該教育方案是否合乎弗雷勒的對話規準,並沒有有關的評量資料,因此難以了解其實際狀況,只能說在形成生成字的過程相當具有對話精神而已,至於教學對話時,符合對話規準的程度如何,無法深入了解。

二、幾內亞──比索的狀況

在幾內亞──比索的狀況，弗雷勒雖然自覺推展得還不錯，尤其他覺得幾內亞──比索人行為與思想相當一致，是其推展文盲教育最大的資源之一。然則，幾內亞──比索的文盲推展教育是透過政府的積極介入，而其實施對象除了農民之外，還有軍人。軍人在軍中被認為要絕對服從，而且軍中高度的階層化特色，是否會妨礙到對話規準的實踐，也是令人質疑的地方。

加上，弗雷勒在幾內亞──比索的協助，除了數次親自造訪文盲教育推動的負責人及農民之外，多以書信方式，說明他對幾內亞──比索文盲教育準備及推展工作的看法，容易形成觀念與實踐者之間詮釋的差距，更何況，幾內亞──比索還沒有邀請弗雷勒協助以前，即曾經大量運用義務人員推展文盲教育。根據弗雷勒的看法，傳統文盲教育太強調識字技巧的傳授，不但義務工作人員沒有經過很好的訓練，而且教材沒有周詳的規畫。弗雷勒推展的對話批判文盲教育在教學目的及過程，與傳統者之間，產生很大的差距。其推展效果易受傳統的教學觀念及實施方式影響。

關於幾內亞──比索文盲教育協助成效的質疑，哈拉席（L. M. Harasim）在他的博士論文，曾從檢證弗雷勒對幾內亞政治、社會狀況的了解偏差，以及使用幾內亞──比索殖民國的葡萄牙語，當做文盲教育推展的語文等兩方面，評析幾內亞文盲教育無法成功的原因。

哈拉席為了撰寫他的博士論文，曾於一九八○年六月至七

月，以及同年九月到次年三月之間，兩度親訪幾內亞——比索，
蒐集第一手及第二手資料。他分別訪問了弗雷勒、幾內亞——比
索內政部長，同時，研讀政府部門在推展方案的五年（1976～
1980）所存的研究檔案，並觀察了文盲教學班級的上課狀況。

　　他指出幾內亞——比索從一九七六年到一九七九年之間，文
盲教育的參與人數縱使多達二萬六千人，但其對文盲批判意識的
涵育等於零（Facundo, 1984）。他提出這樣的批判，是因為根
據他前述類似田野研究取向的研究資料，發現弗雷勒教學模式造
成這樣的不太合乎理想的效果，主要是來自弗雷勒對幾內亞——
比索的社會、經濟、政治、文化的了解不夠深入所致。同時錯用
了葡萄牙文為文盲教育的語言，對原來文盲教育的特色缺乏深入
分析等因素，以下分別說明哈拉席沿著這三個論點，對弗雷勒在
幾內亞——比索掃除文盲的批判：

　　㈠幾內亞——比索的社會、政治背景特色與弗雷勒教學模式
適合程度評析哈拉席的研究，指出以下幾項有關幾內亞——比索
的社會、政治特色，有助於評析弗雷勒教學模式推展過程中的缺
失（Facundo, 1984）：

　　1.幾內亞——比索百分之九十的人口集中在肥沃的土地上，
農業是它的整個經濟來源；

　　2.人口只有八十萬；

　　3.八十萬人口是由二十種以上的種族所構成；

　　4.各個層面的多樣化是幾內亞——比索的特色：如膚色、房
屋式樣、語言、宗教、衣服、飲食、農業生產工具、結婚習俗、
勞工種類、財產分配等方面，都有很多的變化與差異；

　　5.在宗教上同時具有回教及靈魂說，還有極少部分的基督徒

；

　　6.語言方面包含二十種以上不同種族的語言，此外，還有一種非洲化的葡語正迅速發展為地區性的語言系統；

　　7.不同種族分佈在不同地區，生活狀況也有所差異：巴浪特族（Balantes），主要的財源為稻作，並以平權的方式維繫整個族群社區的發展。富拉斯族（Fulas）則有頭目，為一具有權威階層的社會型態。

　　從上述幾內亞——比索的社會、經濟特性，可知幾內亞——比索的經濟以農業為主，是一個低度發展的國家。同時種族類別太多，生活又彼此孤立，文化無法融合。如以馬克斯（K. Marx）的觀點而言，是處於前資本主義的發展階段。居民多為農民，他們很少與殖民者接觸，沒有直接被剝削的經驗，自然無法感受到殖民者的壓制力量。此外，在政治方面，幾內亞——比索自從獨立之後，並沒有促成國家認同因素的發展：如共同的文化、語言、集中的市場經濟、政治意識等。然而，弗雷勒並未洞察上述社會、政治的發展狀況，卻堅信幾內亞——比索人民已具有充分的國家意識，有被壓制的感受。

　　此外，弗雷勒也忽略了協調者的教學態度與行為的客觀化事實：協調員是來自中小學的志願工作者，與領導者、學習者一樣對客觀化的教學較感興趣。換句話說，他並未注意學校內的意識狀況，並以之衡量意識化教育的推展策略。

　　由於弗雷勒對上述事實的理解不夠深入，在協助幾內亞——比索推動文盲教育時，產生了影響他的教學模式運用效果欠佳的偏頗觀念：

　　1.弗雷勒相信幾內亞——比索的教育受到殖民學校的支配：

2.弗雷勒相信幾內亞——比索充滿了政治性的文盲,由於解放戰爭的結果,使有些人無法接受教育,成了文盲。

發康多(B. Facundo)並批評弗雷勒提出上述他據以推動幾內亞——比索意識化文盲教育的信念,並沒有任何具體的指標。可見他對幾內亞——比索意識化文盲教育的信念,並沒有任何且具體的指標。可見他對幾內亞——比索的了解行動與他本身深入人民具體生活世界,國家社會的文化脈絡的對話教育理念,出現了差隔的鴻溝。

根據幾內亞——比索的發展背景及狀況,人民並不是因為政治壓制,沒有機會受教育而變成文盲。而是生活在以農業為主的社會型態裡,形成慣於運用口語的文化傳統,對文字運用的需求很低,因之,人民對於文盲教育的參與動機不強,此外,人民生活知足,也沒有像巴西人民感到被壓制的狀況。

弗雷勒批判的教學模式目的在於引導人民自覺被壓制,以積極脫離被支配狀況,並開展具有主體性意義的存有生活。幾內亞——比索人既然不自覺自己需要自由解放,沒有被壓制的經驗,以啟蒙、涵育批判意識為主的弗雷勒教學模式,自然無法在這種沒有壓制存在的社會經濟結構中,發揮其預期的效果。

㈡使用葡萄牙文當做文盲教育的失誤:葡萄牙文是幾內亞——比索殖民時的語言,弗雷勒以其母語當做推展文盲教育的語言,基本上犯了他所批判的「文化侵略」的意識型態。哈拉席提出這種批評,係基於以下的理由:

1.就幾內亞——比索人使用的口語而言,以下列五種語言最多:巴浪特、富拉、蒙狄國、蒙熱盧、克蕾勒(Balante, Fula, Mandingo, Manjaro, Creole),葡萄牙文只是殖民國的權力表

徵，及少數精英使用的文字。幾內亞——比索人民在他們原來的
生活世界裡，多使用口語行為溝通，文字對他們來說並沒有很大
的意義；

　　㈢對原來文盲教育的特色缺乏深入的了解：哈拉席指出弗雷
勒在智利文盲教育的失敗，是由於缺乏優良的師資，在幾內亞—
—比索也有類似的困難。例如弗雷勒對教學者的教學科學、教材
發展技巧，學習者不同的學習型態，以及阻礙或促進學習的心理
因素，並沒有清楚的掌握。

　　由上述的分析可了解到弗雷勒在巴西、幾內亞——比索、智
利的文盲教育活動，主要以巴西較為成功，幾內亞——比索及智
利的狀況則出現不少困難，使得成效驟減。

參、間接引用弗雷勒教學模式的
　　文盲教育狀況

　　間接引用弗雷勒教學模式的文盲教育以拉丁美洲、非洲及美
國的文化不利地位團體居多。本部份主要以陳恩對拉丁美洲三個
國家及發康多的研究及史瓦濟蘭協本達國家學院（Sebenta Na-
tional Institute in Swaziland）的研究報告為主要研究資料，加
以分析（Chain, 1974; Facunob, 1984; Sebenta National
Institute, 1971）。

　　就陳恩對拉丁美洲引用弗雷勒教學模式的成效而言，他以前
述文盲教育的評量標準，分別就瓜地馬拉、玻利維亞、宏都拉斯
運用弗雷勒的教學模式成效，加以評析。

　　陳恩在一九七二年，分別訪問了上述三個國家的三十七個教

師、八十六個學生，及三十七個輟學者。他以其訪問的內容，做為評析弗雷勒教學模式在這三個拉丁美洲國家適用的程度。

一九六九年，瓜地馬拉赫赫天那國（Huehuetenango）的鄉村地區牧師團，訓練了已有小學、中學學歷的協調員，推展文盲教育。那些協調員共需經過五十個小時的訓練，才取得協調員的資格。

三年之間，這個牧師團共教育了二百個文盲。文盲在第一個受教階段，與協調員共同討論社區問題，第二個階段則重視社區及農業問題的改進。第三個階段，閱讀各種不同的材料，同時討論公民、工人的權利與責任問題。每個人經過六十～一百二十小時受教過程後，全部都具有基本的閱讀能力。其中受訪的九位文盲當中有二人可以閱讀聖經。在寫字能力上，十二個受訪者中，只有三個人能寫字、簽名，四個人能非常準確地寫有關家庭的句子。在算術能力方面，六個人當中有二個人可以正確地運算。

接著，陳恩在研究報告中指出弗雷勒的教學模式，確實能使師生都覺得自己較像一個「人」，但是對師生的批判意識卻沒有明顯的提昇功效。他說所有的教師及受訪的十二個學生中的四個人，表示他們自從參與文盲教育方案之後，都積極主動地參與社區問題的改進。但是多數學生卻無法明確地說出社區的主要問題，只有老師能說出至少三個社區問題，並從讀書人的角色提出解決問題之道。他們提出的問題解決辦法卻未包括自己積極的行動涉入，這是值得注意的事。由此，也可以看出師生都還沒有達到弗雷勒所謂的轉變社會的實踐層次。

在玻利維亞，文盲教育的主要目的是文盲（多為印第安人或Cholo 人）的自我價值及知識能增加。運用弗雷勒教學模式的文

盲教育是由天主教團體與廣播學校一起合作推展的。受教的文盲百分之九十是賣水果或手工藝品的婦女。教師則來自志願工作者或家庭主婦。

　　文盲受過一八○個小時的教育之後，在三十個受訪的學生當中，只有十一個能夠閱讀第三級的教材。其中有六個人能讀報紙。三個人能正確運算，六個人能在教師的指導下寫出簡單的句子，並且簽上自己的名字。

　　受過文盲教育的人，表示他們的宗教生活、鄰里關係及健康，都有很明顯的改進；不過，其中只有九個學生和一個老師表示，積極參與改進社區工作。在解決社區問題方面，與瓜地馬拉的情況一樣，師生都很少提出包括自己的行動涉入的解決方式，可見，文盲批判意識目標在玻利維亞並未達成。

　　在宏都拉斯，弗雷勒教學模式的運用始自一九六八年末，由天主教廣播學校的文盲教育方案所採用。該方案的教學目的在於使文盲覺察自己有充分的自由與權利，改變自己的命運，以及家庭、社區的狀況。

　　針對上述目的，該廣播學校設計每五個月一期的課程，共三級。每天廣播的時間是從下午四點到六點。除了聽廣播之外，廣播學校另有教師利用定期的聚會，直接教學。教學者通常是社區的領導者，為較成熟的人。他們與文盲最大的不同是他們會讀、寫、算，同時生活比較好，經過兩個星期的訓練後，成為教師。

　　廣播課程的內容包括閱讀、算術、自我發展、農業、健康、道德、公民。廣播方式是每個教學主題每天廣播二十五分鐘，直播到第二級、第三級課程時，則不斷重複。

　　經過這樣的課程之後，受訪的四十四個學生當中，有十九個

人能唸報紙，十四個人可以唸懂聖經。此外，有十八個人會準確地運算算術，十八個人則完全不會。而會寫簡單句的有十七個人，會在教師指導下簽名者有二十人。

參與過文盲教育的師生都共同表示，教育的經驗，除了他們的所得沒有增加之外，在其他七類的學習內涵都大有進步。

至於對社區事務的積極投入方面，可發現有三十九個學生和四位老師（共訪問十八個老師）表示主動參與社區發展行動。此外，多數的師生都能很清楚地意識到社區的問題並提出解決的方法。其中有半數以上的師生，提出成立社區組織是解決問題最迫切的前提。

總而言之，瓜地馬拉、宏都拉斯、玻利維亞的文盲教育，具有以下幾個重要的特色：

1. 都由教會贊助；

2. 玻利維亞、宏都拉斯的教學以廣播為主，團體直接教學為輔，與弗雷勒在巴西運用的團體對話有些差別；

3. 受教對象以鄉村地區的農民居多；

4. 協調者都來自只有中小學畢業的熱心志願工作人員；

5. 協調者成為教師之前，都受過短期的教學訓練，有基本的處理教材、教學的能力；

6. 文盲教育的效果，在增進師生的自我價值上成效最大，其次是文盲基本識字能力的獲得。而成效最差的是批判意識的涵育。

陳恩指出拉丁美洲三小國，運用弗雷勒教學模式，未能引導師生共同達到批判意識的層次，主要是受到下述幾個重要因素的影響：

　　1. 教師來自短期受訓的志願工作人員，而且他們原來都只是中、小學畢業，素質不高。師資素質不高，影響批判意識的涵育成效。因之，三小國的文盲教育對文盲批判意識的涵育，顯然不如在巴西時的運用有效。

　　2. 三小國的政治結構較鬆散，社會由許多影響力差不多的種族形成，並沒有像巴西形成枯寂文化的意識型態，及壓制社會的非人道事實。人民被啟蒙的動機自然不如在巴西高。

　　3. 三小國多屬半農業或農業社會，在一般人民的生活世界，文字還不是必要的生活要素，也因此影響了文盲的學習動機，造成輟學率比巴西高的狀況。如此，教師與民眾對話的機會減少，自然影響批判意識的引導。

　　綜上所述，可知弗雷勒教學模式如果要達到引導批判意識的教育目的，需先具備下列先決條件：人民被壓制，具有力求解放的強烈動機，具有引發對話的優良師資，自由的政治文化結構。基此，弗雷勒教學模式運用的成效在意識化教育目的的達成上，成效不甚卓著，最主要是受制於上述三個條件的影響，並非弗雷勒教學模式建構本身的問題。

　　在美國的文盲教育方面，運用弗雷勒教學模式者都是拉丁美國人（Hispanic）。在一九六〇年代到一九七〇年代早期，由對拉丁美洲有興趣，具有天主教背景的人士組成「解放教育的資訊及資源中心」（Information and Resources Center for Liberating Education），針對貧窮地區的拉丁美國人、黑人、亞洲人，或失業者，施以文盲教育（Braaten, 1987）。

　　美國運用弗雷勒的教學模式，除了上述由二十八個成人教育計畫組成的「解放教育的資訊及資源中心」之外，還有三個重要

的成人教育工作者：柯卓（J. Kozol）、歐林革（J. Ohliger）、何頓（M. Horton），深受弗雷勒教學觀念的影響（Braaten, 1987）。

柯卓曾拜訪過依利希中心（Illich's Center），同時聽過依利希與弗雷勒的辯論，因之，深受他們兩位哲學觀念的影響。他相信草根取向（grass－roots approach）的文盲教育方案對文盲的協助較大，因為這種取向對人的尊嚴較重視，人民會較主動想去改變自己的環境，而不會被動地等待政府的協助。

歐林革運用弗雷勒的教學模式，在都市發展強調經驗、溝通的成人學習取向，以代替傳統的成人學習。他主張凡是一個人學得不充分、不完整，則為文盲，就可以參加經驗式的學習，補足所需的知識（Braaten, 1987）。

何頓在田納西州創辦高地人學校（the Highlander School in Tennessee），推展社區教育。康惕（G. Conti）比較何頓與弗雷勒的教學觀念具有以下幾個相同的觀念（Braaten, 1987）。

1.民主的運作需要由下而上；

2.人民必須常為影響自己生活上的事情做決定；

3.社區問題與更廣泛的社會秩序有關；

4.領導者必須充分信任人民；

5.許多受壓制者已經無形中接受「沒有勇氣奮鬥」的教條麻痺；

6.教育必須是學習者中心；

7.所有的社會問題彼此相關，同時需要以集體的方式解決；

8.被壓制者剛開始時，需要領導者的協助、組織，以啟蒙其批判意識；但是領導者要充分尊重被壓制者的觀念、經驗、文

化。

　　至於史瓦濟蘭方面，是由波次瓦納大學（the University of Botswana）及農業部（the Ministry of Agriculture）共同合作，進行功能性文盲掃除工作的實驗。這個實驗從一九七一年六月到七月開始，其主要目標有以下五點（Facundo, 1984）：

　　1. 在鄉村地區發展功能性取向的文盲教育方案，使得文盲教學與經濟問題，農業訓練彼此相關、統整；

　　2. 評量短期、全時密集課程的彈性；

　　3. 評量弗雷勒文盲教育方法，運用在提高社區領導及地方建設參與程度的成效；

　　4. 透過農業推廣人員，以連續的農場紀錄，去追蹤文盲教育課程的實施狀況；

　　5. 為了增加棉花產量，提供閱讀材料，以及教學討論法。

　　根據上述五個教學目標，史瓦濟蘭的功能性文盲掃除教育活動，共分以下三個推展階段：

　　一、**籌畫討論階段**：由大學、農業部代表，負責的官員德拉密尼（R. Dlamini）共同討論教學目標，以及教學所需資源如何獲得的問題。

　　二、**選擇生成字階段**：根據弗雷勒選擇生成字的原則，依據農民的能力，以下列為選擇三十個生成字的原則：（詳表二）

　　1. 將語言中的基本音都儘量納入；

　　2. 將鄉間最基本的社會、經濟、文化問題納入；

　　3. 可以圖樣化，沒有模糊不清的字才納入。

表二　史瓦濟蘭文盲教育所使用的三十個生成字

1. 磚頭	2. 涵育	3. 重劃	4. 學校	5. 合作
6. 農舍	7. 收音機	8. 蔬菜	9. 籬笆	10. 選種農作物
11. 閱讀	12. 政府	13. 所	14. 肥料	15. 家
16. 防止土壤流失	17. 牡牛	18. 道路	19. 運輸	20. 文化文明
21. 壓榨的僱主	22. 社區發展	23. 交換	24. 變遷	25. 交通
26. 水源	27. 動物的屍體	28. 啤酒	29. 診所	30. 木碗

參見：SEBENTA National Institure. (1971), pp.38－39.

三、推展文盲教育：文盲教育的材料是由三十個生成字所組成。討論生成字時包括引導農民學會讀、寫、算，及增產知識、技巧。

推展教育過程中，弗雷勒的教學觀念主要被運用在兩方面：(Sebenta National Institute, 1971)

1. 以弗雷勒對話的師生平等關係，改變傳統文盲教育中的師生威權關係；

2. 以弗雷勒強調獨立自主的教學觀念，啟蒙農民，使其負起發展自己，以及社區的責任，改變以往一直依賴政府的習性。

實驗結果，農民慢慢會主動關心自己社會的政治、經濟問題，同時，在識字技巧上也有明顯的進步，農業生產量也增加。實驗過程中還發現，教導文盲的教師對於文盲教育的目標及工作內容要有相當深入的認識，才能使教學品質提高，達到啟蒙文盲的批判意識之功能。史瓦濟蘭的文盲實驗，由於能充分配合農民的經濟改革需求，以及他們的生活環境，加上大學生的志願投入，中小學老師的協助，整個方案發展相當成功，上述五個教學目標多已達成。

肆、結語

　　弗雷勒的教學模式源自文盲的需求，在巴西推展得很成功，遂引起世界各國成人教育學者的興趣，並直接或間接援用。尤其經濟落後，教育水準偏低的拉丁美洲及非洲國家，得知巴西文盲教育的推展實況，自忖各種條件與巴西非常類似，常會加以引用。已發展的先進國家，由於政治、經濟都與巴西大不相同，通常取其追求文化自由、社會正義的教育精神，針對少數不利地位的移民或社會中貧苦的人，施予意識化的教育。

　　由上述幾個引用弗雷勒教學模式的文盲教育的發展實例，可知弗雷勒的教學模式在文盲教育推展上宜注意幾個重要條件，才得以適用：自由的文化發展氣氛，具有對話能力的教師，生成字的內涵真正能代表文盲的生活世界觀，人民追求自由的動機有可能被啟蒙並提昇。

　　我國的基本教育教材已在專家、教學者的共同努力下，謹守植基於成人生活內容、經驗加以編纂，如教導成人里民大會等，這樣的方向足以達成弗雷勒所謂的附屬學習層次，此外如果教師在教學過程中更靈活，也可達到師生都具有「相互主體性」的初級教育意義，至於第一項目標——師生透過對話發展批判意識，以及第二項的較高層次目標，則仍未達成。

　　如何使教材依據語言組織與學員生活世界兩個層面，更有效地組織；又如何使基本教育教師深具「批判意識」，是我國目前基本教育的努力重點。因之，訂定短期、長期的基本教育目標，

使文盲教育不止協助文盲初具文字生活的基本能力，而是讓長久
生活於文字不利地位的成人，能更擴展文化認同對象，提昇自我
的文化視野。同時培育具有批判意識、文化意識的教師，並編纂
足以導引文盲發展其文化視野與意識的教材，營造民主的尊重與
真誠文化，實為我國提高文盲教育目標層次當急之務。

☞參考書目☜

Braaten, J. L. (1978). *An Overview of Several Implementation of the Education Philosophy of Paulo Freire within the United States from 1967－1987.* Dissertaisn, Florida. Atlantic University.

Brown, C. (1974). Literacy in Thirty Hours: Paulo Freire's Porcess. *Urban Review,* 7, (3).

Chain, B. C. (1974). An Examination of Three Paulo Freire －Inspired Programs of Literacy Education in Latin America. *Literacy Discussion,* 5, (3), 394－396.

Facundo, B. (1984). *Issues for the Evaluation of Freire－Inspired Programs in the United States and Puerto Rico.*

Fletcher, P. R. (1990). *Paulo Freire and Concientization in Latin America.* Calif: Stanford University; Center for Latin American Studies. Appendix C.

Freire, P. (1973). *Education for Critical Cosciousness* (trans. by M. Bergman Ramos). New York: The Seabury Press.

Freire, B. (1978). *Pedagogy in Process: the Letters to Guinea －Bissau.* (trans. by C. St. J. Hunter). New York: the Seabury Press.

Gerhardt, H. P. (1978). *Zur Theorie und Praxis Pauls Freires in Brusilien.* Inaugural－Dissertation, Johann Wolfgang Göther Universität zu Frankfurt am Main.

14

如何建立
社會教育輔導體系

壹、前言

　　社會教育近幾年來，由於社會文化的需要，以及社會教育人才培育逐漸專業化，社會教育已逐漸邁向專業化的新紀元，然而就專業化的標準來衡量目前我國社會教育的發展狀況，並未達到完全專業化的標準。要使我國社會教育達到專業化的水準，除了培育社會教育專業人員的機構：師大社會教育系所、高師、中正成教所課程、教學要精緻化、專業化之外；在實際的實施方面也要有足夠的經費，同時社會教育機構專責及相關機構要針對民眾教育需求及社會文化的人文化發展目標而推展實務工作，社會教育行政機構的行政資源要專業化，而非控制化；各國實施機構如研究、教學、行政、實施機構及相關機構都要充分協調配合。在上述足以促進社會教育專業化的發展條件中，以各個機構的協調配合及未系統化、專業化，做得較不理想。以目前的狀況來看，如何使社會教育機構的資源整合，發揮最大的專業成效，實為促使社會教育專業化、精緻化的努力方向。為了使各個機構的資源要能整合，具有專業效果，建立專業化的社會教育輔導體系實為當務之急。

　　筆者曾於去年參與教育部社教司「建立社會教育網路及輔導體系的計畫」工作，在參與過程中曾就如何建立社會教育輔導體系提出一些看法。而那些看法在筆者今年六月再度到英國進修期間，實地參觀英國社會教育機構的協調聯繫等實務工作，得有機會從比較的觀點，重新思考建立社會教育輔導體系的看法，遂行

文說明如下，希望我國社會教育輔導體系能早日建立，以使全國
社教資源在經費短絀、人力不足的現況下，充分發揮其專業統合
運用的功能。為達上述目的本文將從建立社會教育輔導體系的原
則、架構、目標及實際做法提出我國當前社會教育輔導體系的建
立。

貳、輔導體系建立原則

　　在社會教育服務的系統中，輔導體系的建立係運用輔導的網
絡使實施社會教育的專業品質提昇，在性質上是屬於社會教育的
間接服務方法。由於它是間接服務方法，常不如直接方法——成
人教學一樣受到重視。儘管它在我國社會教育的實施過程中易受
忽略而僅止於萌芽階段，並未建立完整的體系，但它卻如一個人
的神經系統一樣重要，為全身發揮功能的樞紐。它聯結了直接方
法與其他間接方法如社會教育政策、行政、輔導與研究，使社會
教育的方法形成有機的動態體系，才能發揮社會教育的功能。由
此可知輔導體系是社會教育各個方法得以統合協調、發揮專業功
能的必要條件。

　　由上述輔導體系的性質及其與其他社會教育方法之間關係來
看，可知社會教育輔導體系的建立旨在溝通協調直接方法與間接
方法的統合運用，期發揮較好的專業服務功能。因之，輔導體系
具有協調、統整的性質。而如何協調與統整所有實施方法宜建立
在專業的規準上，才不會流於科層體制下的執行技術或執行者個
人偏見與權力誤用的策略性行動。此外，植基於專業規準的輔導

體系也需要注意配合未來社會文化背景的變化，而與時推移，故需具有前瞻性，依據這樣的看法，建立社會教育輔導體系的原則需把握各方法的整合，是所謂的整體性。同時要注重各個機構間集結各種教育資源的均衡，在實施教育活動時需要具有專業性與前瞻性，因此，一個良好的社會教育輔導體系最起碼要具有以下四項原則。

(一)均衡性

由於社會教育的資源可能因人、事、地的差異，而有分配不均的狀況，同時社會教育的活動除了隨民眾需求的殷切程度而有先後次序，有不同類別之外，更常因教育本身的價值性或政策需要而有所偏重。何者為重何者為輕，則需要因教育需求、教育的價值及時空的變化，去思考合適的教育活動，使各項活動得以達到動態性的均衡（圖一），真正達到教育家皮德思（R. S. Peters）所謂的合志願性、合價值性、合認知性等三大規準。輔導體系的建立就要注意如何輔導各個社會教育機構的資源能互通有無，教育活動能彼此協調，先後有序得當，動態地均衡發展。

(二)整體性

目前我國社會教育的實施一方面因社會教育機構分佈不均，沒有社教機構的地方又沒有系統性的巡迴活動，社會教育活動資源分佈不均，社會教育活動未能整體發展。依社會教育的機構分佈來看，大都會擁有較多的社會教育資源：我國目前有十五個國立社教機構，其中十個位於台北市，在二十六個省市立社教機構中，有十一個設於台北市。至於金馬則沒有文化中心，山地及離

島等偏遠地區也沒有設立社教機構，（陳益興，民 81:851-852）形成社會機育活動的發展集中於大都會或社經水準較高，交通較便利的的大都會。

此外，社會教育機構編制普遍不夠，加上專業人才缺乏（李藹慈，民 83:50），各社教機構只有活動推廣或行政人員，缺少規劃、評估、研究人才。使活動的實施易於流於市場導向，缺少教育的合價值性與計劃性。

在活動推廣上由於偏重市場導向，主辦機構常由參與人數的多寡來判斷活動的成效，而特別重視迎合受教團體的學習需求，因之自民國七十六年以來教育部委託各大學相關科系研究各個地區的學習需求，有關的學者、研究生如李大偉（民 76）、黃馨慧（民 76）、蘇秀玉（民 77）、林美和、黃富順等（民 79）、黃國彥（民 80）、蔡秀美（民 81）等人（林振春 82:33-34）都以實證主義的觀點出發，以問卷評量出受教者的需求。其所評量的需求設定在期望、喜歡或需要的層面。然而需求除了期望、喜歡、需要的層面之外，仍包含受教育的能力、動機及可能參與的條件，如時間、地點、費用等。（王秋絨，民 79:46-49）這些研究成果往往成為重視市場導向的社教機構訂定社教活動內涵的主要依據，缺乏教育合理性、價值性的論辯，使得本來就有所偏頗的需求評量與教育活動成直線式的等應關係，也是造成社教活動無法達成整體規劃、全面實施的原因之一。

簡言之，目前社教活動因分佈不均、市場導向及人力、經費不足造成無法整體發展。

(三)前瞻性

前已述及當前我國社會教育活動，由於市場導向、專業人員、經費不足等因素，使得我國社會教育活動較偏重滿足受教育者的需求，甚且有些民間相關機構所舉辦的團體輔導、團體工作因缺乏教育理念而趨向於商品化。社會教育活動如何導引大眾不要陷於今日知識逐漸消費化、速食化、商品化的危機，重新展望社會的發展趨勢，立論於教育價值論上，實需具有現代化及後現代的視野，充分掌握社會的發展脈絡，在我國教育活動上要具有導引社會文化發展的意義，避免陷於後現代販賣知識，甚或反知識的潮流中。

(四)專業性

社會教育的專業性可依幾個規準來看：

(1)實施時由學有專長之專業人員負責。

(2)實施需運用專門的社會教育知識。

(3)專業人員在工作時需經過長期的專業訓練，信守專業倫理信條，並參與專業組織，發展良好的專業知能與倫理。

(4)要具有專業服務水準 為大眾所信賴、承認。（林清江，民 61:350-351）

由上述這些規準可了解，輔導體系的建立主要是協助社會教育人員在工作過程中能結合已有的專業知識，達到專業知能的水準。我國社會教育實施過程中所需的行政、專業、技術人才當中，以專業人才缺乏，以致影響社會教育的專業性。根據北區成教機構辦理成教較活動的困難調查，可發現無論成人教育行政機

關或公立成人教育機構都表示師資不足為其主要困難項目之一，尤其成人教育行政機關則表示師資不足、行政支援不夠、規畫能力不足為其主要項目。（李藹慈，83:50）準此，建立社會教育輔導體系宜立基於此專業無法達成的困境上予以建立，使各個機構現有的人員具有充分的專業能力，同時能進用足夠的人員。

參、社會教育輔導體系規畫的架構

輔導體系的規畫主要以輔導社會教育的服務網路，促進社會教育的專業化、精緻化為目的，服務網路的設立宜考慮三個要素，一為直接影響服務網路設立的社會教育當前的問題及無法使其充分專業化的原因，以及前述所談及的規畫輔導體系的原則，二為間接形成當前社會教育問題的影響因素。本文依據這種看法將社會教育輔導體系規畫的架構說明如下：

一、當前社會教育問題及其直接影響因素分析

當前社會教育人力、財力及社會教育機構不足的狀況下，加上現有的人力、財力、機構間，除了台北市、台北縣之外，常缺乏協調聯繫的途徑，以致目前社會教育實施出現以下幾個問題：

㈠局部性

教育部社教司雖常委託學術機構發展由計畫出五年發展計畫，但常因司長異人或經費縮減而改弦異轍，或未徹底實施；加

以社教機構各類分佈不均（林勝義，民 83:123），只有大都會地區擁有較完整的各類社教機構，其他鄉下地區不是沒有社教機構，就是只有規模很小的圖書館，很難啟迪本來就很不願或不能學習的莊稼人。

(二)應景性

社會教育的實施困難中以人力不足及專業人員不夠為主導因素。然而社會教育常需配合當前社會文化的問題，在缺乏專業人才的狀況下，容易形成因應政治需要及人民教育需求的應景性措施，缺乏教育長遠性的價值引導，落入所謂政治經濟的支配領域，或滿足學習者個人教育需求的教育迷思中，缺乏對真理政治性的真誠論辯（Edwards,1991:85－95），較難開展教育的價值性。

(三)偏頗性

社會教育活動由於未專業化，在教材教法上常有內容的偏頗及方法上的偏誤，而造成受教者在教育過程中的不均等，例如目前國小補校的課本仍以小學生的內涵為藍本，無法啟發成人發展其應有的生活智慧，台北縣政府雖然開始為基本教育班的學員編纂了很多有關教材，其教材整體觀之是比原有的國小補校課本靈活，同時也主要依據成人的生活經驗來編纂，但卻無法引導成人超越其生活經驗，發展出更深邃的生活智慧，在層次上較屬於布魯納（B. S. Bloom）所謂的理解層次、分析、綜合、評鑑層次較少，就以台北縣政府編印之成人基本教育補充教材：民主法治和諧人生而言，說明性及規範性的概念很多，然而論證資料很

少，（台北縣政府，83）要引導成人具有民主價值及行動能力，恐怕無法從現有的內容來達成。

㈣表徵性

社會教育活動的類型偏重於以語文當活動媒介，此外為了引導成人的學習，影像如電視、電影、幻燈片、照片也成為學習的主要素材。舉凡這些語文及影像媒介較能引導受教者抽象的認知發展，然而如何表情達意，如何以行動力、意志力來解決成人本身生活中的問題，除了有些小團體活動外，在社會教育中的演講、技藝研習、展覽、競賽中都很少看到。由於學習媒體偏重表徵性，社會教育的學習易受制於語言的表徵化，無法開展熊恩（D. A. Schön）所謂的實踐智慧，成為一個在行動中開展存有意義，生活文化智慧的行動主體。（王秋絨，民 80:284－285）

綜上所述，我國社會教育近幾年來雖比以前受重視，然則在發展過程中卻出現局部性、應景性，偏頗性、表徵性的困境，形成這些困境的因素是因為以下幾個社會教育體系內的問題：

1. 專業品質不足：由於社會教育的專業性不足，加上財力有限，以致形成上述的社會教育問題。

2. 社會教育活動龐雜未統合：社會教育活動的性質在於具有彈性及多樣性，但如無長遠的規畫與評估，則無法達到專業品質，而形成應景性的龐雜措施。

3. 缺乏督導系統：目前社會教育的活動一為運用外聘之師資，各班教師缺少連繫協調，二為館內人員推動，但受制於行政管制，加上專業能力不足，往往使社會教育產生偏頗性、表徵性。

4. **未建立制度性的社會教育人員進修**：無論社會教育人員專業組織或成人教育人員培育機構並未提供系統化、有制度的進修，使社會教育活動無法在專業引導中，逐漸消除局部性、應景性、偏頗性、表徵性的問題。

5. **社教資源城鄉差距甚大，資訊傳遞不暢通**：目前除台北縣、市有成人教育資源中心的設置外，全國尚未有資訊協調、資源相互支援的網路存在，使社會教育資源無法發揮最大的經濟效用。

二、形成社會教育問題的間接因素分析

如以體系論的觀點來看，社會教育的問題除了受到社會教育本身的結構因素及專業規範發展不足的影響外，仍然受到外在相關的社會文化因素影響，以下分別分析幾個重要的問題因素：

1. **社會教育需求量增加**：隨著社經文化的快速變動，知識的衰敗期很短，人們面臨變動不居的狀況，繼續學習成為現代生活中不可或缺的角色，於是社會教育需求人口增加。想繼續學習的人一多，如對學習者沒有專業性的學習輔導及對活動缺乏專業性的長期設計，將影響到專業品質。

2. **生活壓力俱增**：現代社會由於生活範圍擴大，人的生活需求增加，加上角色多元化，難免有角色衝突、角色過度負荷之苦，如何調適，除了寄託宗教信仰之外，就是以教育方式，增加每個人的壓力調適能力，因之社會教育需求量增加，如何使社會教育活動配合社會變動所帶來的壓力調適教育需求，成了當務之急。

3. **文化遲滯愈來愈明顯**：在我國國民教育普遍提高之際，精神生活的品質卻仍然匱乏，如負責認真的工作態度、合理的公共事務參與權力的分配、優雅合適的生活環境、人文發展的文化導向、合理的民主政治發展事實、健康的經濟發展與福利制度都在講求功利、重視眼前、爭權奪利的策略性行動中遲滯不前，如何平衡物質對精神生活成了社會教育重要的課題。

4. **各級正規教育專業化、精緻化**：由於學校教育發展已略具規模，因之，社會教育逐漸受到重視，在社會教育的經費也逐年增加，如七十八會計年度只有四千多萬元，到目前已有二億五千多萬元。（林美如，民 83:85）在龐大的經費預算中，如何依社會教育的需要性、特殊性、價值性合理分配經費，成為教育決策與行政決定的重點工作。

5. **個人主義盛行**：由於社會變遷，價值觀念迭變，新人類的價值典範是「爽」與「只要我喜歡有何不可」，加上過去學校教育較為威權的措施留下受教者追求自由、滿足個人需求的期望，以及教育市場導向、消費取向的事實，結合了教育中心的教育理念，滿足受教者的需求甚囂社會教育界，如何使個人教育需求與教育的合理性、價值性動態互動，以為實施社會教育的規準實為目前規劃社會教育的重點。

6. **社會多元化**：開放社會的特性為多元化，然而由於我國政治、經濟、社會文化發展仍留有威權、支配的非平等行為規範，大至國家政策之訂定，以及行政之運作，則大多處於弗雷勒（P. Freire）所謂的反壓制情緒與拒抗行動階段，社會整體行事風格還未臻至合理化、合人性化、合價值性的民主協調、相互尊重階段，這種現象亟需社會教育予以民眾民主的素養，參與民主的能

力，以適應社會多元化的萌芽。

綜而言之，社會變遷過程中有很多因素，形成對社會教育在量與質上的專業化期待，然而社會教育當前卻無法因應外在環境的需求與期待，發揮社會教育解決及預防社會文化問題，社會文化失調現象的專業化功能，以致形成社會教育實施過程中出現了局部性、應景性、偏頗性、表徵性等問題，為了解決這些問題，社會教育輔導體系需面對這些問題，了解其直接及間接影響因素，依據專業的均衡性、前瞻性、整體性、專業性等原則，將現有社會教育機構、人力、資訊、資源統合協調，做整體的規劃、協調、視導、研修及評鑑，以使資源做最好的發揮。因之，社會教育網路的規畫架構如圖一所示，首先需先分析目前社會教育的實施狀況及其問題，再次分析其影響因素，再依據專業規劃的原則分析出輔導體系建立的原則、目的，在組織上、研究上、機構協調上做整體規劃及資源運用。

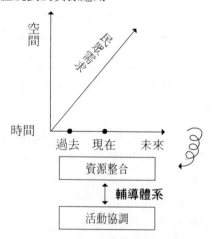

圖一：輔導體系的均衡原理

肆、社會教育輔導體系建立之目標

根據前述的分析社會教育輔導體系係透過協調系統，企圖將各種資源集結起來，進行規劃、協調、視導、研修、評鑑等工作，以達到統整資源，俾使社會教育專業化、精緻化。具體而言，輔導體系建立的目標有以下幾項：

1. 規劃各類社會教育之活動。
2. 協調各類及各級社會教育機構之分工合作。
3. 提供專業諮詢及視導服務。
4. 推廣社會教育相關參考材料及教學方式、技術。
5. 舉辦社會教育人員之間的聯誼活動。
6. 進行定期評鑑。
7. 研究發展有效的社會教育推廣方式及策略。

伍、社會教育輔導體系之內容與執行

為了達到上述社會教育目標，社會教育輔導體系之內容及執行如下表所示。

計劃項目	執行要項
(一)培育社會教育督導人才	1. 在師大社教系、所開設專業督導課程
	2. 設立成人教育研究所，培育專業督導人才（碩、博士班）
	3. 由師大社教系所或未來成人教育研究所開設督導研習課程，提供現職人員進修
	4. 增設公費留學相關學門，以培育專業人才
(二)健全社會教育行政體系	1. 檢討社教館與文化中心的行政關係
	2. 各級社會教育行政單位設置社會教育（專業）督學
(三)建立社會教育輔導法規	1. 在中央、省市相關法令列入成立社會教育輔導團之規定
(四)增設社會教育輔導團	1. 成立中央、省、縣（市）社會教育輔導委員會或輔導團
	2. 建立輔導協調之管道及輔導範圍（劃定輔導區）
	3. 各輔導團分為規劃、輔導、研究發展組
(五)成立社會教育機構聯合會	1. 定期召開聯合會議，協調各年度社會教育活動
	2. 成立社教資源交流協會，建立完整的資訊網徑

	3.舉辦社教人員的聯誼、休閒、觀摩、考察活動
	4.建立社教人員資料系統
(六)健全社會教育諮詢服務	1.於各成人教育研究中心，設立諮詢服務專線
	2.選定適當的民間機構，成立諮詢服務中心
	3.輔導團的服務方式多元化、彈性化
(七)定期辦理督導知能研習	1.由大專院校有關系所辦理督導知能在職進修
	2.由各成人教育研究中心編製有關督導知能評量及進修教材
	3.由社教機構聯合會辦理督導人員之聯誼及研習營
(八)獎助督導研究及交流	1.由各成人教育研究中心進行督導政策、體制、方式、策略之研究
	2.寬列預算補助學者或研究生研究督導知能
	3.編列預算補助督導人員以行動研究改進其督導策略及技術
	4.定期舉辦督導知能學術研討會，增加交流機會
(九)定期實施評鑑	1.教育部補助研究單位研究評鑑模式、規準、實施技術

	2. 在輔導團的輔導組成立評鑑小組
	3. 舉辦督導評鑑研習會，使評鑑者具有專業知能
(十)研究規劃輔導區域之劃定	1. 由教育部委託研究輔導團輔導區之劃定
	2. 由教育部委託研究目前社教機構服務網路建立的生態區域之劃定
(圭)建立社教義工之訓練系統	1. 於社教機構聯合會成立義工訓練組
	2. 評估現有義工訓練及運用問題
	3. 發展研究適當的義工訓練模式

　　總而言之，社會教育輔導體系是社會教育的間接方法，為促使各項專業方法與資源能協調、統合，直從上述十一部分的具體措施，達到體系的規畫、協調、視導、研修、評鑑等功能，才能使社會教育更邁向專業化、精緻化，如此社會教育活動才不致於因協調體系的缺乏或不足，形成資源的偏頗或浪費，以致影響社會教育的專業發展。

☜參考書目☞

王秋絨（民 79）。成人教育需要的意義及其評量。社教雙月刊，三十五期。

王秋絨、張德永（民 79）。淬鍊圓熟的人生智慧——談成人的自我超越與潛能開發。社教雙月刊，三十九期。

王秋絨（民 80）。批判教育論在我國教育實習制度規畫上的意義。台北：師大書苑。

李藹慈（民 83）。北區成人教育機構業務工作連繫會報實況。成人教育雙月刊，十八期。

林美和（民 83）。結合民間力量加強推動成人教育（婦女、老人教育）。台北：教育部八十三學年度成人教育研討會紀錄。

林振春（民 82）。當前台灣地區成人教育需求評估研究方法之回顧與展望。成人教育雙月刊，十一期，32-34 頁。

林清江（民 61）。教育社會學。台北：台灣書店。

林勝義（民 83）。調整公私立社教機構以落實修身教育。教育部八十三學年度成人教育研討會。

陳益興（民 81）。我國社會教育析論。台北：五南出版公司。

臺北縣政府編印（民 83）。成人基本教育補充教材。

Edwards, R. (1991). The Politics of Meeting Learner Needs: Power, Subjection. *Studies in the Education of Adults*, 23, (1).

人名索引

名詞索引

永然法律事務所聲明啟事

　　本法律事務所受心理出版社之委任為常年法律顧問，就其所出版之系列著作物，代表聲明均係受合法權益之保障，他人若未經該出版社之同意，逕以不法行為侵害著作權者，本所當依法追究，俾維護其權益，特此聲明。

永然法律事務所

李永然律師

一般教育系列 41

成人教育的思想與實務
──現代、後現代的論辯

作　　　者：王秋絨
出版主任：郭暖卿
特約編輯：沈怡君
發 行 人：許麗玉
出 版 者：心理出版社有限公司
社　　　址：台北市和平東路二段 163 號 4 樓
總　　　機：(02) 7069505
傳　　　眞：(02) 3254014
郵　　　撥：0141866-3
　E-mail：psychoco@ms15.hinet.net
駐美代表：Lisa Wu
　　Tel：973 546-5845　　　Fax：973 546-7651
法律顧問：李永然
登 記 證：局版台業字第 1963 號
印 刷 者：翔勝印刷有限公司
初版一刷：1997 年 9 月

定價：新台幣 350 元

ISBN 957-702-235-9

心理出版社有限公司

台北市106和平東路二段163號4樓

TEL/(02)7069505
FAX/(02)3254014

沿線對折訂好後寄回

● 您對本出版品（書名 ————————————————）的意見
● 您認為本書優點：(可複選)

　　1.□ 內容紮實、新穎實用 2.□ 文筆流暢

　　3.□ 校對及內文編排得當 4.□ 其他————————

● 您認為本書需再加強處：(可複選)

　　1.□ 內容之周延性 2.□ 內容之實用性 3.□ 文筆

　　4.□ 校對及內文編排 5.□ 其他 _____

● 您是否考慮採用本書做為教材？□ 是　□ 否

　　不考慮採用的原因：————————————————————

_____

● 感謝您的指教！

心理出版社

好書出自專業的心理 · 心理需要專精的智慧

《任課老師/讀者回函卡》

很感謝您的提攜與愛護。為提昇我們的服務品質，
敬請惠填下列資料寄回本社（亦可傳真至 02-3254014）
我們將隨時提供最新相關資訊。謝謝您！

姓　名：＿＿＿＿＿＿＿＿＿　　性別：男□　女□
地　址：(O)＿＿＿＿＿＿＿＿＿＿＿＿＿＿＿＿＿＿
　　　　(H)＿＿＿＿＿＿＿＿＿＿＿＿＿＿＿＿＿＿
電　話：(O)＿＿＿＿＿＿＿　(H)＿＿＿＿＿＿＿
學　校：＿＿＿＿＿＿　科系：＿＿＿＿　年級：＿＿

● 您教授/修習課程：
　上學期：＿＿＿＿＿＿＿＿＿＿＿＿＿＿＿＿＿＿＿
　下學期：＿＿＿＿＿＿＿＿＿＿＿＿＿＿＿＿＿＿＿
　進修班：＿＿＿＿＿＿＿＿＿＿＿＿＿＿＿＿＿＿＿
　暑　假：＿＿＿＿＿＿＿＿＿＿＿＿＿＿＿＿＿＿＿
　寒　假：＿＿＿＿＿＿＿＿＿＿＿＿＿＿＿＿＿＿＿

● 如果您是老師，有否撰寫教科書的計劃？□有□否
　書名/課程：＿＿＿＿＿＿＿＿＿＿＿＿＿＿＿＿＿
● 如果您是讀者，您希望我們出版何種類型書籍？
＿＿＿＿＿＿＿＿＿＿＿＿＿＿＿＿＿＿＿＿＿＿＿＿